Cyrill Stieger

Die Macht des Ethnischen

Cyrill Stieger

Die Macht des Ethnischen

Sichtbare und unsichtbare Trennlinien auf dem Balkan

Rotpunktverlag

Der Rotpunktverlag wird vom Bundesamt für Kultur mit einem Strukturbeitrag für die Jahre 2021–2024 unterstützt.

www.rotpunktverlag.ch

Umschlagbild: Laura Boushnak, Sarajevo
Bosniakische (links) und kroatische Schülerinnen und Schüler auf dem Hof einer zweigeteilten Schule in Travnik. Der 2005 errichtete Drahtzaun wurde im Sommer 2019 entfernt.

Grundlage der Karte: Wikimedia Commons

Gestaltung und Karte: Patrizia Grab

Druck und Bindung: Friedrich Pustet, Regensburg

ISBN 978-3-85869-926-8
1. Auflage 2021

Dieser Titel ist auch als E-Book erhältlich.

Inhalt

Vorwort

Im Jahr 1991 brach Jugoslawien endgültig auseinander. Nach den Unabhängigkeitserklärungen Sloweniens und Kroatiens am 25. Juni verschärfte sich die bereits angespannte Lage. Viele kroatische Serben, vor allem die in den ländlichen Gebieten, lehnten den kroatischen Nationalstaat ab. Sie wollten in Jugoslawien verbleiben oder sich Serbien anschließen. Angestachelt und unterstützt von der Führung in Belgrad, leisteten sie bewaffneten Widerstand. Im November nahmen die Jugoslawische Volksarmee und serbische Milizen die ostkroatische Stadt Vukovar ein; sie wurde weitgehend zerstört. Der Fall der Stadt, in der mehr Kroaten als Serben lebten, war für Kroatien ein traumatisches Ereignis. Ihr Schicksal beschleunigte aber die völkerrechtliche Anerkennung des Landes durch die Europäische Gemeinschaft (EG), die heutige Europäische Union (EU), im Januar 1992. Im April desselben Jahres begann der Krieg in Bosnien-Herzegowina, der im November 1995 mit der Friedensvereinbarung von Dayton endete. Er war noch zerstörerischer als der in Kroatien und forderte weit mehr Todesopfer. Den Abschluss bildete der Krieg in Kosovo zwischen albanischen Freischärlern und serbischen Sicherheitskräften, der 1998 begann und ein Jahr später mit dem Einmarsch von Nato-Truppen und dem Abzug der serbischen Streitkräfte zu Ende ging. Am 17. Februar 2008 erklärte Kosovo seine Unabhängigkeit, die Serbien und einige EU-Staaten sowie unter anderem Russland und China bis heute nicht anerkennen.

Zwar gab es am Vorabend der jugoslawischen Zerfallskriege vielerorts Mehrparteienwahlen, allerdings nur in den Teilrepubliken, nicht aber auf gesamtstaatlicher Ebene. Gewählt wurden meist Nationalisten, seien es ehemalige Dissidenten oder Angehörige der sozialistischen Elite, die mit dem Konzept des Jugoslawismus, also der Idee eines gemeinsamen Staates der südslawischen Völker, gebrochen hatten und sich vom auseinanderfallenden Jugoslawien immer mehr abwandten. Auch ihre Politik war nationalistisch. Auch sie inszenierten sich als »Befreier der Nation«. Mit den Wahlen von 1990 in Slowenien, Kroatien, Serbien und Bosnien-Herzegowina begann die Endphase des jugoslawischen Zerfallsprozesses. Diese Wahlen schwächten nicht nur die Legitimation der politischen Institutionen des Gesamtstaates. Sie brachten auch keine tiefgreifende Demokratisierung. Sie wirkten vielmehr als Spaltpilz und Brandbeschleuniger, etwa im multiethnischen Bosnien, wo die Wahlen vom 18. November und 2. Dezember 1990 einer Volkszählung gleichkamen. Die bosnischen Serben unterstützten vor allem die serbisch-nationale Partei, die bosnischen Kroaten die kroatisch-nationale, die Muslime (Bosniaken) die muslimisch-nationale.

Der Begriff »Bosniake« im Sinne einer Nationsbezeichnung wird erst seit dem Bosnienkrieg verwendet. In Jugoslawien hatten die Muslime, die sich weder als Serben noch als Kroaten definierten, Ende der sechziger Jahre den Status einer eigenen Nation erhalten. Wurde der Begriff »Muslim« mit einem kleinen Anfangsbuchstaben geschrieben, war die Konfession gemeint, wurde das Wort großgeschrieben, bezeichnete es die Nation. Die Abgrenzung des nationalen Bekenntnisses von der konfessionellen Zugehörigkeit durch Groß- oder Kleinschreibung war sehr ungewöhnlich. Am 27. September 1993, mitten im Bosnienkrieg, kamen in Sarajevo die politische, militärische und intellektuelle Elite der Muslime sowie hohe religiöse Würdenträger zur »Bosniakischen Versammlung« (Bošnjački Sabor) zusammen. Die Teilnehmer beschlossen, die ethnisch-national verstandene Bezeichnung »Muslime« durch den Begriff »Bosniaken« zu ersetzen. Man wollte auf diese Weise die nationale Selbstbezeichnung von der Konfession lösen und an den Namen des Landes, nämlich Bosnien (Bosna), koppeln. Die Bosniaken unterstrichen damit ihren Anspruch auf Bosnien. Nur ein Volk mit einer »richtigen« nationalen Bezeichnung könne auch einen eigenen Staat haben, lautete die Begründung. In der Zeit wurde über einen im Sommer 1993 von ausländischen Vermittlern vorgelegten Friedensplan diskutiert, der eine Dreiteilung Bosniens auf ethnischer Grundlage im Rahmen einer Konföderation vorsah. Die »Bosniakische Versammlung« lehnte den Plan mehrheitlich ab. Für die Bosniaken, die größte Bevölkerungsgruppe, wäre lediglich ein territorial nicht zusammenhängendes Rumpfgebilde übriggeblieben, und die Serben zeigten keine Bereitschaft, mit militärischer Gewalt besetzte Gebiete, die vor dem Krieg mehrheitlich von Muslimen bewohnt waren, an die Bosniaken zurückzugeben.

Vor allem in Kroatien und in Serbien machten sich die politischen Eliten nach ihrem Wahlsieg mit großem Eifer daran, neue nationale Identitäten zu formen, in Abwendung von der allerdings schon seit längerer Zeit brüchigen sozialistischen Ideologie der »Brüderlichkeit und Einheit« der Nationen und Nationalitäten Jugoslawiens, im Falle Kroatiens auch in Abgrenzung von Serbien. Was mit dem von Josip Broz Tito im Zweiten Weltkrieg geschaffenen sozialistischen Jugoslawien und dessen multiethnischem Konzept in Verbindung gebracht werden konnte, sollte getilgt werden. Die integrative jugoslawische Idee, die bereits Jahrzehnte vor der Proklamation des ersten gemeinsamen Staates am 1. Dezember 1918 die südslawischen Völker zusammengeführt hatte, wurde durch einen exklusiven Nationalismus ersetzt. Jugoslawien galt nun in Zagreb und in Belgrad als Symbol der Unterdrückung der eigenen Nation. Die Geschichte wurde umgeschrieben. Patrioten von einst verwandelten sich in Staatsfeinde, Verräter in Helden. Alles brach entlang der ethnischen Trennlinien auseinander, der Bund der Kommunisten, der Gesamtstaat, die Medien, die serbokroatische

Standardsprache, ethnisch gemischte Ehen, ja ganze Familien. Die Menschen wurden in ethnische Korsette gepresst. Gefordert waren eindeutige nationale Bekenntnisse. Man musste ein Kroate oder ein Serbe sein, man musste auf der einen oder auf der anderen Seite stehen. Fluide oder multiple ethnische Identitäten waren suspekt.

Der Zerfall Jugoslawiens, der schon in den siebziger Jahren eingesetzt hatte, wenn auch langsam und in kleinen Schritten, beschleunigte sich nach dem Tode Titos 1980. Die Partei- und Republikchefs wurden immer mächtiger, sie verfolgten zunehmend nationale Partikularinteressen. Die Republiken drifteten auseinander. Die Zentralmacht erodierte. Die politischen und wirtschaftlichen Probleme, die sich in der zweiten Hälfte der achtziger Jahre verschärften, wurden ethnisch-national aufgeladen. In dem Maße, wie der Sozialismus seine Legitimität verlor, erstarkte der in der Zeit der Herrschaft Titos unterdrückte Nationalismus der einzelnen Völker. Er nahm immer bedrohlichere Formen an. Zwar gab es bis zuletzt Bemühungen, die ethnischen Konflikte mit friedlichen Mitteln zu lösen und die staatliche Einheit durch eine gesamtjugoslawische Demokratisierung zu bewahren. Doch sie waren angesichts der von den politischen Eliten entfachten nationalen Euphorie zum Scheitern verurteilt.

Während im Jahr der Wende 1989 in den Ländern Ostmitteleuropas die Herrschaft der Kommunisten im Namen der Freiheit und der Bürgerrechte abgeschüttelt wurde, hatte in Serbien und in Kroatien der Aufbruch vor allem unter nationalistischen Vorzeichen gestanden. Der erstarrte und diskreditierte Sozialismus wurde durch einen übersteigerten Nationalismus ersetzt. In Kroatien wurde Demokratisierung mit nationaler Befreiung von der serbischen Vorherrschaft gleichgesetzt, politische Freiheit weitgehend auf die nationale Unabhängigkeit reduziert. In Serbien drehte sich, wie in den Jahrzehnten vor dem Ersten Weltkrieg, wieder alles um die nationale Frage, um die Vereinigung der Serben in einem Staat. Sie wurde im Sinne einer staatlich-territorialen Vereinigung gestellt, was sich als verhängnisvoll erwies. Es ging vor allem darum, in welchem Staat die Serben des westlichen und südlichen Balkans künftig leben sollten, und nicht, ob dieser demokratisch sei. Im Vordergrund standen auf beiden Seiten nationale Vorstellungen, nicht demokratische Reformen wie in den Ländern Ostmitteleuropas nach der Wende. In Kroatien und in Serbien beherrschten Diskussionen um nationale Identitäten, ethnische Definitionen, staatliche Grenzlinien und Territorien den politischen Diskurs.

Die politischen Vorstellungen vor allem der serbischen und der kroatischen nationalen Eliten waren am Vorabend der Kriege unvereinbar. Keine Seite war zu Kompromissen bereit. Serbien wollte einen zentralistischen, von Belgrad dominierten Einheitsstaat. Das kam für Slowenien und Kroatien nicht infrage. Eine serbische Hegemonie, in welcher Form auch immer, lehnten sie ab. Sie forderten die Umwandlung Jugoslawiens in eine lose Konföderation souveräner Staaten. Mit dem sich abzeichnenden Scheitern dieses Konzepts und angesichts des aggressiven serbischen Nationalismus setzten Slowenien und Kroatien immer offener auf die staatliche Unabhängigkeit. Da auch das zentralistische Modell Belgrads bei allen Teilrepubliken mit Ausnahme Montenegros auf Ablehnung stieß, ließ die Führung in Belgrad die jugoslawische Option fallen und setzte auf die Karte der Bildung eines eigenen Nationalstaates, dem auch die mehrheitlich von Serben bewohnten Gebiete in Bosnien-Herzegowina und in Kroatien angehören sollten. Diese hätten, so rechtfertigte Belgrad seine Politik, das Recht, selbst darüber zu befinden, welchem Staat sie angehören wollten. Es war klar, dass sie sich für Serbien entscheiden würden. Ebenso klar aber war, dass sich Kroatien und Bosnien, abgesehen von der dort lebenden serbischen Bevölkerung, einer Abspaltung von Teilen seines Territoriums widersetzen würden. Damals lebte fast ein Drittel der Serbinnen und Serben außerhalb Serbiens. Der Traum von der Einheit aller Serben sollte nun, da Jugoslawien in seine Bestandteile zerbrach, in einem serbischen Nationalstaat verwirklicht werden. Damit waren die bestehenden Grenzen infrage gestellt. Belgrad betrachtete diese ohnehin nur als administrative Trennlinien, die nach dem Zweiten Weltkrieg willkürlich und zuungunsten Serbiens gezogen worden waren und deshalb geändert werden müssten. Das aber bedeutete Krieg.

Die »ethnischen Säuberungen«, also die systematische Vertreibung der nichtserbischen Bevölkerung aus den von serbischen Nationalisten beanspruchten Gebieten, waren keine Begleiterscheinung der Kriege in Kroatien und in Bosnien, sondern deren Ziel. Der gewaltsame Zerfall Jugoslawiens war keineswegs unvermeidlich. Dafür verantwortlich waren die demokratisch gewählten neuen Führer, welche die durch die tiefe wirtschaftliche und soziale Krise verunsicherte und desorientierte Bevölkerung mit nationalistischen Parolen hinter sich brachten und auch vor militärischer Gewalt als Mittel zur Durchsetzung ihrer nationalen Ziele, denen sie alles andere unterordneten, nicht zurückschreckten.

So ist es nicht erstaunlich, dass die Kriege gerade in den ethnisch gemischten Gebieten Kroatiens und in Bosnien-Herzegowina, wo kaum ein größerer Ort ethnisch homogen war, mit besonderer Heftigkeit und Brutalität geführt wurden. Es handelte sich um jene Regionen, in denen das Zusammenleben vor dem Zerfall Jugoslawiens besonders gut gewesen war und es kaum ethnisch motivierte Spannungen gegeben hatte, in Ostslawonien etwa, wo Vukovar liegt, oder in Teilen von Bosnien-Herzegowina. Hier waren in den Kriegen der neunziger Jahre besonders viele Opfer zu beklagen, hier wurden mehr Kriegsverbrechen als anderswo verübt, ganze Dörfer wurden zerstört. Entsprechend tief sind die Traumata, die der Krieg hinterlassen hat. Zwar hat sich die ethnische Zusammensetzung der Bevölkerung in manchen Regionen Bosniens, Kroatiens und Kosovos durch die Kriege der neunziger Jahre stark verändert. Doch ist es den Nationalisten trotz allen gewaltsamen Bemühungen, ethnisch homogene Territorien zu schaffen, längst nicht überall gelungen, der traditionellen kulturellen Durchmischung und der ethnischen, sprachlichen und konfessionellen Vielfalt auf engem Raum ein Ende zu setzen.

Im Zentrum dieses Buches stehen Städte und Orte, die besonders heftig umkämpft waren und in denen noch heute Angehörige verschiedener Ethnien leben. Dabei beschäftigt mich die Frage, wie es 26 Jahre nach Ende der Kriege in Kroatien und in Bosnien sowie 22 Jahre nach dem Kosovokrieg um das interethnische Zusammenleben jenseits patriotisch-politischer Inszenierungen und schwülstiger nationalistischer Rhetorik steht. Oder anders gesagt: Haben sich die ethnischen Trennlinien im Alltag, die sichtbaren und die unsichtbaren in den Köpfen der Menschen, verfestigt, oder haben sie an Bedeutung verloren? Wird das Zusammenleben in absehbarer Zeit wieder so sein, wie es einst war? Inzwischen ist auch eine neue Generation herangewachsen, die den Krieg nur aus den Erzählungen ihrer Eltern kennt. Und so drängt sich die Frage auf, wie wichtig für sie ethnische und nationale Zuordnungen sind und ob es ihr, wie man annehmen könnte, leichter fällt, die Trennlinien zu überwinden. Die Ergebnisse sind nur auf den ersten Blick überraschend.

Eine dieser Städte ist Vukovar, im Osten Kroatiens an der Grenze zu Serbien gelegen, in der heute der Anteil der Serben bei mehr als einem Drittel liegt. Leben Kroaten und Serben nach den traumatischen Kriegserfahrungen in getrennten Welten? Und wenn das so ist, wer ist dafür verantwortlich? Und was müsste getan werden, um diesen Zustand zu ändern? Welche Rolle spielen die lokalen Politiker? Und warum ist der Krieg in Vukovar noch immer in hohem Maße präsent? Ein anderes Beispiel ist die Stadt Mitrovica in Nordkosovo, die seit dem Krieg geteilt ist. Im Norden leben fast nur Serben, im Süden fast nur Albaner. Zum Symbol der Trennung ist die für zivile Fahrzeuge gesperrte und von Nato-Truppen bewachte Brücke über den Fluss Ibar geworden. Nur Fußgänger dürfen sie überqueren. Doch ist auch in dieser Stadt nicht alles so, wie es auf den ersten Blick den Anschein hat. So gibt es nur wenige Hundert Meter flussabwärts eine andere Brücke, über die der Verkehr ohne Kontrollen und Hindernisse rollt. Ich habe mit serbischen und albanischen Bewohnern gesprochen und sie gefragt, ob sie in den jeweils anderen Teil der Stadt gehen, und falls nicht, welches die Gründe dafür sind.

Im Buch ist auch von anderen Trennlinien die Rede, etwa davon, wie unterschiedlich der Zerfall Jugoslawiens und die Kriege der neunziger Jahre interpretiert werden. Die offiziellen Geschichtsbilder sind oft unvereinbar und entzweien Serben, Kroaten und Bosniaken mehr als alles andere. Sie finden ihren Niederschlag auch in den Schulbüchern. Die einseitigen Sichtweisen werden an die nächste Generation weitergegeben. Bemühungen, umstrittene Ereignisse in den Lehrmitteln aus verschiedenen Perspektiven zu beleuchten und so ein kritisches historisches Denken zu fördern, stoßen im Lager der Nationalkonservativen in Kroatien, in Serbien, in Bosnien und in Kosovo auf hartnäckigen Widerstand. Für sie steht der Geschichtsunterricht im Dienst der Stärkung der nationalen Identität, des Patriotismus und der politischen Loyalität. Sie halten in manchen strittigen und für die eigene Nation heiklen Fragen an Geschichtsbildern fest, die zu Beginn der neunziger Jahre bei der Schaffung der Nationalstaaten auf den Trümmern des jugoslawischen Vielvölkerstaates konstruiert worden waren, als es darum ging, im Zuge der Staatenbildung auch neue nationale Identitäten zu schaffen.

Dieses Denken in ethnischen und nationalen Kategorien kommt auch in der Haltung der Regierungen zu den Urteilen des Uno-Kriegsverbrechertribunals in Den Haag zum Ausdruck. Sie werden in Kroatien wie in Serbien politisch interpretiert. Entsprechen sie nicht dem eigenen Geschichtsbild, werden sie abgelehnt. In Zagreb und in Belgrad fehlt der Wille, sich auf staatlicher und gesellschaftlicher Ebene über zu nichts verpflichtende symbolische Gesten und wohlklingende Worte hinaus mit den Kriegsverbrechen der eigenen Nation zu befassen und die Aufarbeitung voranzutreiben. In Kroatien kommt hinzu, dass der »Vaterländische Krieg« *(domovinski rat)*, wie die offizielle Bezeichnung des serbisch-kroatischen Krieges von 1991 bis 1995 lautet, zu einem Gründungsmythos des unabhängigen Staates geworden ist, zu einem Grundpfeiler der nationalen Identität. Kroatien erlangte seine Unabhängigkeit im Krieg. Dieser nimmt denn auch in der staatlichen Gedenkpolitik einen zentralen Platz ein. Man sollte bei der Beurteilung allerdings bedenken, dass die

Auseinandersetzung mit eigenen Verbrechen und die Revidierung verfestigter Geschichtsbilder auch in vielen anderen Ländern langwierige und schmerzliche Prozesse sind, die, falls überhaupt, nur zögerlich und mit einem großen zeitlichen Abstand in Angriff genommen werden.

Das Buch handelt auch von Trennlinien in Grund- und Mittelschulen in der Föderation Bosnien-Herzegowina, in der vor allem Bosniaken und Kroaten leben. Die Föderation bildet zusammen mit dem überwiegend von Serben bewohnten Landesteil, der Republika Srpska, den Staat Bosnien-Herzegowina. Gemeint sind die sogenannten »zwei Schulen unter einem Dach«. Kritiker betrachten diese als besonders verwerflich. In diesen Schulen werden Bosniakische und kroatische Schülerinnen und Schüler auf allen Stufen und in allen Fächern räumlich getrennt unterrichtet, nach zwei verschiedenen Lehrplänen und von Lehrerinnen und Lehrern, die der jeweiligen Ethnie der Schülerinnen und Schüler angehören. Es handelt sich um zwei Schulen im selben Gebäude, die aber nichts miteinander zu tun haben. Oft sind auch die Eingänge getrennt. Als Folge davon haben bosniakische und kroatische Kinder und Jugendliche in den Schulhäusern kaum Kontakt untereinander. Separiert werden sie auf der Grundlage der Sprache. Dabei unterscheiden sich Bosnisch, die Sprache der Bosniaken, und Kroatisch nur wenig, und jeder versteht jeden problemlos. Auch hier geht es, wie meist bei Sprachfragen auf dem Balkan, in erster Linie um die Festigung nationaler Identitäten, um ethnische Abgrenzung, um Politik. Ich habe einige dieser Schulen besucht und Direktorinnen und Schüler gefragt, was sie vom ethnisch getrennten Unterricht halten und welches die Folgen sind. Am Beispiel von Brčko, einer ethnisch gemischten Stadt im Nordosten Bosniens an der Grenze zu Kroatien, möchte ich zeigen, dass es auch anders geht. Dort werden Bosniaken, bosnische Kroaten und bosnische Serben gemeinsam unterrichtet. Geteilt sind hier nicht die Klassen, sondern die Wandtafeln. Der Frage, was es damit auf sich hat und warum es in Brčko anders ist, möchte ich in diesem Buch ebenfalls nachgehen.

Im letzten Jahrzehnt haben vor allem in Kroatien und in Serbien, aber auch in Bosnien nationalistische und autoritäre Tendenzen wieder zugenommen – und damit die Bemühungen um Abgrenzung und Festigung ethnisch-nationaler Identitäten; in Kroatien nach der Aufnahme des Landes in die Europäische Union im Jahr 2013, in den beiden anderen Ländern, seit sich die EU-Beitrittsperspektive weitgehend zerschlagen hat. Damit sind auch die in den Zerfallskriegen entstandenen Trennlinien wieder sichtbarer geworden. Nationalkonservative und nationalistische Politiker in Kroatien und in Serbien verwenden gerne kollektive Begriffe, sie sprechen vom kroatischen Volk oder vom serbischen Volk, nicht von Kroaten oder von Serben, als ob ein Volk eine homogene Einheit wäre. Wie in den neunziger Jahren wird die Nation vorwiegend ethnisch definiert und weniger im Sinne einer Gemeinschaft von Staatsbürgern, die unabhängig von der ethnischen Zugehörigkeit der Verfassung ihres Landes und rechtsstaatlichen Werten verpflichtet sind. Im Vordergrund stehen die Sprache und die Kultur, nationale Traditionen, die eigene Geschichte oder, präziser formuliert, das gemeinsame, von den politischen Eliten und ihren Historikern konstruierte Geschichtsbild. Das aber hat, wie dieses Buch zeigt, gravierende Folgen.

Auch stehen schwammige Begriffe wie »Identität«, »nationale Würde« oder »christliche Werte«, die je nach politischem Bedürfnis mit unterschiedlichem Inhalt gefüllt werden, hoch im Kurs. Je diffuser und leerer die Begriffe sind, desto einfacher lassen sie sich von Politikern instrumentalisieren, die für sich das Recht in Anspruch nehmen, zu bestimmen, wie nationale Identität zu definieren ist und wie die Geschichte interpretiert werden muss. Es geht um Deutungshoheit und damit um Macht. Der bosnische Schriftsteller Dževad Karahasan spricht in einem Interview mit dem Zagreber Wochenblatt *Novosti,* der Zeitung der serbischen Minderheit, in der Ausgabe vom 15. September 2020 vom Versuch, eine »Diktatur der Allgemeinbegriffe« einzuführen.

Die Entwicklungen des letzten Jahrzehnts im westlichen Balkan müssen aber auch in einem gesamteuropäischen Kontext gesehen werden. In Teilen Europas sind rechtsnationale Parteien im Aufwind. Sie rütteln an den Fundamenten der demokratischen Staatsordnung, höhlen den Rechtsstaat aus und gehen gegen unabhängige politische, kulturelle und wissenschaftliche Institutionen vor. In Polen und in Ungarn, in jüngster Zeit auch in Slowenien, alles EU-Länder, sind sie sogar an der Macht. In Polen regiert die Partei Recht und Gerechtigkeit (Prawo i Sprawiedliwość, PiS), in Ungarn der Fidesz, und das mit einer Zweidrittelmehrheit. In Abgrenzung von der Politik der liberalen, säkularen und europäisch orientierten städtischen Eliten in den ersten beiden Jahrzehnten nach der Wende von 1989 sehen sie ihre Aufgabe darin, das Land entsprechend ihrer national-konservativen Ideologie umzukrempeln und die Gesellschaft auf der Grundlage traditioneller christlicher Werte moralisch zu erneuern. Moderne, liberale Lebensformen, die ihren Vorstellungen nicht entsprechen, lehnen sie als westlich-dekadent ab. PiS und Fidesz stehen für eine gesellschaftspolitische Wende nach rechts. Sie inszenieren sich als Verteidiger des angeblich bedrohten christlichen Erbes Europas, als Vertreter der »wahren« Polen und der »wahren« Ungarn, als Fürsprecher der Verlierer der liberalen Wirtschaftsreformen. Kritiker der Politik der beiden Parteien sprechen von einem antiliberalen Gegenschlag. Als »illiberal« bezeichnete der ungarische Regierungschef Viktor Orbán denn auch in einer programmatischen Rede im Sommer 2014 den neuen Staat, den er aufbauen will. Im Vordergrund stehe, so präzisierte er damals, ein »nationaler Ansatz«, kein liberaler.

In gleicher Weise wie die nationalkonservativen Politiker in Serbien oder in Kroatien definieren auch die Regierungsparteien in Polen und in Ungarn die Nation vor allem als ethnisch-nationale Gemeinschaft. Ins Zentrum rücken der Nationalstaat, die eigenen Werte und Traditionen, vor allem aber die eigene Geschichte. Dem Westen werfen diese Parteien Überlegenheitsdünkel, Besserwisserei und fehlenden Respekt vor. Sie klagen darüber, ihr Land werde bevormundet, missverstanden, benachteiligt und in seiner Souveränität eingeschränkt. So inszenieren sie sich gerne als Kämpfer gegen die, wie sie sagen, Arroganz der EU. Die Fördergelder aber, auf die ihre Länder angewiesen sind, nehmen sie mit offenen Händen entgegen. Sie schrecken auch nicht davor zurück, die EU mit Vetodrohungen zu erpressen, um die eigenen Interessen durchzusetzen. Auch sie denken mit Vorliebe in kollektiven Kategorien, auch sie nehmen für sich das Recht in Anspruch, allein zu bestimmen, wie nationale Identität zu definieren ist, auch sie setzen die Interessen ihrer Partei mit jenen des Staates und der Nation gleich. Auch sie gefallen sich in der Rolle von Chefhistorikern und kultivieren einen Opfermythos, der dem kroatischen und serbischen in nichts nachsteht. Das Gleiche kann auch über Rechtspopulisten in westeuropäischen Ländern gesagt werden, die ähnliche Denkmuster und Narrative verbreiten. Nationalistische und populistische Parolen fallen nicht nur in Teilen der Bevölkerung der einst kommunistischen Länder auf fruchtbaren Boden.

Die Folge einer solchen Politik ist ein heftiger Kulturkampf, der die Gesellschaft spaltet, neue Trennlinien schafft und zu Spannungen mit Nachbarstaaten führt. Er wird umso schriller und verbissener geführt, je mehr sich die Probleme im Innern häufen. In Teilen der Gesellschaft, vor allem in Polen, aber auch in Ungarn, stoßen die regierenden nationalkonservativen Parteien, PiS und Fidesz, mit ihren traditionellen gesellschaftspolitischen Vorstellungen und ihrer autoritären Politik auf heftigen Widerstand. In manchen großen Städten in beiden Ländern ist inzwischen die liberale, westlich orientierte Opposition an der Macht. Gerade in der staatlichen Geschichts-, Kultur- und Erinnerungspolitik sind die Parallelen zu den Ländern des westlichen Balkans frappant. Ein Lehrer an einer Schule in Bosnien sagte im Gespräch mit Blick auf die rechtsnationalen und populistischen Bewegungen in West- und Mitteleuropa: »Jetzt ist auch das übrige Europa auf dem Balkan angekommen.« Was er damit meinte und auf welche politischen Missstände auf dem Balkan er anspielte, auf dem das übrige Europa, wie er sagte, angekommen sei, ist ebenfalls Thema des Buches.

Die Ethnisierung, also das Denken und Handeln, bei dem ethnische und nationale Zuordnungen im Vordergrund stehen, hinterlässt auch im Alltag ihre Spuren, wie das folgende Beispiel zeigt. Vor einigen Jahren besuchte die damalige kroatische Präsidentin Kolinda Grabar-Kitarović in Dubrovnik einen Kindergarten. Dabei schenkte sie den Kindern mit Schokolade gefüllte Päckchen. Es war der Tag der »Verteidiger von Dubrovnik«, ein wichtiger Gedenktag. Als einige Eltern feststellten, dass sich in den Päckchen auch in Serbien hergestellte Schokolade befand, war die Empörung groß. Serbische Schokolade in Geschenkpäckchen für kroatische Kinder, Schokolade des Aggressors, der Teile Kroatiens besetzt, Dubrovnik beschossen und schwere Kriegsverbrechen verübt hatte, das war für sie ein Skandal. Der Aufschrei von Eltern war das eine. Entlarvend aber war die Reaktion der Staatspräsidentin. Sie bat die Eltern um Verzeihung und beteuerte, sie habe über den Inhalt der Päckchen nichts gewusst. So etwas werde nie mehr geschehen. Sie werde den Kindern neue Schokolade schicken, kroatische. Auch kündigte sie an, den Vorfall untersuchen zu lassen, als ob es ein Verbrechen wäre, in Serbien hergestellte Schokolade an kroatische Kinder zu verteilen. Im Übrigen kann man die Schokolade an vielen Orten in Kroatien kaufen. Natürlich gerieten auch serbische Nationalisten in heftige Erregung und gossen, wie das in solchen Fällen üblich ist, Öl ins Feuer. Ein solches Verhalten sei antidemokratisch, antieuropäisch, eine Provokation, ein Ausdruck der »antiserbischen Hysterie« in Kroatien. Bemerkenswert war die Reaktion in Geschäftskreisen: »Es wäre für alle das Beste, wenn die Politiker das Maul hielten.«

Ethnische Trennlinien, kollektive Identitäten, einseitige Geschichtsbilder, eine Geschichts- und Erinnerungspolitik, die spaltet, ein politisiertes Bildungssystem – das sind Themen, die gerade in Zeiten des wiedererstarkten Nationalismus und der zunehmenden autoritären Tendenzen weit über Kroatien, Serbien, Bosnien oder Kosovo hinaus von Bedeutung sind. Gerade der Balkan, wo die ethnische Definition der Nation aus historischen Gründen besonders tief verwurzelt ist, bietet Anschauungsunterricht dafür, wohin eine übertriebene Identitätspolitik und eine penetrante Ethnisierung der Gesellschaft führen können und welche Auswirkungen dies auf die Beziehungen zu anderen Staaten haben kann. Die durch eine forcierte Identitätspolitik entstehenden Probleme werden gerade in Ländern des Balkans wie unter einem Brennglas sichtbar. Insofern betrifft das Thema des Buches, die Macht des Ethnischen, auch das übrige Europa.

Als der in Kanada lebende, aber in Sarajevo geborene Schriftsteller Aleksandar Hemon in einem am 5. August 2019 ausgestrahlten Interview mit dem Fernsehsender N1 gefragt wurde, was der Balkan für ihn bedeute, sagte er: »Der Balkan bedeutet für mich die Menschen, die dort leben.« Menschen stehen denn auch im Mittelpunkt dieses Buches, persönliche Lebenswelten, nicht Ideologien und politische Theorien. Jeder hat den Krieg und die Jahre danach anders erlebt und andere Erfahrungen gemacht. Jeder erzählt eine eigene Geschichte. Ergänzt werden die Reportagen durch einordnende Analysen. In allen Dörfern und Städten, die in diesem Buch erwähnt werden, bin ich mehrmals gewesen, in vielen von ihnen auch während der Kriege der neunziger Jahre.

Das heißt allerdings nicht, dass die Welt, in der sich die politischen Eliten bewegen, ausgeklammert wird, im Gegenteil. Manche Äußerungen führender nationalkonservativer und nationalistischer Politiker werden wörtlich wiedergegeben. Es sind Beispiele einer auf Provokation und Konfrontation angelegten Rhetorik, die polarisiert und die Gräben vertieft. Sie zeigen, wie skrupellos sich gewisse Politiker noch immer der überwunden geglaubten Sprache des Hasses bedienen, wenn sie sich davon einen Vorteil erhoffen. Es ist gerade dieser gehässige, emotional aufgeladene und gezielt zugespitzte Diskurs, der einheimische Beobachter an die Zeit der späten achtziger und frühen neunziger Jahre erinnert. Manche Politiker scheinen vergessen zu haben, welches Unheil damals mit Worten und Parolen angerichtet wurde. Den Zerfallskriegen war nämlich eine sprachliche und ideologische Aufrüstung vorausgegangen. Žarko

Korać, Professor für Psychologie an der Philosophischen Fakultät der Universität Belgrad und seit vielen Jahren politisch aktiv, meinte in einem Gespräch mit *Radio Free Europe* am 1. März 2020: »Wir sind wieder in den neunziger Jahren, nur ohne Krieg.«

Ein anderes Bild der Kriege der neunziger Jahre als die herrschenden Eliten zeichnen viele unabhängige Historiker und Vertreter zivilgesellschaftlicher Organisationen, in Kroatien, Serbien, Bosnien und in Kosovo. Auch sie sollen zu Wort kommen, ebenso wie liberale Politiker. Sie alle sehen in der Aufarbeitung der Kriegsverbrechen eine wichtige Voraussetzung für eine Normalisierung auch in den in diesem Buch behandelten ethnisch gemischten Orten. Wer sich nur auf die gehässige Rhetorik nationalistischer Politiker oder die zugespitzten Reportagen mancher einheimischer und ausländischer Berichterstatter stützt, die in dramatischen Tönen etwa die Gefahr eines Wiederaufflammens gewalttätiger Konflikte oder den Zerfall des bosnischen Staates heraufbeschwören, wird erstaunt sein, wie normal und unspektakulär sich das Leben im ethnisch dreigeteilten Bosnien, aber auch in Vukovar oder in Mitrovica abspielt.

Erkundigt man sich in der Bevölkerung nach den Beziehungen zwischen den Ethnien im Alltag, so erhält man meist, wie das nicht anders zu erwarten ist, unterschiedliche Antworten. Es ergibt sich ein facettenreiches, manchmal verwirrendes und widersprüchliches Bild. Vieles ist nicht so, wie es auf den ersten Blick scheint, vieles entzieht sich einer eindeutigen Zuordnung. Wer Beweise für eine Verfestigung der ethnischen Trennlinien sucht, der findet sie. Er kann so ein düsteres Bild malen und dem ethnonationalen Krisendiskurs neue Nahrung geben. Wer aber den Nachweis erbringen will, dass das Zusammenleben im Alltag gut funktioniert und die Leute über die ethnischen Trennlinien hinweg normal miteinander umgehen, wird ebenfalls fündig. Auch dafür finden sich viele Beispiele. Beide Befunde sind Teil einer komplexen Realität, die nicht geglättet werden sollte. Die Widersprüche sollen vielmehr sichtbar bleiben, ebenso die Bruchlinien.

Diese Vielfalt der Meinungen und die manchmal verwirrenden Widersprüche offenzulegen, ist das Anliegen dieses Buches. Sichtbar gemacht werden soll aber auch die oft verblüffende Diskrepanz zwischen den Bemühungen von Politikern und ihren Ideologen, die Bevölkerung in eine ethnische und kulturelle Identität zu pressen, und dem wohltuend nüchternen Pragmatismus vieler Menschen im Alltag, wo ethnische Trennlinien oft aufgeweicht sind oder gar keine Rolle mehr spielen. Pompöse nationale Inszenierungen und propagandistisches politisches Getöse sind das eine, das Leben der Bewohnerinnen und Bewohner, die sich in ihrem meist beschwerlichen Alltag mit existenziellen Problemen herumschlagen müssen, das andere. Was sie vor allem beschäftigt, sind nicht Identitätspolitik oder nationale Geschichtsbilder, sondern Armut, Arbeitslosigkeit, Abwanderung, die verschmutze Umwelt, die Korruption, das marode Renten- und Gesundheitssystem. So ist es denn auch nicht verwunderlich, dass bei sozialen Protesten die ethnische Zugehörigkeit oft kaum mehr eine Rolle spielt. Eine andere Trennlinie schiebt sich dafür in den Vordergrund, eine zwischen der Bevölkerung und der politischen Elite, die sich als unfähig erweist, die wirtschaftlichen und sozialen Probleme zu lösen.

Während ethnonationale Politikerinnen und Politiker eifrig an Geschichtsbildern basteln und eine rückwärtsgewandte Identitätspolitik betreiben, wandern immer mehr vor allem gut ausgebildete Leute ab, mit Vorliebe ins Ausland. Sie sehen für sich und ihre Kinder keine Zukunft mehr. Sie haben die Hoffnung auf politische Veränderung und wirtschaftlichen Aufschwung verloren. Anders als früher sind es nicht mehr nur Einzelpersonen, die ihrem Land den Rücken kehren, sondern vermehrt ganze Familien. Sie werden kaum mehr zurückkehren. Das ist die eigentliche Tragödie. Was Kroaten, Serben, Bosniaken und Kosovo-Albaner vor allem miteinander verbindet, ist das Gefühl der Perspektivlosigkeit angesichts des Unvermögens der politischen Elite, sich der wirklichen Probleme anzunehmen.

»Wir leben hier ganz normal«

Verschiedene Welten in Vukovar

Es ist ein düsterer Tag in Vukovar. Es regnet in Strömen, ohne Unterlass. Dunkel hängen die Wolken über der Trümmerwüste. Zwei Tage nach der Einnahme der ostkroatischen Stadt durch die Jugoslawische Volksarmee und serbische Milizen am 18. November 1991 bietet sich den aus Belgrad herangekarrten Journalisten ein Bild des Grauens. Ganze Straßenzüge sind verwüstet, viele Häuser ausgebrannt. Das Zentrum ist mit Schutt und Trümmern übersät. Glassplitter bedecken die morastigen Straßen. Verkohlte Baumstämme ohne Äste ragen in den Himmel, überall liegen verbrannte Autowracks. Am Rande der Straße verwesen tote Tiere, vor einem zerschossenen Haus liegen zwei Leichen mit dem Gesicht nach unten. In einem Innenhof beim Krankenhaus werden den Journalisten zwei Dutzend entstellte Leichen präsentiert. Ein serbischer Offizier hat uns dorthin geführt. Eine Leiche ist fast völlig verkohlt, bei einer andern fehlt der halbe Kopf. Einige haben ein Etikett mit einer Nummer am großen Zeh. Sind es Patienten des Krankenhauses? Und wenn das der Fall ist, warum liegen die Leichen hier neben den zerschossenen Ambulanzfahrzeugen? Der Offizier behauptet im Brustton der Überzeugung, es handle sich um unschuldige serbische Opfer der »kroatischen Neofaschisten«. Die Frage, woher er denn wisse, dass die Opfer Serben seien, bleibt unbeantwortet, sie wird als Provokation empfunden.

In der Kaserne von Vukovar sitzen an einem langen Tisch serbische Offiziere und Soldaten und einige verstörte Zivilisten mit geröteten Augen und bleichen Gesichtern. Sie werden als Serben vorgestellt, die in den Kellern ihrer Häuser wochenlang ausgeharrt hätten, ohne Wasser und Strom. Das hätten ihnen die »kroatischen Neofaschisten« angetan. Vom Leiden der kroatischen Bewohner, die während dreier Monate dem serbischen Beschuss ausgesetzt gewesen waren, spricht niemand. Wenn die Armeeangehörigen während dieser makabren Inszenierung das Wort an die bleichen Gestalten richten, nicken diese stumm, mit ausdruckslosen Augen. Dann sagt einer der Offiziere: »Wir haben das von den kroatischen Ustaša-Horden geknechtete serbische Volk nach heldenhaftem Kampf befreit und damit einen Genozid verhindert.« Er spricht von einem »großen Sieg des serbischen Volkes«. In Vukovar sei nicht Kroatien verteidigt worden, wie Zagreb behaupte. Die Stadt an der Grenze zu Serbien sei vielmehr von den Kroaten zu einer Festung ausgebaut worden. Von hier aus habe der Faschismus verbreitet werden sollen. Er nennt Vukovar ein Symbol des »niedergeschlagenen Faschismus«. Die Serben hätten den Krieg nicht gewollt, meint der Offizier, er sei ihnen aufgezwungen worden. Und dann sagt er inmitten der Trümmerhaufen, die Armee habe nicht alle ihr zur Verfügung stehenden militärischen Mittel eingesetzt, weil sie das Leben unschuldiger Zivilisten habe schonen wollen. Deshalb habe es drei Monate gedauert, bis Vukovar »befreit« worden sei.

Am Abend dieser serbischen Propagandashow, die an Zynismus kaum mehr zu überbieten ist, werden die Journalisten vor den Ruinen des Hotels Dunav (Donau) im Zentrum von Vukovar aus der Feldküche der Armee verpflegt. Suppe wird verteilt, Schnaps herumgereicht. Am Morgen, auf der Hinfahrt im Autobus von Belgrad nach Vukovar, hatte jeder einen Kugelschreiber mit der Aufschrift »Jugoslawische Volksarmee« erhalten. Er hoffe, so hatte der begleitende serbische Offizier den Journalisten gesagt, dass sie alle die Wahrheit über Vukovar schrieben – die serbische Wahrheit, versteht sich. Den Journalisten ist an diesem Abend der Appetit gründlich vergangen. In sich gekehrt, erschüttert, verwirrt und betäubt von dem, was sie gesehen und gehört haben, stehen sie da. Es ist kalt und nass. Kaum einer sagt ein Wort. Es wird früh dunkel in der »befreiten« Stadt, in dieser menschenleeren, gespenstischen Trümmerwüste, auf die noch immer unaufhörlich der Regen niederfällt. Sonst ist kaum etwas zu hören. Nur ab und zu durchbrechen vorbeifahrende Militärfahrzeuge die Stille.

Unmittelbar nach der Einnahme von Vukovar verübten Serben eines der schlimmsten Verbrechen der Kriege der neunziger Jahre. Darüber erfuhren die Journalisten nichts. Im Keller des Krankenhauses, wohin die Verletzten und Kranken während des Dauerbeschusses verlegt worden waren, sah ich nur noch einige wenige Patienten. Wo aber waren die vielen anderen? Ein Arzt, der unter unvorstellbar schwierigen Bedingungen hier operiert hatte, sagte verzweifelt: »Warum seid ihr nicht früher gekommen!« Er meinte weniger die Journalisten, als vielmehr westliche Politiker, die aus seiner Sicht nichts getan hatten, um die Tragödie von Vukovar zu verhindern. Ein Kroate, der mit einer Serbin verheiratet war, zeigte sein Bein, das von einer Mine zerfetzt worden war, und meinte unbeirrt, er sei überzeugt davon, dass Kroaten und Serben in Vukovar wieder zusammenleben könnten. Auf die Frage, wo denn die vielen Patienten des Krankenhauses verblieben seien, sagte ein serbischer Offizier, den ich kurz darauf vor dem Gebäude traf, sie seien evakuiert worden.

Erst mit der Entdeckung von Massengräbern fast ein Jahr später kam die schreckliche Wahrheit ans Licht. Nachdem die Jugoslawische Volksarmee und serbische Milizen die Kontrolle über das Krankenhaus übernommen hatten, wurden in aller Eile rund vierhundert Personen weggebracht, verwundete kroatische Soldaten, Pflegepersonal, andere Zivilisten, unter ihnen auch politische Aktivisten und Journalisten, die in den letzten Tagen der Belagerung im Krankenhaus Zuflucht gesucht hatten – in der Hoffnung, unter Aufsicht internationaler Beobachter die Stadt verlassen zu können. Doch das erwies sich als Trugschluss. Serbische Milizen töteten wenige Tage nach dem Fall der Stadt auf dem Gelände des früheren Landwirtschaftsbetriebs in Ovčara, einige Kilometer südlich von Vukovar, über zweihundert der Verschleppten, unter ihnen den kroatischen Radiojournalisten Siniša Glavašević, der bis zum letzten Tag aus der belagerten Stadt berichtet hatte.

Der Kampf um Vukovar

Wie war es zu dieser Tragödie in Vukovar gekommen, die in jugoslawischer Zeit als Vorbild für ein multiethnisches und multikulturelles Zusammenleben galt? Warum war der Krieg in Kroatien zu Beginn der neunziger Jahre ausgebrochen? Zur Beantwortung dieser Fragen ist ein Blick auf die Ereignisse in den Jahren zuvor unerlässlich. Jugoslawien schlitterte in der zweiten Hälfte der achtziger Jahre, wie schon erwähnt, in eine tiefe wirtschaftliche, politische und soziale Krise. Die einzelnen Teilrepubliken verfolgten in zunehmendem Maße ihre nationalen Interessen, die sie immer rücksichtsloser durchzusetzen versuchten. Die politischen Institutionen des Gesamtstaates verloren an Bedeutung. In allen Teilrepubliken entstanden gegen Ende des Jahrzehnts neue Parteien auf ethnisch-nationaler Grundlage. Die politischen Umbrüche in Ostmitteleuropa von 1989, welche die Herrschaft der Kommunisten beendeten, gingen am krisengeschüttelten jugoslawischen Vielvölkerstaat nicht spurlos vorbei. Auch hier fanden 1990/1991 in allen Teilrepubliken Mehrparteienwahlen statt, die vielerorts mit einem Sieg der neuen nationalistischen Kräfte endeten. Die Institutionen des Gesamtstaates hatten damit ihre Legitimität endgültig verloren.

Aus den Parlamentswahlen in Kroatien vom 22. April und 6. Mai 1990 ging die nationalistische Kroatische Demokratische Gemeinschaft (Hrvatska demokratska zajednica, HDZ) als Siegerin hervor. Allerdings erzielte auch der Bund der Kommunisten ein gutes Resultat. Der Chef der HDZ, Franjo Tuđman, wurde am 30. Mai vom neuen Parlament zum Präsidenten der Sozialistischen Republik Kroatien – so die damalige Bezeichnung – gewählt. Bei den Wahlen in Serbien, die am 9. und 23. Dezember des gleichen Jahres stattfanden, siegte die aus dem Bund der Kommunisten hervorgegangene Sozialistische Partei Serbiens (SPS) von Slobodan Milošević. Er gewann mit großem Vorsprung auch die gleichzeitig abgehaltene Präsidentenwahl. Milošević hatte sich des serbischen Nationalismus bedient, um an die Macht zu kommen und sie zu festigen. Es gelang ihm, die serbische Nation für seine Politik zu mobilisieren. Die beiden für das Schicksal Jugoslawiens entscheidenden Figuren, Tuđman und Milošević, hatten am Vorabend der Zerfallskriege unvereinbare Vorstellungen darüber, wie die tiefe Krise der Föderation entschärft werden sollte. Kroatien lehnte, in gleicher Weise wie Slowenien, die Forderung Miloševićs nach einer Rezentralisierung des Gesamtstaates ab. Beide sahen darin eine Fortsetzung der politischen Dominanz Belgrads. Umgekehrt wollte Serbien vom kroatischen und slowenischen Konzept einer Umwandlung der Föderation in eine Konföderation souveräner Staaten nichts wissen. Tuđman und Milošević waren zu keinerlei Kompromissen bereit. Sie wollten, wie sich im Laufe der ersten Hälfte des Jahres 1991 immer mehr zeigte, keine Neuordnung der jugoslawischen Föderation, sondern deren Zerschlagung.

Mit dem fortschreitenden Zerfall der Föderation nahmen auch die Spannungen zwischen den in Kroatien lebenden Serben und der neuen kroatischen Führung zu. Am Vorabend des serbisch-kroatischen Krieges lag der Anteil der Serben an der Gesamtbevölkerung Kroatiens bei 12,2 Prozent (582 000). Viele von ihnen lebten in der Region Ostslawonien, zu der auch Vukovar gehört, sowie in der sogenannten Krajina, einem breiten Landstreifen entlang der Grenze Kroatiens zu Bosnien-Herzegowina. Dort waren die Serben in einigen Orten sogar in der Mehrheit. Die Krajina-Serben sind die Nachfahren orthodoxer Christen, die einst aus den von den Osmanen eroberten Regionen des Balkans in nordwestliche Richtung flohen und von den Habsburgern in den Grenzgebieten angesiedelt wurden. Als freie Wehrbauern erhielten sie Steuererleichterung und eine lokale Selbstverwaltung. Als Gegenleistung mussten sie die

Grenzen des christlichen Habsburgerreiches gegen militärische Vorstöße der Osmanen verteidigen. Der bewaffnete Aufstand der Serben gegen die neue kroatische Staatsmacht nahm in der Krajina seinen Anfang.

In der kroatischen Verfassung, die das im Frühjahr neu gewählte Parlament im Dezember 1990 verabschiedete, verloren die im Lande lebenden Serben, die in jugoslawischer Zeit im Bund der Kommunisten Kroatiens, in den staatlichen Institutionen und auch in den Sicherheitsorganen überproportional vertreten waren, den Status als zweites Staatsvolk; sie wurden zu einer nationalen Minderheit herabgestuft. Viele Serben vor allem in den ländlichen Gebieten, die stolz darauf waren, ein Teil der größten und in Jugoslawien politisch dominierenden serbischen Nation zu sein, fühlten sich diskriminiert und gedemütigt. Die verfassungsmäßige Herabstufung löste große, von Nationalisten in Serbien gezielt geschürte Befürchtungen aus. Die Ängste angesichts des wachsenden kroatischen Nationalismus wurden durch das Auftauchen von Symbolen und Parolen aus der Zeit der Schreckensherrschaft der faschistischen Ustaša im Zweiten Weltkrieg noch verstärkt. Damals waren Hunderttausende getötet worden, Juden, Serben, Roma, Gegner des Regimes, unter ihnen auch Kroaten. In Titos Jugoslawien war alles verboten gewesen, was mit dem Ustaša-Staat in Verbindung gebracht werden konnte.

Die Krajina-Serben fühlten sich bedroht. Doch die kroatische Regierung tat wenig, um ihr Vertrauen zu gewinnen und sie davon zu überzeugen, dass sie im neuen kroatischen Staat nichts zu befürchten hätten. In der Phase des Zerfalls von Jugoslawien sahen vor allem die außerhalb der großen Städte lebenden kroatischen Serben in der Belgrader Führung und der Jugoslawischen Volksarmee, die sich im Laufe des Jahres 1991 immer mehr von einer jugoslawischen Streitmacht zu einer serbischen Truppe wandelte, den alleinigen Garanten für ihre Sicherheit. In dem Maße, wie sich Kroatien von Jugoslawien entfernte, lösten sich die Krajina-Serben von Kroatien. Sie wollten nicht in einem kroatischen Staat leben; sie wollten in

Jugoslawien verbleiben oder ein Teil Serbiens werden. Sie waren bereit, zu den Waffen zu greifen, um dies zu erreichen. Belgrad spannte sie vor den Karren der eigenen nationalen Ziele. Aus kroatischer Sicht begann der eigentliche Krieg am 2. Mai 1991, als in Borovo Selo, einem mehrheitlich von Serben bewohnten Ort unweit von Vukovar, zwölf kroatische Polizisten von Paramilitärs in einen Hinterhalt gelockt und erschossen wurden. Das Dorf war ein Zentrum des serbischen Widerstands. Hier waren nach dem Zweiten Weltkrieg Serben aus der Krajina in die Häuser der vertriebenen Deutschen eingezogen. Gerade diejenigen, deren Vorfahren einst selbst ihre Heimat hatten verlassen müssen, erwiesen sich als besonders anfällig für die nationalistische Propaganda.

Nach der Proklamation der Unabhängigkeit Kroatiens am 25. Juni 1991 nahmen die Kämpfe zwischen aufständischen Serben und kroatischen Sicherheitskräften an Intensität zu; die Zahl der Opfer stieg. Mit der Unterstützung Belgrads, der Jugoslawischen Volksarmee und paramilitärischer Freiwilligenverbände aus Serbien brachten die Serben immer mehr Gebiete unter ihre Kontrolle. Die nichtserbische Bevölkerung floh, wurde vertrieben, manche wurden getötet. Verbrechen an der Zivilbevölkerung verübten in der Region von Vukovar aber auch extremistische Kroaten, oft ebenfalls Angehörige paramilitärischer Verbände, denen ein Kroatien ohne Serben vorschwebte. Zu den Gebieten, welche die aufständischen Serben für serbisch hielten und die sie aus dem kroatischen Staatsverband herauslösen wollten, gehörte Vukovar. Im August 1991 griff die Armee auf der Seite der Serben direkt in die Kämpfe ein. Die Stadt wurde drei Monate lang belagert und beschossen. Trotz erbittertem Widerstand mussten die kroatischen Truppen am 18. November kapitulieren. Bei den Kämpfen in und um Vukovar kamen rund 3000 Menschen ums Leben, unter ihnen viele Zivilisten.

Die serbischen Eroberer triumphierten. Die Stadt werde nun für alle Zeiten serbisch bleiben, verkündeten sie euphorisch. Der Umstand, dass die Kroaten in Vukovar vor dem Krieg in der Mehrheit gewesen waren, kümmerte sie nicht. Aus ihrer Sicht war mit der »Befreiung« von Vukovar ein historisches Unrecht wiedergutgemacht worden, denn die Region sei immer serbisch gewesen und hätte bei den Grenzziehungen nach dem Zweiten Weltkrieg Serbien zugeschlagen werden müssen. Sie sprachen von einem wichtigen Etappensieg auf dem Weg zur Vereinigung aller serbischen Siedlungsgebiete außerhalb Serbiens mit Serbien. Im Dezember 1991 wurde die von niemandem anerkannte »Republik Serbische Krajina« proklamiert.

Der Fall von Vukovar bedeutete einen Wendepunkt im serbisch-kroatischen Krieg, der in Kroatien als »Vaterländischer Krieg« bezeichnet wird. Vukovar war der letzte größere Ort, den die aufständischen Serben einnahmen. Damit hatte Kroatien die Kontrolle über rund ein Drittel seines Territoriums verloren. Anfang Januar 1992, noch vor der Anerkennung der staatlichen Unabhängigkeit durch die Europäische Gemeinschaft (EG), die heutige EU, trat ein Waffenstillstand in Kraft. Die jugoslawischen Truppen zogen sich aus Kroatien zurück. In den von den aufständischen Serben beherrschten Gebieten wurden Soldaten der Uno stationiert. Trotz dem schmerzlichen Verlust staatlichen Territoriums hatte Präsident Tuđman eines seiner wichtigsten Ziele erreicht. Die EG anerkannte am 15. Januar 1992, also wenige Wochen nach dem Fall von Vukovar, die im Jahr zuvor proklamierte Unabhängigkeit. Die Fernsehbilder von der verwüsteten Stadt und vom Leiden der Zivilbevölkerung hatten diesen Schritt beschleunigt. Die Einsicht, dass der jugoslawische Gesamtstaat nicht mehr zu retten war, hatte sich in der westlichen Welt endgültig durchgesetzt.

Die serbische Herrschaft über Vukovar dauerte indessen nur wenige Jahre. Nachdem die kroatische Armee im Frühjahr 1995 die von den aufständischen Serben kontrollierten Gebiete Westslawoniens und im Sommer 1995 die Krajina mit dem Zentrum Knin innerhalb weniger Tage zurückerobert hatte, kamen die von den Serben beherrschten Regionen in Ostslawonien, und damit auch Vukovar, für eine Übergangszeit unter Uno-Verwaltung. Grundlage dafür war die Vereinbarung von Erdut. Am 12. November 1995 unterzeichneten unter internationalem Druck der Leiter der kroatischen Regierungsdelegation und ein Vertreter der lokalen Serben das Abkommen. Die Region wurde entmilitarisiert. Die Uno-Übergangsverwaltung sollte die Voraussetzungen für die Rückkehr der Flüchtlinge und die Abhaltung von Lokalwahlen schaffen. Die Vereinbarung sah auch weitgehende Rechte für die serbische Minderheit vor. Das Uno-Mandat endete am 15. Januar 1998. Kroatien hatte die volle Souveränität über sein gesamtes Staatsterritorium wiedererlangt, auch über Vukovar. Während die Rückeroberung der Krajina im August 1995 einen Exodus der serbischen Bevölkerung auslöste, blieben viele Serben nach dem Machtwechsel in Vukovar. Geflohene und vertriebene Kroaten kehrten zurück. Die Uno-Mission zur friedlichen Wiedereingliederung Ostslawoniens hatte ihr Ziel erreicht. Sie war ein Erfolg.

Diese Meinung teilen allerdings nicht alle. Nach der Rückeroberung der Krajina im August 1995 war in Kroatien der Ruf nach einer ähnlichen Militäraktion auch in Ostslawonien laut geworden. Präsident Tuđman sagte damals im Hochgefühl des schnellen Sieges und getragen von einer Woge der nationalen Begeisterung, falls die Befreiung Ostslawoniens auf friedliche Weise nicht möglich sei, werde Kroatien keinen Augenblick zögern, auch dieses Gebiet zurückzuerobern. Dazu kam es nicht; das ließ der Westen nicht zu. Dass viele Serben geblieben sind, passte nicht allen. Noch heute vertreten nationalistische Kroaten die Auffassung, das Land hätte sich viele Probleme mit den Serben in Vukovar ersparen können, wäre Kroatien in gleicher Weise vorgegangen wie in der Krajina. Dann wäre es auch hier, so ihre Überzeugung, zu einem Exodus der serbischen Bevölkerung gekommen. Und damit wäre aus ihrer Sicht die serbische Frage auch in Vukovar ein für alle Mal gelöst gewesen.

Vukovar war in jugoslawischer Zeit eine multiethnische und multikulturelle Stadt gewesen. Bei der letzten Volkszählung von 1991 bezeichneten sich von den 44 639 Einwohnern 21 065 (47 Prozent) als Kroaten, rund 14 425 (32,5 Prozent) als Serben. Hinzu kamen kleinere Minderheiten sowie jene, die sich als Jugoslawen deklarierten, vor allem Serben, aber auch Kroaten; sei es, dass sie sich einer ethnischen Zuordnung entziehen wollten, sei es, dass sie Jugoslawien und nicht Serbien oder Kroatien als ihre Heimat betrachteten. Viele von ihnen lebten in ethnisch gemischten Familien. 1991 lag der Anteil der ethnischen Jugoslawen trotz nationalistischer serbischer und kroatischer Propaganda, noch immer bei fast 10 Prozent. Es ist denn auch kein Zufall, dass bei den Parlamentswahlen vom April und Mai 1990 in Vukovar, anders als auf Landesebene, nicht Tuđmans HDZ am meisten Stimmen erhielt. Einen deutlichen Sieg errang vielmehr der in der Region vor allem in der serbischen Bevölkerung und bei den ethnischen Jugoslawen stark verwurzelte Bund der Kommunisten Kroatiens. Der Zagreber Politologe Dejan Jović, ein kroatischer Serbe, vertritt die Auffassung, die Stadt sei mutwillig zerstört worden, weil sie ein Symbol des friedlichen Zusammenlebens von Kroaten und Serben sowie anderer Ethnien gewesen sei. Das aber habe nicht in das Konzept der extremen serbischen und kroatischen Nationalisten gepasst. Am Beispiel von Vukovar sollte exemplarisch gezeigt werden, dass ein gemeinsames Leben nicht mehr möglich war.

Opfer und Täter

Die äußeren Spuren des Krieges sind inzwischen weitgehend beseitigt. Wer heute durch Vukovar schlendert und nicht weiß, was sich hier vor dreißig Jahren abgespielt hat, kann sich kaum vorstellen, dass der Ort damals fast völlig zerstört war. Die Häuser im Zentrum sind im früheren barocken Stil wiederaufgebaut. Es gibt Läden, Cafés, ein kleines Museum, ein Kino, ein großes Einkaufszentrum, die Golubica Mall, und eine Fußgängerzone. Schön renoviert wurde auch das barocke Schloss Eltz am Rande des Zentrums, eines der Wahrzeichen der Stadt. Nur das während der Kämpfe stark beschädigte, mitten im Zentrum am Ufer der Donau gelegene Hotel Dunav, wo die Journalisten im November 1991 von der Jugoslawischen

Volksarmee aus der Feldküche verpflegt worden waren, befindet sich in einem erbärmlichen Zustand. Das achtstöckige Gebäude verfällt, die Innenräume sind verwüstet und geplündert, Fensterscheiben gibt es keine mehr. Es ist von einem Zaun umgeben, und Schilder warnen davor, sich dem Gebäude zu nähern, da Teile der Fassade herunterfallen könnten.

Eine Straße im Zentrum heißt Ulica Dr. Franje Tuđmana. In jugoslawischer Zeit war sie nach Marschall Josip Broz Tito benannt. Als die aufständischen Serben die Stadt beherrschten, hieß sie Straße des 18. November 1991, in Erinnerung an den Tag der »Befreiung« von Vukovar. Was im öffentlichen Raum an Jugoslawien erinnerte, wurde auch hier beseitigt. Ein Platz in der Nähe der Franjo-Tuđman-Straße nennt sich heute Trg hrvatskih branitelja (Platz der kroatischen Verteidiger). Viele Straßen sind nun nach kroatischen Politikern benannt. An der Stelle, wo das Flüsschen Vuka in die Donau fließt, mitten im Zentrum, erhebt sich ein weithin sichtbares, über neun Meter hohes weißes Kreuz, das – so die Inschrift auf dem Sockel – den »Opfern für ein freies Kroatien« gewidmet ist. Darunter brennen Windlichter mit den rot-weiß-blauen Farben der kroatischen Fahne. Unter dem Kreuz steht mit glagolitischen Schriftzeichen geschrieben: »Navik on živi ki zgine pošteno« (»Ewig möge leben, der ehrenhaft gefallen ist«). Glagolitisch nennt sich die Schrift, die Kyrill, einer der beiden Slawenapostel, im 9. Jahrhundert geschaffen hat, um das Evangelium im Großmährischen Reich zu verbreiten. Erst Ende des 10. Jahrhunderts wurde sie durch das Alphabet ersetzt, das bis heute kyrillisch genannt wird. In einzelnen Regionen Kroatiens blieb das Glagolitische in etwas abgeänderter Form bis ins 19. Jahrhundert erhalten. Geschrieben hat den Vers Fran Krsto Frankopan, der 1671 in Wien wegen Hochverrats hingerichtet wurde. Er gilt als großer Patriot, der für die Freiheit Krotiens gestorben ist.

Auch das Krankenhaus, heute offiziell eine nationale Gedenkstätte, ist nicht mehr wiederzuerkennen. Der Keller, in dem während der Belagerung die Verletzten unter unvorstellbaren Bedingungen behandelt worden waren, ist ein Museum, ein Ort der Erinnerung. Die Besucher gehen durch den Gang, wo die eingelieferten Patienten auf behelfsmäßigen Pritschen lagen. Zu sehen sind auch die Räume, in denen die Verwundeten, kroatische Soldaten und Zivilisten, Bett an Bett, gepflegt wurden. Tafeln mit Fotos und Namen erinnern an die Opfer. Die Liste ist lang. In einem anderen Raum finden sich lebensgroße Puppen, die Ärzte und Krankenschwestern darstellen, oder Verletzte, die auf Betten und Pritschen liegen. Die Szenerie vermittelt einen beklemmenden Eindruck davon, wie es im Keller des Krankenhauses während der Belagerung ausgesehen hat. Auf dem Areal der Kaserne am Stadtrand, wo serbische Offiziere an jenem düsteren Novembertag des Jahres 1991 Journalisten bleiche Gestalten präsentiert hatten, angeblich von »kroatischen Faschisten« gequälte und gedemütigte serbische Zivilisten, ist ebenfalls eine Gedenkstätte eingerichtet worden. Informationstafeln ist zu entnehmen, dass nach der Einnahme von Vukovar einige Tausend kroatische Kämpfer und Zivilisten nach Serbien verschleppt und unter miserablen Bedingungen in Lagern festgehalten worden waren. Auf dem Gelände stehen Panzer, Kanonen und andere militärische Geräte, die im Krieg eingesetzt worden waren. Viele Schulklassen sind unterwegs. Kinder klettern auf den Panzern herum und kriechen in die Geländefahrzeuge. Für die kroatischen Schülerinnen und Schüler der achten Klasse ist ein Besuch von Vukovar Teil des Curriculums.

In der offiziellen kroatischen Geschichts- und Erinnerungspolitik spielt Vukovar eine zentrale Rolle. Die Stadt gilt als Symbol des Leidens des kroatischen Volkes im Kampf für die Unabhängigkeit und des heldenhaften Widerstands gegen die serbische Aggression. Die Kroaten sind in dieser Sichtweise die Opfer, sie haben sich nur verteidigt; die Serben sind die Aggressoren. Gewiss trifft es zu, dass serbische Paramilitärs und die Jugoslawische Volksarmee Vukovar angegriffen und schwere Verbrechen begangen haben. Die Tatsache aber, dass vor allem in der ersten Hälfte des Jahres 1991 in der Region von Vukovar extremistische Kroaten und paramilitärische

Verbände auch serbische Zivilisten umgebracht haben, wird verschwiegen oder aber, wenn doch davon die Rede ist, relativiert. Die lokalen kroatischen Politiker verlangen die strafrechtliche Verfolgung aller serbischen Kriegsverbrecher, von denen noch heute viele, wie sie sagen, unbehelligt in Vukovar leben. Solange nicht alle Täter, gemeint sind allein die serbischen, zur Rechenschaft gezogen worden seien, sei ein Miteinander nicht denkbar. Auch müsse das Schicksal der Vermissten geklärt werden. Allein in Vukovar gelten noch immer rund dreihundert Personen als verschollen.

Ganz anders ist die Sichtweise der Serben. Sie betonen, die Tragödie von Vukovar betreffe alle, die zu jener Zeit in der Stadt und ihrer Umgebung gelebt hätten, Serben, Kroaten und die Angehörigen der Minderheiten. Alle Bewohner, unabhängig von ihrer ethnischen Zugehörigkeit, hätten gelitten. Hingewiesen wird zudem darauf, dass auch kroatische Serben in der belagerten Stadt ausgeharrt, ja diese zusammen mit Kroaten verteidigt hätten. Auch serbische Zivilisten seien getötet worden, nicht nur kroatische. Lokale serbische Politiker wehren sich gegen die Zuweisung einer Kollektivschuld für die im Krieg begangenen Verbrechen. Man dürfe serbische Zivilisten und bewaffnete serbische Extremisten nicht in denselben Topf werfen. Vor allem aber beklagen sie sich darüber, dass die serbischen Opfer von kroatischer Seite nicht anerkannt, ja nicht einmal zur Kenntnis genommen würden. So gebe es noch immer kein Denkmal für die zivilen serbischen Opfer. Einmal im Jahr werfen Politiker der serbischen Minderheit zum Gedenken an die getöteten serbischen Zivilisten einen Kranz und rote Rosen in die Donau. Manchen Serben fällt es schwer, das Unrecht anzuerkennen, das Serben in Vukovar Kroaten angetan haben. Sie sprechen lieber von serbischen Opfern als von serbischen Tätern. Die unvereinbaren Sichtweisen auf die damaligen Ereignisse und die damit verbundene offizielle Gedenk- und Erinnerungspolitik trennen Kroaten und Serben in Vukovar mehr als alles andere.

Selektives Gedenken

Ein gemeinsames Gedenken an alle Opfer ist undenkbar. Dazu sei es zu früh, sagen kroatische Bewohner. Die von Serben begangenen Verbrechen seien zu ungeheuerlich und die Wunden zu frisch, noch dreißig Jahre nach dem Fall der Stadt. Das Gedenken im öffentlichen Raum bleibt selektiv und ethnisch getrennt. Kroaten und Serben gedenken jeweils der eigenen Opfer. Jedes Jahr am 18. November, also am Tag der Kapitulation der Stadt, pilgern Kroaten aus allen Teilen des Landes nach Vukovar. Viele von ihnen sind Mitglieder von Veteranenverbänden. Auch führende Politiker aus Zagreb eilen herbei und marschieren an der Spitze der »Kolonne des Erinnerns an das Opfer von Vukovar« *(kolona sjećanja na žrtvu Vukovara),* wie die offizielle Terminologie lautet. Der Marsch, der auch als »Kreuzweg« bezeichnet wird, beginnt im Krankenhaus und endet nach fünfeinhalb Kilometern auf dem Friedhof der Opfer des »Vaterländischen Krieges«. Biblische Metaphern werden oft verwendet, wenn es darum geht, die Opferbereitschaft und das Leiden zu beschreiben. So wird Vukovar in Erinnerung an den Ort, wo Jesus gekreuzigt wurde, als »kroatisches Golgatha« in religiöse Sphären entrückt. In einem Touristenprospekt heißt es mit Bezug auf den Leidensweg Christi: »Auch Vukovar hat seinen Kalvarienberg erlebt, doch das konnte die Stadt nicht brechen.« Über den Tod kroatischer Kämpfer wird gesagt, die gefallenen Verteidiger hätten sich »auf dem Altar der Heimat« für die Freiheit ihres Landes geopfert.

Bemerkenswert ist, dass in der offiziellen Bezeichnung des Gedenkmarsches wie auch des Gedenktages für das Wort »Opfer« der Singular verwendet wird, und nicht, wie man erwarten könnte, der Plural. Darauf hat Tamara Banjeglav in ihrer Dissertation über die Erinnerungskultur in Kroatien an der Universität Graz hingewiesen. Das Parlament in Zagreb hatte bereits 1999 den 18. November zum »Tag des Erinnerns an das Opfer von Vukovar 1991« erklärt. Im Vordergrund stehen nicht die einzelnen Opfer. Es geht vielmehr in einem kollektiven und abstrakten Sinn um das Opfer, das Vukovar und seine Verteidiger für die Freiheit und die Unabhängigkeit

Kroatiens erbracht hätten. Gedacht wird also des kollektiven Leidens für ein höheres politisches Ziel. Durch ihren heldenhaften Widerstand gegen den serbischen Aggressor hätten die Verteidiger, so die Zagreber Sichtweise, den Feind aufgehalten und das übrige Kroatien gerettet. Insofern gilt Vukovar nicht nur als Ort des Leidens, sondern auch als »Heldenstadt«.

In einer solchen Erinnerungskultur hat die serbische Minderheit keinen Platz; sie bleibt ausgeschlossen. Die jährliche Gedenkfeier ist eine kroatische Veranstaltung, eine politische Manifestation und Machtdemonstration, welche die ethnischen Trennlinien vertieft. Umso bemerkenswerter war die Teilnahme des stellvertretenden kroatischen Ministerpräsidenten Boris Milošević am Marsch zum »Gedenken an das Opfer von Vukovar« im November 2020. Er gehört der größeren der beiden Parteien der serbischen Minderheit an, der Unabhängigen Demokratischen Serbischen Partei (Samostalna demokratska srpska stranka, SDSS). Sie ist an der Regierung des HDZ-Politikers Andrej Plenković beteiligt. Am Tage zuvor hatte Milošević am Ufer der Donau der zivilen serbischen Opfer gedacht und einen Kranz dem Wasser des Flusses übergeben.

Seit 2020 ist der 18. November, der sich nun neu »Tag des Erinnerns an die Opfer des Vaterländischen Krieges und Tag des Erinnerns an das Opfer von Vukovar und Škabrnja« nennt, ein nationaler Feiertag und damit arbeitsfrei. Gedacht wird also nicht mehr allein des Opfers von Vukovar, sondern auch von Škabrnja sowie der Opfer – und hier steht das Wort im Plural – des Krieges insgesamt. Škabrnja ist ein Dorf in der Nähe der an der adriatischen Küste gelegenen Stadt Zadar. Nachdem serbische Truppen und Milizen den Ort am 18. November 1991, also am selben Tag wie Vukovar, unter ihre Kontrolle gebracht hatten, töteten sie mehr als zwei Dutzend Bewohner, die meisten von ihnen Zivilisten.

Es gäbe durchaus Persönlichkeiten, die sich für ein gemeinsames Gedenken eigneten. Zu nennen wäre Josip Reihl-Kir, der nach den Parlamentswahlen vom Frühjahr 1990 das Amt des Polizeichefs von Osijek übernahm, der größten Stadt Ostslawoniens.

Als in den Dörfern der Umgebung bewaffnete Milizen Barrikaden zu errichten begannen, versuchte er mit Mut und Engagement, zwischen Serben und Kroaten zu vermitteln. Er wollte die Gemüter beruhigen, die Lage entschärfen und den Krieg verhindern, der bereits seine düsteren Schatten warf. Reihl-Kir war Kroate, doch ihm vertrauten auch serbische Lokalpolitiker. Aber nicht nur bei den aufständischen Serben und paramilitärischen Einheiten aus Serbien, sondern auch im Lager der kroatischen Scharfmacher stießen seine Bemühungen um eine friedliche Lösung des Konflikts auf Ablehnung. Sie alle verfolgten andere politische Ziele. Moderate Stimmen wurden auf beiden Seiten an den Rand gedrängt oder gar zum Verstummen gebracht. Auf dem Rückweg von Verhandlungen mit serbischen Aufständischen wurde Reihl-Kir am 1. Juli 1991 zusammen mit zwei lokalen serbischen Politikern an einer Straßensperre der Polizei unweit der Stadt Osijek von einem kroatischen Extremisten erschossen. Der Polizeichef, der sich in der Zeit von kroatischen Hardlinern bedroht fühlte, hätte schon bald auf seinen eigenen Wunsch hin nach Zagreb versetzt werden sollen. Reihl-Kir spielt in der staatlichen kroatischen Erinnerungspolitik keine oder allenfalls eine marginale Rolle. Mit seinen Bemühungen, zwischen den Konfliktparteien zu vermitteln, passt er nicht in das offizielle Geschichtsbild. Damals stand nicht der Friede auf der politischen Agenda, sondern der Krieg. Reihl-Kir ist heute nur noch wenigen Kroaten ein Begriff. In den Schulbüchern kommt er nicht vor, die Kinder und Jugendlichen wissen nichts über ihn und seine Politik des Ausgleichs zwischen den Ethnien.

»Terror der kyrillischen Schrift«

In Vukovar sind heute kaum Schilder mit kyrillischen Buchstaben zu sehen. Dabei müssten gemäß dem kroatischen Verfassungsgesetz über den Gebrauch der Sprache und der Schrift der Minderheiten alle Amtsgebäude zweisprachig angeschrieben sein, in Kroatisch und in Serbisch, mit lateinischen und mit kyrillischen

Buchstaben, ebenso alle Straßen und Plätze. Diese Bestimmung ist verpflichtend für alle jene Gemeinden, in denen der Anteil einer Minderheit mehr als ein Drittel ausmacht. Das trifft für Vukovar zu. Laut der jüngsten Volkszählung von 2011 sind knapp 35 Prozent der 27 683 Bewohner Serben; in ganz Kroatien sind es 186 633 (4,4 Prozent).

Als Zagreb 2013 das Gesetz durchsetzen wollte und zweisprachige Schilder angebracht wurden, kam es zu heftigen Protesten. Vor allem Kriegsveteranen, aber auch andere Bewohner der Stadt, die sich »Verteidiger des kroatischen Vukovar« nannten, beharrten auf einer Ausnahmeregelung. Sie begründeten ihre Ablehnung mit den von Serben im Krieg begangenen Verbrechen. Die zweisprachigen Schilder wurden heruntergerissen. Für die »Verteidiger des kroatischen Vukovar« ist das Kyrillische die »Schrift des Aggressors«. Selbst ein hochrangiger Vertreter der HDZ, Andrija Hebrang, sprach sich damals für die Verabschiedung eines Gesetzes aus, das in Vukovar mit dem »Terror der kyrillischen Schrift« endgültig aufräumen solle. Die Lage war so angespannt, dass am 18. November 2013 zwei Gedenkmärsche stattfanden. Mitglieder der »Verteidiger des kroatischen Vukovar« hatten sich geweigert, zusammen mit den für die Minderheitspolitik und damit für die Einführung zweisprachiger Schilder verantwortlichen Politikern aus Zagreb zu marschieren. Und so gab es zwei Kolonnen. Für einmal trennte der Gedenktag nicht nur Kroaten und Serben, sondern auch Kroaten und Kroaten.

Anschauungsmaterial dafür, wie heikel Entscheidungen sind, welche die eng mit der nationalen Identität verbundene serbische Sprache und kyrillische Schrift betreffen, bietet ein Urteil des kroatischen Verfassungsgerichts vom Juli 2019. Es erklärte jene Passage eines Paragrafen des Statuts von Vukovar für ungültig, in der festgehalten wird, dass die serbischen Abgeordneten des lokalen Parlaments das Sitzungsmaterial sowie die Ratsprotokolle in serbischer Sprache und kyrillischer Schrift nur auf schriftlichen Antrag hin erhalten. Neu soll dies nun auch mündlich möglich sein, und zwar – anders als früher – ohne jegliche Einschränkungen. Weiter befand das Verfassungsgericht, dass in den offiziellen Dokumenten des Parlaments und des Bürgermeisteramtes von Vukovar die Stempel mit der kyrillischen Schrift gleich groß sein müssen wie die mit lateinischen Buchstaben. Bisher waren Letztere größer, was auf serbischer Seite immer wieder für Unmut sorgte. Obschon das Gesetz, wie gesagt, zwingend zweisprachige Schilder an Amtsgebäuden sowie eine zweisprachige Beschriftung der Straßen und Plätze verlangt, wollen die kroatischen Politiker von Vukovar nichts davon wissen. Der Bürgermeister Ivan Penava unterstellt den lokalen serbischen Politikern, sie wollten um jeden Preis die kyrillische Schrift einführen, um das zu verwirklichen, was die »großserbische Aggression« 1991 nicht erreicht habe. Er warf serbischen Abgeordneten fehlende Achtung gegenüber den Opfern – gemeint sind nur die kroatischen – und den Werten des »Vaterländischen Krieges« vor. Wie der Gebrauch von kyrillischen Buchstaben eine Bedrohung für die kroatische Bevölkerung darstellen könnte, blieb offen.

Seit einiger Zeit wird jedes Jahr im Herbst im lokalen Parlament, in dem die kroatischen Abgeordneten klar in der Mehrheit sind, darüber debattiert, ob die Voraussetzungen für eine vollständige Umsetzung des Minderheitengesetzes erfüllt seien. Der Beschluss ist immer derselbe. Wie nicht anders zu erwarten ist, kommt das Gremium Jahr für Jahr zum Schluss, dies sei noch nicht der Fall. Dabei werden immer die gleichen Gründe vorgebracht. Zuerst müssten alle Serben, die während des Krieges in Vukovar Verbrechen begangen hätten oder für die Zerstörung der Stadt verantwortlich seien, zur Rechenschaft gezogen werden. Erst wenn der kroatischen Bevölkerung Gerechtigkeit widerfahren sei, könne ein weiteres Entgegenkommen möglich werden. Mit einer solchen Begründung kann die Erweiterung der Rechte der serbischen Minderheit endlos auf die lange Bank geschoben werden. Es ist verständlich, dass die Serben solche Beschlüsse als willkürlich und auch als Kollektivstrafe empfinden. Der Eindruck drängt sich auf, dass die lokalen kroatischen Politiker, die schon immer an der Rechtmäßigkeit der Ergebnisse der Volkszählung von 2011 gezweifelt haben, Zeit schinden wollen. Ihrer Meinung nach wird der nächste Zensus zeigen, dass der Bevölkerungsanteil der Serben unter einem Drittel liegt. Dann wird sich das Problem mit den zweisprachigen Schildern, so ihr Kalkül, von selbst lösen.

Wie konfrontativ der Stil im lokalen Parlament mitunter sein kann und mit welchen Wortkeulen Politiker um sich schlagen, zeigen die beiden folgenden Beispiele. Ende 2018 gerieten sich der Bürgermeister Ivan Penava und sein serbischer Stellvertreter Srđan Milaković in die Haare. Es war nicht das erste Mal. Milaković soll an der Sitzung des Stadtrats gesagt haben, die kroatische Militäroperation im August 1995 zur Rückeroberung der Krajina habe zum Ziel gehabt, die serbische Bevölkerung aus Kroatien zu vertreiben und die seit Jahrhunderten von Serben bewohnten Gebiete des Landes ethnisch zu säubern. Dies ist die unter Serben übliche Sichtweise. Penava reagierte heftig. Er sprach von einem weiteren Beispiel für die Fortsetzung der »großserbischen Aggression« in Vukovar und von einer Untergrabung der Fundamente des kroatischen Staates.

In den Streit mischte sich auch Tomo Medved ein, der kroatische Minister für Angelegenheiten der Verteidiger; damit sind die Kriegsveteranen gemeint. Er ist zuständig für die mehr als 500 000 Personen, die als Veteranen registriert sind. Wer diesen Status besitzt, kommt in den Genuss von Privilegien. Ihre Zahl ist über die Jahre – wie einst die von Titos Partisanen – zu einem großen Heer angewachsen, was den Nachteil hat, dass es die eigene Sichtweise vom heldenhaften kroatischen Kampf gegen den übermächtigen serbischen Feind untergräbt. Vor allem nach Wahlen erhöht sich die Zahl der Verteidiger. Man kann davon ausgehen, dass viele nicht wegen ihrer Verdienste im »Vaterländischen Krieg«, sondern wegen ihrer politischen Loyalität auf der Liste gelandet sind. Tomo Medved, der also für das Heer der Veteranen zuständig ist, bezeichnete die Äußerung des stellvertretenden serbischen Bürgermeisters, die Befreiung der Krajina sei als »ethnische Säuberung« zu werten, als verfassungswidrig. Das wiederum rief bei den Serben Empörung hervor. Sie wehrten sich dagegen, dass ihnen Kroatien eine »fremde« und auch falsche Sichtweise des Krieges aufzwingen wolle.

Das zweite Beispiel betrifft die Sitzung vom Oktober 2019, an der die Ausweitung der Rechte der lokalen Serben einmal mehr vertagt wurde. Ein Abgeordneter der serbischen Minderheit hatte dem Bürgermeister Penava ein in serbischer Sprache und kyrillischer Schrift geschriebenes Exemplar des Statuts der Stadt Vukovar überreicht. Das brachte Penava dermaßen in Rage, dass er das Dokument wütend auf den Boden warf. Er sprach von einer Provokation, die ihn zutiefst beleidige, von einem »Akt der Aggression«. Es zeige sich wieder einmal, dass Vukovar das »Epizentrum einer schleichenden großserbischen Aggression« sei. Kroatische Abgeordnete klatschten Beifall.

Es versteht sich von selbst, dass ein solches Verhalten und eine solche an die Zeit der neunziger Jahre erinnernde unversöhnliche Rhetorik das politische Klima weiter vergiften und in keiner Weise dazu beitragen, die Beziehungen zwischen Kroaten und Serben in Vukovar zu verbessern. Verbale Ausfälle sind an der Tagesordnung. Das hängt auch damit zusammen, dass in Vukovar Hardliner das politische Leben dominieren, seien es Vertreter des rechten Flügels der HDZ oder in jüngster Zeit auch Anhänger der rechtsnationalistischen Heimatbewegung von Miroslav Škoro. Die gehässigen verbalen Scharmützel, die Kritiker als eine Fortsetzung des Krieges mit anderen Mitteln bezeichnen, sind ein Ausdruck der tiefen Spaltung innerhalb der lokalen politischen Elite. Es erstaunt deshalb nicht, dass sich der kroatische Bürgermeister und sein serbischer Stellvertreter kaum je gemeinsam an die Öffentlichkeit wenden oder zusammen auftreten. Schließlich hat jeder eine eigene ethnische Klientel. Jeder kocht das eigene Süppchen. Es sind in erster Linie die lokalen Politiker, die in ethnisch getrennten Welten leben. Sie missbrauchen alles und jedes, und sei es die kyrillische Schrift, für politische Zwecke, wenn sie sich dabei einen Vorteil im Ringen um Einfluss und Macht erhoffen.

Viele Bewohner von Vukovar jedoch, Serben wie Kroaten, schütteln über solche und andere Eskapaden von Politikern, die angeblich ihre Interessen vertreten, nur noch den Kopf. Sie haben andere Sorgen. Viele Serben glauben zudem nicht mehr daran, dass in Vukovar an Straßen, Plätzen und an Eingängen zu öffentlichen Institutionen jemals zweisprachige Schilder angebracht werden, wie das gesetzlich vorgeschrieben wäre. Zugleich fügen manche hinzu, auch wenn es dazu käme, ändere sich in ihrem Leben nichts. Was sie benötigten, seien nicht Aufschriften in kyrillischer Schrift, sondern Arbeit und wirtschaftliche Perspektiven. Die Bewohner sind weit pragmatischer als die meisten lokalen Politiker, die oft lieber Symbolpolitik betreiben, als die wirklichen Probleme der Bevölkerung anzupacken.

Ethnische Trennung schon im Kindergarten

Die serbische Minderheit in Vukovar hat weitgehende Minderheitenrechte. So gibt es einen serbischen Kulturverein, einen serbischen Radiosender und serbische Zeitungen. Einer der beiden Stellvertreter des Bürgermeisters muss der serbischen Minderheit angehören, von der er auch gewählt wird. Er hat allerdings, wie Kritiker bemängeln, wenig Kompetenzen. Die serbische Minderheit ist in der von der HDZ beherrschten lokalen Legislative vertreten und verfügt zudem auch über drei Sitze im kroatischen Parlament. Die SDSS stellt einen der vier stellvertretenden Ministerpräsidenten des Landes. Hinzu kommt ein gewähltes Gremium, das die Interessen der serbischen Minderheit vertritt und sich Gemeinsamer Rat der Gemeinden nennt. Darin sitzen Abgesandte der neun Gemeinden Ostslawoniens mit einer serbischen Bevölkerungsmehrheit oder einem Anteil der Serben von mehr als einem Drittel. In Vukovar wurde ein Projekt verwirklicht, das in Kosovo angesichts der unvereinbaren Auffassungen über den Grad der Autonomie nicht vom Fleck kommt. Es geht um die Bildung einer Gemeinschaft der serbischen Gemeinden Kosovos als Gegenleistung für die Integration des vorwiegend von Serben bewohnten Nordzipfels in den kosovarischen Staat.

Die Serben von Vukovar und den umliegenden Dörfern haben gemäß dem Minderheitengesetz auch das Recht auf den Gebrauch der Muttersprache und der kyrillischen Schrift in den Bildungseinrichtungen. Diese Bestimmung dient lokalen Politikern allerdings als Rechtfertigung für die ethnische Segregation. Die Trennung beginnt schon früh. In den Kindergarten Vukovar 1, in dem Kroatisch gesprochen wird, gehen die kroatischen Kinder, in den Kindergarten Vukovar 2 die Kinder mit serbischer Muttersprache. Es sind zwei Gebäude, die sich in verschiedenen Stadtteilen befinden. Die kroatischen und die serbischen Kinder werden also voneinander getrennt; sie spielen nicht zusammen. Ihnen wird bereits im Kindergarten beigebracht, dass sie entweder Kroaten oder Serben sind, dass sie unterschiedlichen Ethnien angehören. Die Segregation auf der Grundlage der Sprache setzt sich in den öffentlichen Grund- und Mittelschulen fort, in denen Kroaten und Serben auf allen Stufen und in allen Fächern getrennt unterrichtet werden, aber nach denselben kroatischen Lehrplänen, meistens im selben Schulhaus, aber in verschiedenen Klassenzimmern, in manchen Fällen auch in zwei Schichten – offiziell heißt es, aus Platzmangel. Nach dem Abitur studieren viele Schüler aus den Klassen mit kroatischer Sprache in Kroatien, viele kroatische Serben in Serbien. Andere haben einen der begehrten Studienplätze im westlichen Ausland ergattert.

Dabei sind die Unterschiede zwischen Serbisch und Kroatisch gering, und jeder versteht jeden problemlos – leichter etwa als mancher Schweizer den Dialekt eines anderen Kantons. Das gilt auch dann, wenn für denselben Sachverhalt unterschiedliche Wörter verwendet werden. Ob jemand *kat* (kroatisches Wort für Stockwerk) sagt oder *sprat* (serbische Variante), spielt keine Rolle, ebenso wenig, ob jemand den kroatischen Begriff *vlak* (Zug) oder das serbische Wort *voz* gebraucht, zumal sich in diesem Fall das Wort für Fahrplan auch im Kroatischen von *voz* ableitet *(vozni red)*. Hinzu kommt, dass viele Serben, die in dieser Gegend leben, oft dieselben Varianten verwenden wie die Kroaten. Aus all dem folgt, dass die Sprache lokalen Politikern vor allem zur Festigung der nationalen Identität und damit der ethnischen Abgrenzung dient. Die Vertreter der serbischen Minderheit in Vukovar sehen in den getrennten Klassen die einzige Möglichkeit, die serbische Sprache und Kultur und damit die eigene nationale Identität zu bewahren. So lehnen sie ein anderes, vom Staat angebotenes Unterrichtsmodell ab. Dieses sieht vor, dass die Kinder mit kroatischer und die mit serbischer Muttersprache dieselben Klassen besuchen, aber in den nationalen Fächern, also in Muttersprache, Literatur, Geschichte und Geografie, getrennt unterrichtet werden. Neue Untersuchungen zeigen allerdings, dass dieses Modell inzwischen sogar in Teilen der serbischen Bevölkerung auf Zustimmung stößt.

Nach der friedlichen Wiedereingliederung Ostslawoniens in den kroatischen Staat wurden in Vukovar kroatische Lehrpläne eingeführt. Sie sind in den öffentlichen Schulen für alle Klassen obligatorisch, auch für die serbischen. Mit Ausnahme des Fachs Muttersprache werden nur kroatische Lehrbücher verwendet, in denen, wie sich viele Serben beklagen, die serbische Minderheit in Kroatien oder auch das Nachbarland Serbien kaum eine Rolle spielen. »Es gibt uns nicht im Curriculum.« Und wenn doch von den Serben die Rede sei, würden sie negativ dargestellt. Die Lehrbücher für die Klassen mit serbischer Unterrichtssprache werden, mit Ausnahme des obligatorischen Faches »Kroatische Sprache«, aus dem Kroatischen ins Serbische übersetzt. Sie sind, und das ist der wichtigste Unterschied, in Kyrillisch gedruckt. Das gilt auch für das heikle Fach Geschichte. Das bedeutet, von den Lehrerinnen und Lehrern, die in serbischer Sprache unterrichten, wird erwartet, dass auch sie die kroatische Interpretation des Zerfalls Jugoslawiens und der Kriege der neunziger Jahre vermitteln, obschon die offizielle serbische Sichtweise eine andere ist. Allerdings haben sie in den nationalen Fächern einen gewissen Spielraum. Nur 70 Prozent des in den Lehrbüchern enthaltenen Stoffs, so wurde festgelegt, sind obligatorisch, die übrigen 30 Prozent liegen im Ermessen der Lehrkräfte. Sie können selbst entscheiden, was genau sie im Rahmen dieser 30 Prozent unterrichten wollen. Es gibt also Raum, bei der Behandlung heikler Themen auch die serbische Sichtweise einzubringen.

Die Serben in Vukovar fordern vor allem die Registrierung der Grundschulen in den Dörfern mit einer serbischen Bevölkerungsmehrheit als serbische Schulen. Das Recht auf solche Minderheitenschulen, so betonen sie, sei gesetzlich verankert. Doch fänden die zuständigen Behörden immer wieder neu eine gesetzliche Lücke, um die Registrierung als serbische Einrichtung auf die lange Bank zu schieben oder zu verhindern. Viele Serben fühlen sich deswegen benachteiligt, zumal den zahlenmäßig viel kleineren italienischen oder ungarischen Minderheiten eigene Schulen zugestanden werden. Die kroatischen Behörden könnten, so wird geklagt, auf diese Weise Einfluss auf die Anstellung der Lehrkräfte nehmen oder in den Dörfern mit serbischer Bevölkerungsmehrheit bei ungenügender Schülerzahl die Schule schließen. Es komme vor, dass Lehrer in serbischen Klassen in kroatischer Sprache unterrichteten und das lateinische Alphabet verwendeten. Ein großes Problem besteht allerdings darin, dass nicht genügend gut ausgebildete Lehrerinnen und Lehrer mit serbischer Muttersprache zur Verfügung stehen. Kritisiert wird zudem, dass die Kinder der serbischen Minderheit verpflichtet sind, kroatische Gedenkstätten und Museen zu besuchen, in denen nur von kroatischen Opfern die Rede sei und die Serben pauschal als »Aggressoren« verunglimpft würden.

Zwar ist für national gesinnte Serben die kyrillische Schrift ein zentrales Merkmal der eigenen Identität. Aber sie befindet sich auf dem Rückzug. Sie war allerdings schon vor dem Krieg in Vukovar und Umgebung nicht sehr verbreitet. Heute schicken serbische Eltern ihren Nachwuchs vermehrt in Schulen mit kroatischer Sprache und lateinischer Schrift. Sie erhoffen sich bessere Berufschancen für ihre Kinder, wenn die Zeugnisse in lateinischer Schrift und in kroatischer Sprache abgefasst sind, also in der Sprache eines EU-Landes. Das ist ein Beispiel dafür, wie der Pragmatismus der Bewohnerinnen und Bewohner dem Abgrenzungswahn nationalistischer Politiker zuwiderläuft. Für viele Serben sind materielle Vorteile und Bildungschancen wichtiger als ethnische Zuordnungen und patriotische Bekenntnisse. Dieser Trend zeigt sich auch in den Ergebnissen der letzten Volkszählung von 2011. Fast 73 Prozent der 27 683 Bewohnerinnen und Bewohner gaben an, ihre Muttersprache sei Kroatisch, obschon der Anteil der Kroaten an der Gesamtbevölkerung bei rund 57 Prozent liegt. Umgekehrt bei den Serben: Nur 22 Prozent bezeichneten ihre Muttersprache als Serbisch, und dies bei einem Bevölkerungsanteil von fast 35 Prozent. Man muss also davon ausgehen, dass eine Anzahl von Serben die Frage nach der Muttersprache mit »Kroatisch« beantwortete. Das könnte auch damit zusammenhängen, dass die von ihnen verwendete Sprachvariante dem Kroatischen näher ist als dem Serbischen. Im Unterschied dazu deckten sich die Angaben zur Konfession mit denen zur ethnischen Zugehörigkeit fast vollständig. Kroaten trugen sich in der Rubrik »Katholiken« ein, Serben in der Rubrik »Orthodoxe«. 282 Bewohner gaben sogar an, ihre Muttersprache sei Serbokroatisch – eine Sprache, die nicht mehr existiert und die es nach dem Willen der Nationalisten nicht geben darf.

Zweifellos erschwert die Segregation in den Kindergärten und in den Grund- und Mittelschulen Kontakte über die ethnischen Trennlinien hinweg. Es drängt sich deshalb die Frage auf, ob das außerhalb des Schulhauses anders ist oder ob sich kroatische und serbische Schüler und Schülerinnen auch in der Freizeit in getrennten Welten bewegen. Die Antworten fallen unterschiedlich aus. Die einen sind der Meinung, unter den Jugendlichen spiele die ethnische Zugehörigkeit keine Rolle, trotz den getrennten Klassen und der politischen Propaganda, der Serben und Kroaten ausgesetzt seien. Das Zusammenleben sei problemlos, kroatische und serbische Jugendliche gingen miteinander aus, spielten zusammen Fußball, besuchten oft dieselben Cafés und Restaurants, ohne Rücksicht darauf, ob der Besitzer Kroate oder Serbe sei. Viele seien zudem außerhalb der Schule in gemeinsame Projekte eingebunden. Bereits sei es zu gemeinsamen Schulausflügen oder Sportanlässen gekommen. Alles sei also normal. Die Kontakte zwischen Serben und Kroaten nehmen aus ihrer Sicht an Intensität zu, ebenso wie die Zahl der ethnisch gemischten Ehen. Sie wehren sich dagegen, Vukovar immer nur durch die ethnische Brille zu betrachten. Sie sind nicht mehr bereit, die Bürde eines Krieges mit sich herumzuschleppen, den ihre Eltern geführt und erlitten haben, mit dem sie selbst aber nichts zu tun hatten.

Andere aber sagen das Gegenteil. Die Gesellschaft sei gespalten. Das wirke sich auch auf die junge Generation aus. Die ethnische Trennlinie werde nur dann überschritten, wenn es nicht anders gehe. Sie sprechen von ungeschriebenen Regeln, von Barrieren in den Köpfen der Menschen. Es gebe zwar nur noch selten ethnisch motivierte Zwischenfälle, aber man bleibe meist unter sich. Sowohl Kroaten als auch Serben bevorzugten die eigenen Cafés und Restaurants, vor allem für größere Familienfeste. Der soziale Druck sei auf beiden Seiten groß. Für viele sei eine Heirat über die ethnische Trennlinie hinweg undenkbar. Zwar sei es normal, dass Serben und Kroaten im selben Büro arbeiteten oder geschäftlich miteinander zu tun hätten, was in der Regel keine Probleme bereite. Doch lebten sie nicht miteinander wie vor dem Krieg, sondern nebeneinander in getrennten Welten. Das gegenseitige Misstrauen sei noch immer groß.

Srđan Sekulić, Mitglied der SDSS und Leiter des serbischen Kulturzentrums in Vukovar, bezeichnet im Gespräch im Oktober 2018 die Beziehungen zwischen Serben und Kroaten als zufriedenstellend. Behauptungen, Vukovar sei eine geteilte Stadt, hält er trotz den getrennten Schulen für stark übertrieben – ganz zu schweigen von Vergleichen mit Mostar in der Herzegowina oder Mitrovica in Nordkosovo, die beide ethnisch geteilt seien. Solche Einschätzungen stammten von Personen, die nicht in Vukovar lebten und kaum je hier gewesen seien. Er nennt andere Probleme, die gravierend seien, etwa die Trägheit der Bürokratie, die Gesetze nicht umsetze, die hartnäckige Leugnung serbischer Kriegsopfer, die wirtschaftlichen Probleme und den Bevölkerungsschwund. Es ist sicher richtig, dass Vukovar nicht mit der zwischen Serben und Kosovo-Albanern geteilten Stadt Mitrovica oder mit Mostar verglichen werden kann, wo die Bosniaken östlich der Neretva leben, die Kroaten westlich des Flusses. Dennoch tragen gerade lokale Politiker mit ihrer oft unversöhnlichen Rhetorik und ihren nationalistischen Ausfällen in großem Maße dazu bei, dass einheimische und auch ausländische Medien meist nur über ethnische Spannungen oder über Gedenktage berichten. Im Vordergrund stehen Themen, die mit dem Krieg zu tun haben.

Manche Serben sagen im Gespräch, sie fühlten sich in Vukovar nur geduldet, aber nicht erwünscht. Andere sprechen gar von offener Ablehnung. Es sei nicht einfach, wenn ihnen immer wieder, offen oder unterschwellig, zu verstehen gegeben werde, wer im Krieg die Aggressoren und wer die Verteidiger gewesen seien. Es sei schwierig, ein Serbe in Kroatien zu sein, lautet der Tenor. Typisch für diese Gefühlslage sind Äußerungen einer serbischen Frau, die nicht genannt werden will. Ich treffe sie im Restaurant Mornar direkt an der Donau, das einem kroatischen Serben gehört. Der Name ist denn auch mit kyrillischen Buchstaben geschrieben. An einem Tisch sitzen zwei alte Männer, die in die Lektüre serbischer Zeitungen vertieft sind. Die Frau wurde in Vukovar geboren. Sie schwärmt, wie viele andere ihrer Generation, von der Zeit, als Jugoslawien noch existierte und Vukovar eine wirtschaftlich prosperierende Stadt ohne ethnische Trennungen war. Sie habe damals nie Probleme mit Kroaten gehabt, erklärt sie. Nie hätte sie es für möglich gehalten, dass es so weit kommen könnte. Sie hatte Vukovar am 6. Juli 1991 verlassen, noch bevor die Kämpfe eskalierten. Am 19. Juni 1992 kehrte sie zurück. Sie betont, sie habe einen ganz anderen Eindruck vom Krieg als die kroatischen Bewohner der Stadt. Auch Serben seien eingeschüchtert, aus ihren Dörfern vertrieben und getötet worden. Jede Seite habe ihre Traumata. Ein gemeinsames Erinnern sei nicht möglich. Sie bezweifelt, dass sich daran in absehbarer Zeit etwas ändern könne. Und dann sagt sie etwas, was man immer und überall hören kann, in Kroatien, in Serbien ebenso wie in Bosnien: »Die gewöhnlichen Leute haben keine Probleme miteinander. Es sind die Politiker, welche die Spannungen schüren.« Das ist wohl so. Doch fragt sich dann, warum doch immer wieder die Politiker gewählt werden, die genau das tun, worüber man sich beklagt. Es reiche ihr, sie wolle nicht mehr, fügt die Frau resignierend hinzu. »Ich fühle mich hier nicht wohl. Ich würde sofort gehen, wenn ich mein Haus verkaufen könnte. Doch niemand will es.« Trotz der Normalität im Alltag lastet der Krieg noch immer auf der Stadt. Er hat in den Lebensläufen vieler Bewohnerinnen und Bewohner tiefe Spuren hinterlassen.

Das Projekt einer multikulturellen Schule und sein Ende

Man würde erwarten, dass nationale Identitäten bei jüngeren Menschen an Bedeutung verlieren, dass sie die ethnischen Trennlinien, die sichtbaren und die unsichtbaren, leichter überwinden als ihre vom Krieg traumatisierten Eltern. Doch das trifft zumindest für Vukovar nicht zu, wie Dinka Čorkalo Biruški, Professorin für Sozialpsychologie an der Philosophischen Fakultät der Universität Zagreb, in umfassenden Studien über interethnische Beziehungen wissenschaftlich nachgewiesen hat. Über 70 Prozent der in Vukovar befragten kroatischen und serbischen Kinder und Jugendlichen haben auf eine entsprechende Frage geantwortet, ihre drei besten Freunde gehörten derselben Ethnie an wie sie selbst. Bei Angehörigen anderer Minderheiten, etwa der italienischen, liegt die entsprechende Zahl bei unter 10 Prozent. Das war in Vukovar vor dem Krieg anders. Damals hatte die überwiegende Mehrheit der Serben und Kroaten enge Freunde auch in der anderen ethnischen Gemeinschaft. Wie Čorkalo Biruški im Gespräch in Zagreb im Oktober 2018 erklärt, verschwinden mit der neuen Generation die ethnischen Trennlinien nicht; sie verfestigen sich.

Anders als die ältere Generation, die in Jugoslawien aufgewachsen ist, kennt die Jugend nur ethnisch getrennte Schulen. Die Kinder und Jugendlichen haben nie gemeinsam die Schulbank gedrückt. »Sie haben gelernt, im Kontext der ethnischen Trennung zu leben«, sagt Čorkalo Biruški. Vielen sei es egal, was sich auf der anderen Seite abspiele. Es bestehe keine Veranlassung, die Grenze zu überschreiten und mit den Angehörigen der jeweils anderen Ethnie Kontakte zu pflegen. Die einen brauchten die anderen nicht. »Wir leben hier ganz normal«, sagen viele und meinen damit die ethnische Trennung in der Schule. Sie ist zu einer Selbstverständlichkeit geworden. Hinzu kommt nach Meinung von Čorkalo Biruški das Fehlen von Anreizen, die von außerhalb der Schule kommen. Zweifellos genügen Sportveranstaltungen oder gemeinsame Ausflüge nicht. Gerade die Schule ist der zentrale Ort der sozialen Integration. Wie sollen Freundschaften entstehen, wenn sich kroatische und serbische Kinder in den Schulhäusern kaum begegnen und die Sozialisierung weitgehend innerhalb der eigenen ethnischen Gruppe stattfindet? Mehr interethnische Kontakte aber sind eine Voraussetzung für eine Normalisierung in Vukovar.

Dennoch ist in der Bevölkerung die Bereitschaft, die ethnischen Trennlinien zu überwinden und die Kriegsvergangenheit hinter sich zu lassen, größer als in der politischen Elite. Die in Vukovar regierenden Parteien, die entweder die Interessen der Kroaten oder die der serbischen Minderheit vertreten, profitieren vom gegenwärtigen Zustand; er bildet das Fundament ihrer Macht. Zwar rufen lokale kroatische Politiker bei feierlichen Anlässen oder vor ausländischen Besuchern zur Versöhnung und zum Zusammenleben auf. Voraussetzung dafür ist aber, wie dabei immer betont wird, die Anerkennung der Wahrheit des »Vaterländischen Krieges«, der kroatischen Wahrheit, versteht sich, die als die allein richtige hingestellt wird. Für die lokalen serbischen Politiker hingegen ist eine Aussöhnung ohne die Anerkennung des Unrechts, das an Serben begangen wurde, undenkbar. Sie halten am getrennten Unterricht in allen Fächern mit der Begründung fest, nur so könne ihre nationale Identität bewahrt und eine Assimilation verhindert werden. Wie aber soll man die im Krieg aufgerissenen Gräben überwinden, wenn hüben wie drüben schon die Bereitschaft fehlt, über die divergierenden Geschichtsbilder zu reden, wenn jede Seite immer nur die eigenen Opfer sieht und keine Rücksicht auf Empfindlichkeiten der jeweils anderen Seite nimmt?

Wie sehr es auf beiden Seiten am politischen Willen fehlt, lässt sich am Schicksal des von der norwegischen Nichtregierungsorganisation Nansen Dialogue Network initiierten Projekts der Interkulturellen Schule Donau in Borovo naselje veranschaulichen. Im Gegensatz zum nördlich von Vukovar an der Donau gelegenen Ort Borovo Selo, der sich auch Borovo nennt und eine eigene Gemeinde bildet, ist Borovo naselje ein Teil von Vukovar. Die fragliche Schule sollte die erste in der ganzen Region sein, in der kroatische und serbische Kinder gemeinsam nach einem den multiethnischen Gegebenheiten von Vukovar angepassten kroatischen Curriculum unterrichtet werden. Die Kinder hätten auch etwas über die Kultur, die Sprache und die Traditionen der lokalen Minderheiten, auch der serbischen, erfahren. Die Schule sollte einen Beitrag zur Überwindung der ethnischen Trennung leisten. Zumindest sollte es ein Anfang sein. Die kroatische Führung unterstützte das Projekt, die norwegische Regierung leistete finanzielle Hilfe, auch wurde ein provisorischer Direktor ernannt, ein Kroate. Sogar die lokale Führung der HDZ in Vukovar gab schließlich ihren Widerstand auf. Von der Idee der Gründung der Schule bis zur Fertigstellung des Gebäudes verstrichen allerdings fünfzehn Jahre.

Das bereits fertiggestellte bordeauxrote Haus, in dem die Kinder in ethnisch gemischten Klassen unterrichtet werden sollten, steht mitten auf einer Wiese. Es ist leer. Nur die Tafel mit der Aufschrift »Interkulturalna osnovna škola Dunav« erinnert noch daran, dass hier eine interkulturelle Grundschule hätte entstehen sollen. Geplant war zudem der Bau eines zweiten, größeren Gebäudes und einer Turnhalle. Doch dazu kam es nicht mehr. Die Schule hätte im Schuljahr 2017/18 mit einer ersten Klasse von zwanzig Schülerinnen und Schülern eröffnet werden sollen. Weitere Klassen waren vorgesehen. Insgesamt hätten 160 Kinder von der ersten bis zur achten

Klasse unterrichtet werden sollen. Doch waren alle Bemühungen vergeblich, das Projekt scheiterte.

Natürlich hat jede Seite eine Erklärung für das Scheitern. Niemand will dafür verantwortlich sein, und jeder schiebt die Schuld dem anderen in die Schuhe. Die Eltern hätten die multikulturelle Schule nicht gewollt, sagen die einen. Das klingt allerdings eher nach einer Ausrede, vor allem aus dem Munde von Politikern. Andere meinen, die Eltern hätten ihre Kinder nicht für die erste Klasse einschreiben wollen, da noch nicht klar gewesen sei, ob ihre Sprösslinge an dieser Schule auch die folgenden Klassen hätten besuchen können. Man habe ja noch nicht einmal mit dem Bau des zweiten Gebäudes begonnen. Andere weisen darauf hin, dass vieles unklar gewesen sei, das Konzept, die Lehrpläne, die Lehrbücher. Wieder andere meinen, die in Vukovar regierenden Parteien hätten die Konkurrenz der multikulturellen Schule gefürchtet, denn die politische Indoktrination hätte schwieriger werden können. Die Initianten und Befürworter erklären demgegenüber, viele kroatische und serbische Eltern hätten das Konzept unterstützt.

Das Projekt scheiterte in erster Linie am Widerstand der lokalen Politiker. Eine multikulturelle Schule liegt nicht in ihrem Interesse, auch wenn sie im Vergleich zu den anderen Schulen gut ausgestattet gewesen wäre. Der Bürgermeister Ivan Penava gab zwar schließlich dem Druck aus Zagreb nach und stimmte dem Projekt zu, nachdem er es zuvor lange vehement abgelehnt hatte. Er vertritt seit jeher die Meinung, eine multikulturelle Schule sei unnötig, da die kroatischen Gesetze allen eine gute Schulbildung ermöglichten. Auch für den Serben Srđan Sekulić ist eine solche Schule überflüssig, wenn auch aus einem anderen Grund. Er sieht in der Integration serbischer Kinder in Klassen mit kroatischer Unterrichtssprache einen entscheidenden Schritt auf dem Weg zur Assimilation der serbischen Minderheit. Getrennter Unterricht in allen Fächern in serbischer Sprache und in kyrillischer Schrift ist aus seiner Sicht für die Bewahrung einer serbischen Identität überlebenswichtig.

Gefangen in der Kriegsvergangenheit

Der Bahnhof von Vukovar befindet sich rund fünf Kilometer vom Stadtzentrum entfernt, in Borovo naselje. Der im Krieg zerstörte, Ende des 19. Jahrhunderts erbaute alte Bahnhof, der in der Nähe der Stadtmitte unweit des in jugoslawischer Zeit bedeutenden Binnenhafens liegt, ist noch immer eine Ruine, eine der wenigen in der Stadt. Auf der Fahrt zum neuen Bahnhof im Oktober 2018 war nirgends ein Hinweisschild zu sehen, dem man hätte entnehmen können, dass es in Borovo naselje überhaupt einen Bahnhof gibt. Bei der Ankunft am frühen Morgen ist alles in Dunkelheit gehüllt. Nichts deutet darauf hin, dass hier um 07.01 Uhr, wie im Fahrplan der kroatischen Eisenbahnen vorgesehen, der Zug nach Vinkovci abfahren soll, wo man auf den Schnellzug nach Zagreb umsteigen kann. Täglich kommen und verlassen nur sechs Züge den Bahnhof. Sie verkehren alle in dieselbe Richtung, von und nach Vinkovci. Es gibt keinen anderen Ort, wohin man von hier aus ohne Umsteigen gelangen kann.

Kurz vor der planmäßigen Abfahrt des Zuges wird es plötzlich in einem Raum des Gebäudes hell. Hinter dem kleinen Fensterchen des Schalters sind die Umrisse einer Gestalt zu erkennen, die sich hin und her bewegt. Dann öffnet der Mann den Schalter. Der Zug, der sich eigentlich in Kürze hätte in Bewegung setzen sollen, werde heute nicht fahren, sagt er freundlich. Gründe dafür nennt er nicht. Auf einem von Hand geschriebenen Zettel schaut er nach, wann der nächste Zug nach Vinkovci fährt. Doch das ist erst in einigen Stunden der Fall. Es werde aber in Kürze ein VW-Bus vor dem Bahnhof halten, der alle Passagiere nach Vinkovci bringen werde. Und tatsächlich taucht bald darauf aus der Dunkelheit ein Bus auf, genau zu der Zeit, als der Zug hätte abfahren sollen. Weitere Passagiere gibt es allerdings nicht. Der Bus fährt mit nur einem Fahrgast, der nach Zagreb möchte, auf dem Weg nach Vinkovci zu den Bahnhöfen all jener Dörfer, in denen der Zug, der nicht fuhr, hätte halten sollen. Doch überall ist es dunkel. Nirgends brennt Licht, nirgends steigt jemand ein. Die Fahrt nach Vinkovci dauert eine halbe Stunde.

Vor dem Krieg war Vukovar ein wirtschaftlich prosperierender Ort, zumindest bis zum Beginn der achtziger Jahre. Vukovar gehörte zu den Städten mit dem höchsten Lebensstandard in ganz Jugoslawien. Die Bewohner, ob Kroaten oder Serben oder Angehörige der vielen Minderheiten, waren stolz auf ihre Stadt. Sie fühlten sich mit ihr verbunden. Anders als heute gab es damals eine regionale, die ethnischen Fesseln sprengende Identität. Vukovar galt innerhalb Jugoslawiens als Modell für ein weitgehend konfliktfreies Zusammenleben. Ethnisch-nationale Identitäten waren oft schillernd, vielschichtig, ineinander verwoben. Ethnische Zuordnungen spielten kaum eine Rolle. Ältere Bewohner von Vukovar tauchen die jugoslawische Zeit gerne in ein rosiges Licht – sogar die achtziger Jahre, als der wirtschaftliche und soziale Niedergang auch hier immer sichtbarer wurde. Das ist nicht verwunderlich nach all dem Schrecken, den sie zu Beginn der neunziger Jahre erlebt hatten. Zweifellos waren die interethnischen Beziehungen in den Jahrzehnten vor dem Krieg besser als heute. Das hängt auch damit zusammen, dass es der Bevölkerung damals gut ging. Fast jeder hatte ein Auskommen, mit dem er die Familie ernähren konnte. Über die damalige Zeit des weitgehend konfliktfreien interethnischen Zusammenlebens erfahren die Kinder und Jugendlichen in den Schulen heute praktisch nichts. Jugoslawien wird in den Schulbüchern negativ dargestellt, und zwar in dem Sinn, dass es für die Serben ein Projekt zur Schwächung Serbiens war und für die Kroaten ein »Völkerkerker«.

Die damalige wirtschaftliche Prosperität hatte viel mit der 1931 gegründeten Schuh- und Gummifabrik Borovo in Borovo Selo zu tun. Sie war die mit Abstand größte Arbeitgeberin. Fast die ganze Region lebte direkt oder indirekt von ihr. Noch Mitte der achtziger Jahre arbeiteten dort mehr als 22 000 Personen. Viele Beschäftigte lebten in der Siedlung Borovo naselje, die mit dem Aufschwung der Fabrik entstanden war. Allerdings bekam auch Vukovar den wirtschaftlichen Niedergang zu spüren, der im Laufe der achtziger Jahre immer schlimmere Formen annahm. Jugoslawien war hoch verschuldet, die von den ausländischen Kreditgebern geforderten rigorosen Sparmaßnahmen waren einschneidend. Der soziale Preis der marktwirtschaftlichen Reformen, mit denen der letzte jugoslawische Regierungschef, Ante Marković, am Vorabend des Zerfalls des Vielvölkerstaates die Wirtschafts- und Finanzkrise zu entschärfen und die galoppierende Inflation zu bekämpfen versuchte, war sehr hoch. Marode Industriebetriebe gingen bankrott. Beschäftigte wurden entlassen. Die Zahl der Streiks nahm zu, auch in Borovo. Im Sommer 1988 zogen unzufriedene Arbeiter sogar nach Belgrad. Sie drangen in das Parlamentsgebäude ein, schwenkten jugoslawische Fahnen und forderten ihre Rechte ein. Ihnen ging es nicht um ungelöste nationale Fragen. Es waren nicht ethnische, sondern soziale Konflikte, die sie auf die Straße getrieben hatten. Die Arbeiter protestierten gegen das Ausbleiben der Löhne, gegen Fabrikschließungen, gegen Entlassungen, gegen die soziale Ungleichheit und den ständig sinkenden Lebensstandard. Sie fühlten sich vom Bund der Kommunisten im Stich gelassen. Sie warfen der Partei vor, die Wirtschaft auf dem Rücken der Arbeiter sanieren zu wollen. Den Streikenden ging es damals nicht um einen eigenen kroatischen oder serbischen Staat. »Wenn Borovo untergeht, geht auch Jugoslawien zugrunde«, lautete eine der zentralen Losungen. Die meisten Beschäftigten, die der jugoslawischen Idee verpflichtet waren, protestierten gegen die existenzielle Not. Als Kroatien im Juni 1991 seine staatliche Unabhängigkeit erklärte, lag Vukovar wirtschaftlich am Boden. Es herrschte, wie sich ältere Gesprächspartner erinnern, eine große Unsicherheit. Es kam bereits zu nächtlichen Explosionen und Schießereien.

Die HDZ, die in Vukovar die Wahlen vom April und Mai 1990 verloren hatte, setzte alles daran, auf andere Weise ihren politischen Einfluss auszuweiten. Ein wichtiges Ziel bestand darin, die Kontrolle über die Wirtschaftsressourcen zu erlangen. So übte sie Druck auf die regionalen Industriebetriebe aus, vor allem auf Borovo. Sie wollte die Betriebsführung und die Arbeiter auf ihre Seite ziehen. Dasselbe Ziel verfolgte auch die Serbische Demokratische Partei

(Srpska demokratska stranka, SDS), die an den Wahlen in Vukovar nicht teilnehmen konnte, da die Zeit für sie zu knapp war, um Kandidaten aufzustellen. Offiziell wurde die lokale Zweigstelle der Partei der Serben in Kroatien erst einige Wochen nach den Wahlen gegründet. Während die HDZ verkündete, Vukovar sei eine kroatische Stadt, erklärte die SDS, die sich in den Dienst der serbischen Führung in Belgrad stellte, Vukovar und die ganze Region seien serbisches Territorium. Beide Parteien setzten alles daran, die Unzufriedenheit angesichts der materiellen Misere für ihre Zwecke zu nutzen und die Arbeiter von Borovo zu spalten. Sie betrachteten die sozialen Konflikte durch eine ethnisch-nationale Brille. Erst mit der nationalistischen Agitation und der antijugoslawischen Rhetorik der beiden Parteien nahmen die sozialen Proteste allmählich eine ethnisch-nationale Färbung an.

Heute ist Vukovar kein prosperierender Ort mehr. Die Fabrik Borovo, die im Krieg weitgehend zerstört wurde, beschäftigt noch etwa sechshundert Personen. Der Niedergang der ganzen Region lässt sich auch an den Bevölkerungszahlen ablesen. Vor dem serbisch-kroatischen Krieg lag die Zahl der Bewohner, wie bereits erwähnt, bei 44 639, mit den umliegenden Orten sogar bei rund 84 000. Laut den Ergebnissen der letzten Volkszählung von 2011 sank die Einwohnerzahl auf 27 683. Im Jahre 2019 lebten nach glaubwürdigen Schätzungen noch ungefähr 18 000 Menschen in Vukovar, also deutlich weniger, als die Schuh- und Gummifabrik zu ihrer Blütezeit Beschäftigte hatte. Kroatische Politiker versprechen seit Jahren vollmundig Investitionen zur Ankurbelung der Wirtschaft, mit Vorliebe jeweils am 18. November, wenn sie »des Opfers von Vukovar« gedenken. Doch kaum sind sie in ihren dunklen Limousinen in Richtung Zagreb entschwunden, ist die Stadt wieder sich selbst überlassen. Geschehen ist aus Sicht der Bewohner wenig.

Ein großes Problem sehen viele darin, dass Vukovar noch immer vor allem mit dem Krieg in Verbindung gebracht wird und mit der besonderen Rolle, welche die Stadt bei der Bildung des unabhängigen kroatischen Staates gespielt hat. Das »Opfer von Vukovar«

ist ein fester Bestandteil des staatlichen kroatischen Geschichtsbildes, mehr noch, ein Eckpfeiler der kollektiven Identität. Vukovar wurde zu einem nationalen Heiligtum überhöht, das alle Kroaten verbinden soll. Vukovar wurde zu einem Symbol des Leidens und des heldenhaften Widerstands gegen den »serbischen Aggressor« verklärt – und bleibt so in der Kriegsvergangenheit gefangen. Die frühere kroatische Regierungschefin Jadranka Kosor, ein Mitglied der HDZ, nannte die Stadt einmal einen »Gedenksarkophag«. Wer nach Vukovar kommt, besucht meist nur die Gedenkstätten. Er hat Bilder von Krieg, Leid und Zerstörung im Kopf.

Dabei hat die Stadt, wie viele ihrer Bewohnerinnen und Bewohner betonen, Kroaten wie Serben, auch anderes zu bieten, etwa ein reiches kulturelles Erbe. Oder die bewaldete Vukovarska ada (Vukovarer Insel) mit ihren Sandstränden, die gegenüber dem Stadtzentrum in der Mitte der Donau unweit der Grenze zu Serbien oder, wie manche auf der anderen Seite des Flusses meinen, bereits in Serbien liegt. In jugoslawischer Zeit hatten hier Familien ihre Ferien verbracht, die sich einen Aufenthalt an der adriatischen Küste nicht leisten konnten. An diesem warmen und schönen Oktobertag 2018 fährt kein Schiff mehr hinüber auf die Insel. Es wird früh dunkel in Vukovar. Nach acht Uhr sind nur noch wenige Leute auf der Straße. Im Café des Hotels Lav, der größten Herberge der Stadt, sitzt schon am frühen Abend niemand mehr, und auch in den beiden Restaurants am Ufer der Donau, sowohl im serbischen als auch im kroatischen, sind am Abend die meisten Tische leer.

Wenn Politiker kommen und pathetisch verkünden, Vukovar habe sich für die Unabhängigkeit Kroatiens geopfert, so stellen sich viele Bewohner, Kroaten wie Serben, die Frage, was denn Zagreb heute für Vukovar tue. Die Unzufriedenheit in beiden ethnischen Gemeinschaften ist groß. Die Löhne sind niedriger als in anderen Teilen des Landes, die Preise so hoch wie in Zagreb. Vor allem aber fehlt es an Investitionen und Arbeitsplätzen. Während lokale Politiker unverdrossen Identitätspolitik betreiben, wandern vor allem junge und gut ausgebildete Kroaten und Serben aus. Sie haben genug von der lauten nationalistischen Rhetorik, der Korruption, der Vetternwirtschaft, dem Klientelismus, den bürokratischen Schikanen, der Perspektivlosigkeit. Vom Titel »Heldenstadt« und von pathetischen Worten können sie nicht leben. Vukovar gehört heute, auch wenn man das der Stadt auf den ersten Blick nicht ansieht, zu den am wenigsten entwickelten Regionen Kroatiens. Die Frage, ob man wegziehen oder bleiben soll, beschäftigt viele Bewohnerinnen und Bewohner weit mehr als ethnische Zugehörigkeiten. Ältere Kroaten, die stolz sind, im Krieg 1991 ihre Häuser gegen die »serbischen Aggressoren« verteidigt zu haben, müssen nun zusehen, wie sich diese immer mehr leeren.

»Wir haben unsere Wahrheit, sie haben ihre Wahrheit«

Unvereinbare Geschichtsbilder trennen Kroaten und Serben

Am 13. Oktober 2000 verabschiedete das kroatische Parlament ein Dokument, das es in sich hatte. Bemerkenswert war allein schon der Umstand, dass die beiden stärksten Parteien, die Kroatische Demokratische Gemeinschaft (HDZ) des Ende 1999 verstorbenen Staatsgründers Franjo Tuđman und die aus dem Bund der Kommunisten hervorgegangene Sozialdemokratische Partei Kroatiens (Socijaldemokratska partija Hrvatske, SDP), dahinterstanden. Ungewöhnlich war aber auch der Inhalt. In dem Dokument mit dem Titel »Erklärung über den Vaterländischen Krieg« wird festgehalten, wie der kroatische Unabhängigkeitskrieg von 1991 bis 1995 zu interpretieren sei. Zumindest werden die Eckpfeiler gesetzt. Erstmals wurde in einem offiziellen Text die Bezeichnung »Vaterländischer Krieg« *(domovinski rat)* verwendet. Diese Sprachregelung gilt noch immer.

Die Erklärung lautet, kurz zusammengefasst: Kroatien habe einen gerechten und legitimen Verteidigungs- und Befreiungskrieg geführt, gegen niemanden aber einen aggressiven Eroberungskrieg. Kroatien habe sein Territorium innerhalb der international anerkannten Grenzen gegen die »großserbische Aggression« verteidigt. Die Militäroperation »Oluja« (Sturm) zur Rückeroberung der von den aufständischen kroatischen Serben beherrschten Gebiete der Krajina sei legitim gewesen, sie habe die territoriale Integrität und die staatliche Souveränität Kroatiens wiederhergestellt. Zur Bewahrung der Würde des »Vaterländischen Krieges« sei die kroatische Justiz verpflichtet, alle in jener Zeit verübten Kriegsverbrechen und schweren Verstöße gegen das humanitäre Völkerrecht strafrechtlich zu verfolgen. Dabei müsse das Prinzip der individuellen Verantwortung beachtet werden. Zudem werden alle Bürger Kroatiens, alle staatlichen und gesellschaftlichen Institutionen, die Gewerkschaften, Verbände und die Medien aufgefordert, die in der Erklärung verankerten Grundwerte sowie die Würde des »Vaterländischen Krieges« zu schützen. Die Beamten und die staatlichen Organe werden dazu verpflichtet. Strafen für Zuwiderhandlungen wurden jedoch keine festgelegt; der vom Parlament verabschiedete Text ist rechtlich nicht bindend. Die Formulierung »gerechter, legitimer Verteidigungs- und Befreiungskrieg« wurde in die Verfassung aufgenommen. Sie findet sich im ersten Paragrafen, in dem die historischen Grundlagen des kroatischen Staates aufgezählt werden.

Die Militäroperation »Oluja« hatte am 4. August 1995 begonnen. Das Ziel bestand darin, jene Gebiete im Südosten des Landes zurückzuerobern, welche die aufständischen kroatischen Serben zu Beginn des Krieges 1991 unter ihre Kontrolle gebracht hatten. Schon am Tag nach dem Beginn der Offensive gelang es der kroatischen Armee, die Stadt Knin, das Machtzentrum der im Dezember 1991 ausgerufenen und von niemandem anerkannten »Republik Serbische Krajina«, einzunehmen. Der serbische Widerstand war überall schnell zusammengebrochen. Die politischen und militärischen Führer setzten sich in die von den bosnischen Serben beherrschten Regionen im Norden Bosniens oder nach Serbien ab. Anders in Ostslawonien; dort hatte, wie bereits gesagt, eine Uno-Mission den Weg zur Reintegration geebnet. Mit »Oluja« verbunden ist auch der Exodus fast der gesamten serbischen Bevölkerung aus der Krajina, einem seit Jahrhunderten von Serben bewohnten breiten Landstreifen entlang der Grenze Kroatiens zu Bosnien.

Die Formulierung in der Parlamentserklärung, Kroatien habe gegen niemanden einen Aggressionskrieg geführt, ist von Bedeutung. Es wird zwar kein Land genannt, doch es ist klar, dass Bosnien-Herzegowina gemeint ist. Die Frage nach der Rolle von Präsident Tuđman im Bosnienkrieg war zur Zeit der Verabschiedung der Erklärung auch in Kroatien umstritten. Die einen warfen ihm vor, sich im März 1991 mit dem serbischen Machthaber Slobodan Milošević auf eine Teilung des Nachbarlandes geeinigt und später auf der Seite der bosnischen Kroaten in den Krieg eingegriffen zu haben. Andere lehnten diese Sichtweise vehement ab. Sie behaupteten, Zagreb habe die staatliche Souveränität Bosnien-Herzegowinas zu jedem Zeitpunkt respektiert und bei der Verteidigung des Landes geholfen. Im Parlament konnte in diesem Punkt keine Einigung erzielt werden, und so wurde Bosnien im Dokument nicht erwähnt. Auch die Forderung einzelner Abgeordneter, explizit festzuhalten, dass im Krieg auch Kroaten Verbrechen an Serben begangen haben, fand kein Gehör. Keinen Widerstand hatte es in Kroatien gegen die Charakterisierung des serbisch-kroatischen Krieges als legitimer Verteidigungs- und Befreiungskrieg gegeben. In diesem Punkt war man sich einig.

Zwar gab es im Laufe der Zeit Versuche, gegen Personen strafrechtlich vorzugehen, die den Verteidigungscharakter des Krieges relativieren, darin auch Elemente eines Bürgerkriegs sehen oder aber nicht allein die serbische Seite, sondern auch kroatische Extremisten für den Ausbruch des bewaffneten Konflikts verantwortlich machen. Vor allem Veteranenverbände fordern noch heute die Aufwertung des Dokuments zu einem rechtlich bindenden Gesetz – mit der Begründung, nur so könnten die Grundwerte und die »Würde« des »Vaterländischen Krieges« gegen alle Anfeindungen geschützt werden. Wer dagegen verstoße, müsse bestraft werden. Doch solche Bemühungen sind erfolglos geblieben.

Staatsdoktrin oder Maulkorb

Die Parlamentserklärung über den »Vaterländischen Krieg« muss vor dem Hintergrund der damaligen innenpolitischen Lage gesehen werden. Die Historikerin Snježana Koren, die Geschichte an der Philosophischen Fakultät der Universität Zagreb lehrt, vertritt die Auffassung, dass das Dokument mehr über die politischen Umstände aussagt, in denen es entstanden ist, als über die Zeit, auf die es sich bezieht. Die Erklärung ist das Produkt eines Kompromisses zwischen den wichtigsten Parteien. Sie nahmen für sich das Recht in Anspruch, verbindlich zu definieren, was wahr und was falsch ist, was Fakten sind und was Fiktionen.

Die in den neunziger Jahren fast allmächtige HDZ hatte im Januar 2000 die Parlamentswahlen verloren. Die oppositionelle Sozialdemokratische Partei kam an die Macht. Ihr Chef, Ivica Račan, bildete eine Mitte-Links-Koalition. Als das Parlament im Oktober die Erklärung verabschiedete, regierten also die Sozialdemokraten, nicht die HDZ. Ein vordringliches Ziel der Regierung Račan bestand darin, die von Tuđman verursachte außenpolitische Isolation zu überwinden und Kroatien näher an die EU zu führen. Eine wichtige Bedingung für Fortschritte in diese Richtung war die Kooperation mit dem Uno-Kriegsverbrechertribunal in Den Haag, auch im Falle der Militäroperation »Oluja«. Das wäre zur Zeit Tuđmans undenkbar gewesen.

Zwar verlor die Mitte-Links-Koalition im November 2003 die Parlamentswahlen, und die HDZ übernahm wieder die Regierungsverantwortung. Doch an der EU-Politik änderte sich wenig. Die HDZ unter der Führung von Ivo Sanader rückte in die politische Mitte. Extremisten und einige enge Vertraute Tuđmans wurden entmachtet. Der Beitritt zur EU war ein strategisches Ziel, und die HDZ kam nicht darum herum, mit dem Uno-Tribunal zusammenzuarbeiten. Das tat sie auch, allerdings halbherzig und mit Widerwillen und nur dann, wenn der Druck so groß wurde, dass es nicht mehr anders ging. Die Überstellung angeklagter Kroaten an das Uno-Tribunal in Den Haag geschah nicht aus Einsicht in die Notwendigkeit, sich mit Kriegsverbrechen auseinanderzusetzen. Die Kooperation erfolgte aus wirtschaftlicher und politischer Notwendigkeit. Vergleichbares gilt auch für Serbien.

Die Zusammenarbeit mit dem Tribunal stieß in Teilen der politischen Elite Kroatiens und auch in weiten Kreisen der Bevölkerung auf Ablehnung. Ins Visier des Haager Gerichts gerieten nämlich auch hochrangige kroatische Politiker und Offiziere. Im März 2000, also ein halbes Jahr vor der Verabschiedung der Parlamentsdeklaration, war der bosnische Kroate Tihomir Blaškić wegen Kriegsverbrechen in Bosnien verurteilt worden. Die Empörung war groß. Kriegsveteranen protestierten gegen die, wie sie sagten, Kriminalisierung des »Vaterländischen Krieges«. Am anderen Ende des politischen Spektrums wurde auch der Chor jener lauter, die Tuđman nicht nur wegen des autoritären und selbstherrlichen Führungsstils in den neunziger Jahren kritisiert hatten, sondern auch wegen seiner Politik im Bosnienkrieg. Die Regierung stand unter Druck. Die Sozialdemokraten und die HDZ hofften, eine breit abgestützte Erklärung über den Charakter des »Vaterländische Krieges« würde die Gemüter beruhigen und die Debatten über die Rolle Zagrebs im Bosnienkrieg beenden. Die »extreme Politisierung« des Krieges und die »beunruhigende Polarisierung der kroatischen Gesellschaft mit möglicherweise weitreichenden Folgen«, wie es im Text wörtlich heißt, sollten beendet werden. Doch das erwies sich als Illusion. Die Diskussionen gingen weiter, und der Krieg wurde durch den verordneten Interpretationsrahmen erst recht politisiert.

Nach dem EU-Beitritt 2013 rückte die HDZ vom Zentrum wieder nach rechts. Die nationalistischen Tendenzen nahmen zu. Kroatien hatte sein Ziel erreicht und sah keinen Grund mehr, sich mit den Kriegsverbrechen ernsthaft auseinanderzusetzen. Man glaubte, weniger Rücksicht auf westliche Empfindlichkeiten nehmen zu müssen. Auftrieb hatten die kroatischen Nationalisten bereits zuvor durch ein Urteil der zweiten Instanz des Uno-Kriegsverbrechertribunals vom November 2012 erhalten. Der kroatische General Ante Gotovina wurde von der Anklage freigesprochen, bei der Beschießung von Knin Kriegsverbrechen begangen zu haben. Viele Kroaten sahen darin eine Bestätigung der eigenen Sichtweise des Krieges. Zagreb triumphierte; die »kroatische Wahrheit«, wie sie in der Parlamentserklärung verankert sei, habe sich durchgesetzt, und über Wahrheit könne es keine Diskussion geben. Beispielhaft kommt diese Haltung in einer Äußerung des damaligen Chefs der HDZ, Tomislav Karamarko, zum Ausdruck, der dem extremen rechten Flügel der Partei angehörte. Er erklärte im Mai 2014, jeder dürfe über den »Vaterländischen Krieg« denken, was er wolle, aber nur in den eigenen vier Wänden. In der Öffentlichkeit habe jeder die Grundlagen zu respektieren, auf denen der kroatische Staat beruhe. Dazu zählte er den »Vaterländischen Krieg«, die Verteidiger, die kroatischen Opfer, die »politische Doktrin von Doktor Franjo Tuđman« sowie »das große Werk von Gojko Šušak«. Dieser war von 1991 bis 1998 Verteidigungsminister und gehörte ebenfalls dem extremen nationalistischen Flügel der HDZ an.

Vor allem HDZ-Politiker erhoben die Parlamentserklärung in den Rang einer Staatsdoktrin. Für sie war die darin festgelegte Sichtweise des Krieges ein Grundpfeiler des neuen kroatischen Staates und ein zentrales Element der nationalen Identität. Äußerungen, die diesen Deutungsrahmen sprengten, waren in ihren Augen ein Angriff auf den Staat. Wer das Kriegsgeschehen differenzierter betrachtete, musste damit rechnen, zum Feind der Nation erklärt zu werden, der an den Grundfesten des Staates rüttelte. Die in Kroatien lebenden Serben, die ebenfalls Bürger Kroatiens sind, die aber andere Erinnerungen an den serbisch-kroatischen Krieg haben und diesen auch anders interpretieren, wurden so zu potenziellen Staatsfeinden. Liberale Intellektuelle sahen in der Parlamentserklärung vor allem einen Versuch nationalistischer Politiker, die Deutungshoheit über den Krieg der neunziger Jahre zu erlangen, der Gesellschaft eine einseitige und selektive Interpretation aufzuzwingen und Andersdenkende zu diffamieren. Sie sprachen von einem Maulkorb, von einer unzulässigen Einschränkung der Meinungs- und Forschungsfreiheit.

Der Exodus der Krajina-Serben

Wie sehr sich die kroatische Sichtweise von der serbischen unterscheidet, zeigt sich am Beispiel der Militäraktion »Oluja«. Wie bereits gesagt, bestand ihr Ziel darin, die von den kroatischen Serben beherrschten Gebiete wieder in den kroatischen Staatsverband einzugliedern. Vor allem die in ländlichen Regionen lebenden kroatischen Serben, etwa in der südöstlichen Krajina, hatten sich 1991 mit Waffengewalt und der Unterstützung Belgrads von Zagreb losgelöst. Für Kroatien handelte es sich bei der Militäroffensive um eine professionell durchgeführte, legitime Aktion zur Wiederherstellung der verfassungsmäßigen Ordnung. Doch habe »Oluja« darüber hinaus, so wird offiziell betont, auch einen humanitären Charakter gehabt. Zum einen habe die Operation den zu Beginn des Krieges von den Serben vertriebenen Kroaten und anderen Nicht-Serben die Rückkehr ermöglicht. Auch sei der Belagerungsring um die vor allem von Bosniaken bewohnte nordwestbosnische Stadt Bihać durchbrochen und damit der Vormarsch der bosnisch-serbischen Truppen aufgehalten worden. Das sei auch entscheidend für den weiteren Verlauf des Bosnienkriegs gewesen. Es trifft zu, dass sich durch die erfolgreiche Rückeroberung der Krajina die militärischen Kräfteverhältnisse in Bosnien verschoben. Die Truppen der bosnischen Serben mussten in der Folge große Geländeverluste hinnehmen. Die bosnische Regierungsarmee und kroatische Verbände rückten im Westen und im Norden Bosniens vor. Die serbischen Niederlagen waren, neben den dreiwöchigen Nato-Luftangriffen auf militärische Einrichtungen der Armee der bosnischen Serben, ein wichtiger Faktor, der den Weg für die Verhandlungen in Dayton ebnete. Das am 21. November 1995 paraphierte und drei Wochen später in Paris unterzeichnete Abkommen beendete schließlich den Bosnienkrieg.

»Oluja« löste einen beispiellosen serbischen Exodus aus. Je nach Quelle bewegten sich 100 000 bis 250 000 kroatische Serben in einem langen Elendszug durch Nordbosnien, auf voll beladenen Pferdefuhrwerken, auf Traktoren, Motorrädern, in Autos und zu Fuß. Nur wenige Tausend blieben in der Krajina zurück. Zagreb macht für den Exodus die Führung der Krajina-Serben und deren Mentoren in Belgrad verantwortlich. Sie hätten alle Initiativen für eine einvernehmliche Lösung abgelehnt. Genannt wird der im Januar 1995 von internationalen Vermittlern vorgelegte sogenannte Z-4-Friedensplan, der den kroatischen Serben weitgehende Autonomie innerhalb Kroatiens zugestanden hätte. In ihrer nationalistischen Verblendung und maßlosen Überschätzung der eigenen militärischen Stärke wies die Führung der aufständischen Serben diesen Plan brüsk zurück. Sie glaubte an eine Vereinigung der von ihr beherrschten Gebiete Kroatiens mit den serbisch kontrollierten Regionen Bosniens und mit Serbien. Aus kroatischer Sicht wurde die serbische Bevölkerung der Krajina nicht vertrieben. Vielmehr habe deren Führung den Exodus befohlen. Die Serben seien evakuiert worden. Fast alle hätten ihre Häuser vor dem Eintreffen der kroatischen Truppen verlassen. Zudem habe Tuđman zu Beginn der Militäroffensive über das Radio alle Serben, die sich nicht an bewaffneten Aktionen beteiligt hätten, dazu aufgerufen, in ihren Häusern zu bleiben. Sie hätten nichts zu befürchten und kämen in den Genuss aller Bürgerrechte. Allerdings sprach Tuđman zur gleichen Zeit auch von zwei Korridoren, über die die kroatischen Serben das Land verlassen könnten.

Es war allgemein bekannt, dass die Krajina-Serben kein kroatisches Radio hörten. Aber selbst wenn die Nachricht zu ihnen durchgedrungen wäre, hätte niemand den kroatischen Zusicherungen geglaubt. Tuđman konnte also davon ausgehen, dass es im Fall einer erfolgreichen Militäraktion zu einer Massenflucht kommen würde. Zu groß waren die Ängste der Krajina-Serben, und zu sehr waren sie jahrelang von der eigenen Führung und von Belgrad indoktriniert worden. Sie hatten sich mit Jugoslawien und später mit Serbien identifiziert und wollten nicht in einem unabhängigen kroatischen Staat leben. Sie sahen in der Belgrader Führung den alleinigen Garanten für ihre Sicherheit. Wie die Ereignisse nach dem Abschluss von »Oluja« zeigten, waren die Befürchtungen durchaus berechtigt. Hunderte Serben, vor allem ältere Leute, die geblieben waren oder den Exodus, aus welchen Gründen auch immer, verpasst hatten, wurden von Kroaten umgebracht. Zahlreiche Häuser wurden geplündert und angezündet. Darüber sprechen diejenigen, die unbeirrt die »Reinheit« des »Vaterländischen Krieges« beschwören, nicht gerne.

Der Exodus kam der kroatischen Führung gelegen; sie hatte darauf hingearbeitet. Sie hatte im Vorfeld und auch während der Operation nichts getan, um ihn zu verhindern. Wenige Wochen nach der Rückeroberung fuhr Präsident Tuđman mit dem Zug durch das befreite Kernland der Krajina nach Knin. Es war der erste Zug nach Kriegsende, der wieder von Zagreb nach Split fuhr. Wo immer sich Tuđman auf der Fahrt an seine Landsleute wandte, jubelten ihm die Menschen begeistert zu. In Knin, dem Zentrum der untergegangenen »Republik Serbische Krajina«, küsste er auf der Festung vor laufenden Kameras die kroatische Fahne, die geballte Faust als Zeichen des Triumphs in die Höhe gereckt. Mit dem Exodus der Serben sei, so verkündete er, die serbische Frage in Kroatien ein für alle Mal gelöst. Der großserbische Krebs, der den kroatischen Nationalkörper zerfressen habe, sei endgültig besiegt. Die Serben, die seit Jahrhunderten in der Krajina lebten, waren als Störfaktor empfunden worden, als Werkzeug in der Hand Belgrads zur Destabilisierung Kroatiens und zur Schaffung eines großserbischen Staates. Die meisten Kroaten weinten den Serben keine Träne nach, deren Verlust der Heimat berührte sie nicht. Drei Wochen nach dem Ende der Militäraktion erklärte Tuđman gegenüber Journalisten mit unverhohlener Schadenfreude und dem für ihn typischen Zynismus: »Wir haben die Serben aufgefordert zu bleiben, doch sie hörten nicht auf uns. Na dann, gute Reise!« Die wenigen Kroaten, die in der damaligen Zeit der nationalen Euphorie die Meinung vertraten, eine serbische Minderheit in Kroatien wäre für die Entwicklung der Demokratie wichtig gewesen, galten als schlechte Kroaten oder gar als Verräter.

Als ich in den Tagen nach der Militäraktion durch die Krajina fuhr, bot sich mir vielerorts ein Bild der Zerstörung. In Benkovac, im Hinterland der Adriastadt Zadar, waren viele Häuser und Geschäfte angezündet worden. In einigen Wohnzimmern brannte noch Licht. In einigen Geschäften surrten die Kühlschränke, in anderen waren die Ladentische umgekippt worden, überall lagen Waren herum. Aufgeschreckte Hühner und verängstigte Katzen irrten durch die Hinterhöfe. Manche Geschäfte und Wohnungen waren geplündert worden. Am Rande der Hauptstraße stand ein Traktor, der Anhänger voll von Habseligkeiten. Offenbar hatte er eine Panne gehabt, und die Zeit reichte nicht mehr, ihn zu reparieren. Es hatte in Benkovac keinen Widerstand und keine Kämpfe gegeben. Beim Eintreffen der Armee war der Ort menschenleer. Die Bewohnerinnen und Bewohner hatten offensichtlich, wie auch anderswo in der Krajina, ihre Wohnungen und Häuser Hals über Kopf verlassen.

In Benkovac fuhren Soldaten auf einem mit kroatischen Fahnen geschmückten Lastwagen der Armee der Krajina mit Hurrageschrei an mir vorbei. In einem Haus lagen angesengte und fast verbrannte Familienfotos am Boden verstreut, die aus einem Album herausgerissen worden waren. Nichts mehr sollte darauf hinweisen, dass hier bis vor Kurzem Serben gelebt hatten. Anders als in Benkovac waren im nahe gelegenen Städtchen Obrovac kaum Zerstörungen zu sehen. Auch hier waren zwei Tage nach Beendigung der Militäroperation die Straßen menschenleer, die Häuser und Wohnungen verlassen. Auf manchen Balkonen hing noch die Wäsche zum Trocknen. Es herrschte eine gespenstische Stille, nur Zikaden zirpten.

Lokale kroatische Behörden machten den wenigen, meist älteren Serben, die zurückgeblieben waren, das Leben schwer. Viele von ihnen lebten in abgelegenen Dörfern und Weilern. In Ivanković Selo, einem Ort rund achtzig Kilometer südwestlich von Zagreb, waren fast alle Häuser, an denen ich im Sommer 1996 vorbeifuhr, unbewohnt, einige auch zerstört. Kämpfe hatte es hier aber keine gegeben. Außerhalb des Ortes, in einem Weiler, der aus alten und schiefen Holzhäuschen bestand und in dem ebenfalls niemand mehr lebte, traf ich am Rande eines von Pflanzen und Sträuchern überwucherten Weges einen alten Mann. Er saß auf einer kleinen Holzbank in der Nähe seiner Behausung, wie jeden Tag, seit mehr als einem Jahr, seit jenem Tag, als die Serben den Ort in Panik verlassen hatten. Er war achtzig Jahre alt und gebrechlich. Immer wieder wurde er von Husten geschüttelt. Seine Frau war schon lange gestorben, Kinder hatte er keine. Im Umkreis von vielen Kilometern wohnte keine Menschenseele mehr. Er war allein zurückgeblieben. Als die anderen serbischen Bewohner flohen, lag er krank im Bett. Er habe, so sagte er, in seinem Haus bleiben wollen. Wohin hätte er auch gehen sollen, er habe niemanden. Die Einsamkeit, die Leere und die Langeweile machten ihm zu schaffen. Nur seine beiden Hunde waren ihm geblieben. In seinem Holzhaus gab es keinen Strom, denn niemand reparierte die defekte Leitung. Das Wasser musste er aus einem Brunnen holen, der sich einige Hundert Meter weiter unten befand. Zuvor hatte er Nachbarn gehabt, die ihm halfen. Wenn er nicht vom Internationalen Komitee vom Roten Kreuz (IKRK) in Zagreb mit dem Nötigsten versorgt worden wäre, hätte er den ersten Winter nach der Operation »Oluja« wohl nicht überlebt.

Triumph für die einen, Tragödie für die anderen

In Kroatien herrscht, wie bereits erwähnt, Einigkeit darüber, dass das Land zu Beginn der neunziger Jahre Opfer einer serbischen Aggression geworden sei und sich habe verteidigen müssen. Über das, was in dieser Darstellung ergänzt werden muss, spricht man nicht gerne. Angesichts der erdrückenden Last der Fakten wurde allerdings schon früh, auch offiziell, eingeräumt, dass Kroaten Verbrechen an serbischen Zivilisten begangen haben. Dem wird jeweils mit Bedauern hinzugefügt, es werfe einen Schatten auf den »grandiosen Sieg« der kroatischen Armee und die »Reinheit« des »Vaterländischen Krieges«. Doch werden eigene Verbrechen, zumindest im nationalkonservativen Lager, weiterhin relativiert: Diese seien erst nach dem Ende der Militäraktion von Einzelpersonen oder kleinen Gruppen begangen worden. Die Staatsführung habe damit nichts zu tun und könne für diese Taten nicht zur Rechenschaft gezogen werden.

Kroatien feiert jedes Jahr am 5. August, dem Tag der Einnahme von Knin, mit viel Pathos, Patriotismus und Pomp den Sieg über den »serbischen Aggressor« und das Ende der »verbrecherischen Pläne« Belgrads, einen großserbischen Staat zu schaffen. Die sperrige Bezeichnung lautet: »Tag des Sieges und der Dankbarkeit der Heimat sowie Tag der kroatischen Verteidiger«. Ebenso wie am »Tag des Erinnerns an das Opfer von Vukovar« am 18. November kommen auch zur Gedenkfeier am 5. August jedes Jahr viele kroatische Spitzenpolitiker nach Knin. Doch anders als in der ostslawonischen Stadt, wo »des Opfers« gedacht wird, das Vukovar für die Unabhängigkeit des Landes erbracht hat, steht in Knin der militärische Triumph im Zentrum, die Erfüllung eines angeblich jahrhundertealten Traums des kroatischen Volkes von einem eigenen Staat.

An der Gedenkfeier von 2019 erklärte der kroatische Verteidigungsminister Damir Krstičević, die kroatische Armee sei für eine neue »Oluja« bereit, sollte jemand »Anspruch auf unser Land haben oder etwas gegen Kroatien planen«. Er wolle zwar niemandem drohen, fügte er hinzu, doch »sind wir jederzeit bereit, unsere Heimat mit unserem Blut zu verteidigen«. Dass diese martialischen Worte in Serbien nicht gut ankamen, versteht sich von selbst. Mit der Militäraktion »Oluja« habe Kroatien, so verkündete Regierungschef Andrej Plenković, das historische Werk der Schaffung eines unabhängigen und souveränen kroatischen Staates endlich vollendet.

An derselben Gedenkfeier sprach auch Präsidentin Kolinda Grabar-Kitarović. Sie bezeichnete die Militäroperation als Sieg aller Siege. Dann ließ sie die Bevölkerung wissen, sie werde von Gewissensbissen geplagt. Am liebsten hätte sie in jenen entscheidenden Tagen des Jahres 1995 ein Gewehr genommen, um auf das Schlachtfeld zu eilen. Doch sie habe eingesehen, dass sie ihre Pflicht im Außenministerium erfüllen müsse, dort sei sie zu der Zeit beschäftigt gewesen. Wie in den Jahren zuvor gedachte Grabar-Kitarović vor allem der getöteten Kroaten. Zwar drückte sie ihr Bedauern über »jedes Opfer der legitimen Befreiungsaktion« aus. Das Wort »serbisch« brachte sie aber nicht über die Lippen. Weiter erklärte sie, die Militäraktion »Oluja« zur Befreiung der besetzten Gebiete sei »makellos sauber« verlaufen – vier Jahre zuvor hatte sie am selben Ort die Formulierung »rein wie eine Träne« verwendet; und dies, obschon nach Angaben des Kroatischen Helsinki-Komitees mehr als sechshundert Serben – serbische Quellen nennen höhere Zahlen – nach Beendigung der Militäraktion getötet worden waren. Auch war laut offiziellen kroatischen Angaben von Ende 1995 mehr als ein Drittel der Häuser in der Krajina unbewohnbar. Die Zerstörungen und Brandschatzungen waren so umfangreich, dass sie nicht einfach mit Racheakten verantwortungsloser Einzelpersonen oder kleiner Gruppen erklärt werden können. Es handelte sich vielerorts um genau geplante Aktionen von Kroaten mit dem Ziel, eine spätere Rückkehr der serbischen Bewohner zu verunmöglichen.

Weniger konfrontative, ja sogar versöhnliche Töne waren im August 2020 an der Feier zum 25. Jahrestag von »Oluja« zu hören. Erstmals nahm ein serbisches Mitglied der kroatischen Regierung an der staatlichen Siegesfeier teil, nämlich Boris Milošević. Er ist, wie gesagt, stellvertretender Ministerpräsident und gehört der SDSS an, die vor allem die Interessen der serbischen Minderheit in Kroatien vertritt. Die Entscheidung, an der Feier teilzunehmen, sei ihm, so sagte er, nicht leichtgefallen. Das ist nicht erstaunlich. Sein Vater war für die Militäraktion »Oluja« in die kroatische Armee rekrutiert worden. Seine Großmutter, die nach dem Ende der Offensive in ihrem Dorf in der Krajina geblieben war, wurde von kroatischen Fanatikern ermordet. Vor allem im Lager der Nationalisten in Serbien stieß die Anwesenheit von Milošević an der Gedenkfeier in Knin auf heftige Kritik. Er habe damit, so erklärten sie, die »ethnische Säuberung« legitimiert. Im Gegenzug nahm drei Wochen später ein Mitglied der kroatischen Regierung, der bereits erwähnte Tomo Medved, an der serbischen Gedenkfeier im heute unbewohnten Weiler Grubori in der Nähe von Knin teil, wo Angehörige der kroatischen Spezialpolizei nach der Militäraktion »Oluja« sechs serbische Zivilisten getötet hatten.

Ministerpräsident Plenković sprach an der Veranstaltung zum 25. Jahrestag in Knin von einer legitimen, unvermeidbaren und politisch notwendigen Militäraktion. Dann gedachte er explizit auch der serbischen Zivilisten, die von Kroaten getötet worden waren. Diese Verbrechen seien »eine hässliche Narbe im Gesicht des Vaterländischen Krieges«. Weiter wies er darauf hin, damals hätten auch Tausende Serben, Angehörige der Armee der Republik Kroatien, das Land verteidigt. Darauf müsse man stolz sein. Dann räumte er ein, der mit dem militärischen Triumph der kroatischen Armee verbundene Exodus sei für viele Serben eine traumatische Erfahrung gewesen. Und schließlich äußerte Plenković Verständnis dafür, dass sich die serbische Minderheit in Kroatien noch immer benachteiligt fühle, und rief dazu auf, alles zu unternehmen, damit sich dies ändere. Diese Äußerungen waren bemerkenswert, denn erstmals wurde an einer offiziellen Gedenkfeier das an Serben begangene Unrecht anerkannt. Gleichzeitig betonte Plenković aber, die Serben müssten einsehen, dass Belgrad Kroatien angegriffen und Zagreb sich nur verteidigt habe. Eine wirkliche Aussöhnung sei ohne die »auf Tatsachen beruhende Wahrheit« nicht möglich, also ohne eine Anerkennung der kroatischen Sichtweise. Ob die neuen, versöhnlicheren Töne als dauerhafte Abkehr vom üblichen Schwarz-Weiß-Bild gewertet werden können, lässt sich noch nicht abschätzen. Dasselbe gilt für die Frage, ob mit der Teilnahme eines gewählten Vertreters der serbischen Minderheit an der Gedenkfeier ein neues Kapitel in den Beziehungen zwischen Zagreb und den kroatischen Serben aufgeschlagen werden kann.

Als der kroatische Präsident Tuđman im August 1995 auf der Festung in Knin triumphierte, war die Verbitterung in Belgrad überall spürbar. Diejenigen, die sich am lautesten für einen großserbischen Staat eingesetzt hatten, sprachen von einem Genozid am serbischen Volk. Was dem faschistischen Ustaša-Staat von Hitlers und Mussolinis Gnaden im Zweiten Weltkrieg nicht gelungen sei, nämlich die Ausrottung der Serben, habe Tuđman nun mit seiner Militäraktion »Oluja« erreicht. Es herrschte Entsetzen über den schnellen Fall von Knin, dem Symbol des aus serbischer Sicht legitimen Kampfes der außerhalb Serbiens lebenden Serben für nationale Selbstbestimmung. Von der größten Tragödie des serbischen Volkes seit der verlorenen Schlacht gegen die Osmanen auf dem Amselfeld im Jahre 1389 war die Rede.

Die damals in Serbien regierenden Politiker machten – wie die in Kroatien – die Führung der Krajina-Serben für die Tragödie verantwortlich. Sie hatten die in Kroatien lebenden Serben fünf Jahre zuvor zum bewaffneten Widerstand gegen die kroatische Staatsmacht angestachelt und erklärten nun, die Serben hätten mit friedlichen Mitteln für ihre Rechte kämpfen müssen. Sie ließen die Krajina-Serben einfach fallen, nachdem sie ihnen in den Jahren zuvor unermüdlich eingehämmert hatten, ein Zusammenleben mit den Kroaten sei unmöglich, im Herrschaftsbereich der »Neofaschisten« hätten sie keine Rechte, sie könnten nur in einem eigenen Staat überleben. Sie müssten sogar, wie ihre Vorfahren im Zweiten Weltkrieg, damit rechnen, von den »Ustaša-Horden« abgeschlachtet zu werden. Das klang in den Ohren der kroatischen Serben, die mit dem Verlust ihrer Heimat einen hohen Preis bezahlt hatten, wie Hohn. Sie fühlten sich verraten. Für die damalige demokratische Opposition in Belgrad waren die militärische Niederlage und der serbische Exodus die Folge eines von Anfang an fehlgeleiteten Strebens nach einem großserbischen Staat. Die Freiheiten der Einzelnen seien in verhängnisvoller Weise hinter die kollektiven Rechte zurückgestellt worden.

Wer auch immer danach in Belgrad regierte, an der Interpretation der kroatischen Militäroperation »Oluja« hat sich grundsätzlich nichts geändert. Allerdings wird dem Schicksal der Krajina-Serben unter der Herrschaft der Fortschrittspartei von Präsident Aleksandar Vučić in den letzten Jahren mehr Gewicht beigemessen. Es geht dabei vor allem um politische Mobilisierung. In der offiziellen serbischen Deutung war »Oluja« eine vom kroatischen Staat geplante verbrecherische Aktion mit dem Ziel, die Serben aus Kroatien zu vertreiben. Es handle sich also um eine »ethnische Säuberung«, für die bis heute niemand zur Rechenschaft gezogen worden sei. Das wird als ein großes Unrecht empfunden. Während das offizielle Zagreb die nach der Militäraktion von Kroaten an Serben begangenen Verbrechen herunterspielt, verschweigt Belgrad, dass die kroatischen Serben zu Beginn des Krieges bei der Einnahme der von ihnen beanspruchten Gebiete viele Nicht-Serben getötet und vertrieben haben. Das eigene Unrecht wird auf beiden Seiten ausgeblendet. Die eine Seite interessiert vor allem, was 1991 geschah, nicht aber, was sich nach »Oluja« abspielte. Die anderen befassen sich mit den nach der Militäraktion begangenen Verbrechen und wollen nichts davon wissen, was sich in den Jahren zuvor ereignete. Beide verharren in ihrem selektiven Narrativ und fühlen sich jeweils im Recht. Beiden dient die Opferpose auch als Vorwand, sich nicht damit auseinandersetzen zu müssen, was im Verlauf des Krieges geschah. So stellt sich kaum ein Politiker in Serbien die Frage, welche Rolle die damalige Führung in Belgrad beim Aufstand der Krajina-Serben und im Verlauf des Krieges spielte und welche tieferen Gründe zur Tragödie des Exodus führten.

Während in Kroatien am 5. August der Sieg über die »serbische Aggression« und die Befreiung der besetzten Gebiete gefeiert werden, gedenken das offizielle Serbien und die Republika Srpska in Bosnien-Herzegowina der getöteten und vertriebenen kroatischen Serben. Für sie ist der 4. August, der Tag, an dem die Militäraktion »Oluja« begann, ein Tag der Trauer und der Erinnerung an die serbischen Opfer. Auch hier werden mit viel nationalem Pathos, maßlosen Zuspitzungen und konfrontativer Rhetorik historische Mythen beschworen. So verglich Präsident Aleksandar Vučić bei der Gedenkfeier am 4. August 2018 die Politik Tuđmans in den neunziger Jahren mit der Hitlers. Beide hätten das gleiche Ziel verfolgt: »Hitler wollte eine Welt ohne Juden, Kroatien, seine Politik, wollte ein Kroatien ohne Serben.«

Das Motiv von »Oluja« sei Hass gegen die Serben gewesen, das Ziel eine »ethnische Säuberung«. Vučić sprach vom »Golgatha des serbischen Volkes«. Auch in Belgrad verwenden Nationalisten gerne biblische Metaphern. Nur einen Tag später hielt Vučić in einem Zeitungsartikel fest, Serben und Kroaten müssten zusammenarbeiten und Verständnis für die unterschiedliche Deutung der Geschichte aufbringen. Voraussetzung für eine substanzielle Annäherung oder eine Aussöhnung ist aus serbischer Sicht das Eingeständnis Kroatiens, das Ziel von »Oluja« sei eine »ethnische Säuberung« gewesen. Dazu wird es aber nicht kommen. Ebenso wenig wird Belgrad die offizielle kroatische Sichtweise anerkennen.

Vučić bat die Krajina-Serben um Verzeihung dafür, dass die damalige Belgrader Führung nichts unternommen habe, um den Exodus zu verhindern. Er verlor jedoch kein Wort über die aggressive Politik der damaligen serbischen Führung. Auch erwähnt er nicht, dass die Flüchtlinge aus der Krajina, die meist keine Dokumente hatten, in Belgrad unerwünscht waren und oft schlecht behandelt wurden. Serbien weigerte sich, ihnen den Flüchtlingsstatus zu gewähren. Sie galten als Vertriebene. Viele waren verbittert, enttäuscht, verzweifelt. Ein junger Mann fasste im Gespräch im Dezember 1995 in Belgrad die Lage der serbischen Flüchtlinge aus Kroatien zusammen: »Wir sind Menschen ohne einen Staat und ohne Identität, abgestellt in einem Wartesaal ohne Ausgang.« Es kam sogar vor, dass Männer aufgegriffen und an die Front in Bosnien geschickt wurden. Andere wollte man mit dem Ziel, die ethnische Struktur zu ändern, in Kosovo ansiedeln.

Vučić, der in Serbien autoritär regiert und mit seinen verbalen Ausfällen immer wieder für Aufregung sorgt, gilt einigen westlichen Politikern als Garant für Stabilität auf dem westlichen Balkan. Nur er sei fähig, so glauben sie, eine Lösung im Konflikt mit Kosovo in Serbien durchzusetzen. Kaum jemand erinnert sich daran, welche Ansichten Vučić zu Beginn der neunziger Jahre vertreten hatte, als er eine wichtige Figur in der Partei von Slobodan Milošević und – ebenso wie der heutige Parlamentspräsident Ivica Dačić – einer der ideologischen Wegbereiter der Kriege war. Die von den kroatischen Serben 1991 »befreiten« Gebiete würden nie mehr zu Kroatien gehören, sondern für immer Teil Serbiens bleiben, verkündete er damals. Von einer Aufarbeitung der Geschichte will der »geläuterte« Vučić nichts wissen. Und wer spricht heute noch davon, dass im Sommer 1991 Panzer der Jugoslawischen Volksarmee auf der Autobahn mit dem schönen Namen »Brüderlichkeit und Einheit« in Richtung Vukovar rollten? Menschen standen damals an der Straße und auf den Brücken und winkten den Truppen zu. Auch mit der Frage, wie es dazu kam, dass viele Intellektuelle und Journalisten am Vorabend des Zerfalls Jugoslawiens dem nationalistischen Wahn verfielen und sich bereitwillig in den Dienst der Machthaber stellten, beschäftigt sich in Serbien außerhalb von Nichtregierungsorganisationen und liberalen Intellektuellenkreisen kaum jemand. Das ist in Kroatien nicht anders. Allerdings gab es damals in Belgrad wie in Zagreb im Lager der Opposition Stimmen, welche die Kriegsrhetorik, das Schüren von Hass, die Wiederbelebung nationaler Stereotypen und historischer Mythen heftig kritisierten und vor den Folgen warnten.

Der serbische Exodus aus Kroatien ist nur ein Element des serbischen Opfernarrativs, wenn auch ein zentrales. Das offizielle Serbien sieht sich auch beim Auseinanderbrechen der jugoslawischen Föderation in der Rolle desjenigen, dem Unrecht geschah. Einmal mehr sei das serbische Volk in seiner Existenz bedroht worden. Aus Belgrader Sicht begann der Zerfall des Landes mit der Verfassung von 1974. Mit ihr wurden im Zuge einer Dezentralisierung die Rechte der Teilrepubliken ausgeweitet. Den beiden zu Serbien gehörenden autonomen Gebieten, der Vojvodina und Kosovo, wurden staatliche Attribute zugestanden, was sie faktisch zu Republiken aufwertete, obschon sie formal Bestandteil Serbiens blieben. Beide konnten nun, wie die Teilrepubliken, einen Abgeordneten ins Staatspräsidium, das höchste Staatsorgan Jugoslawiens, entsenden. Die politische Elite in Belgrad sah darin eine Schwächung der serbischen Teilrepublik. Sie fühlte sich gedemütigt. Die rechtliche Aufwertung des Status von Kosovo in der Verfassung sowie allgemein die Unzufriedenheit über die Stellung Serbiens in der jugoslawischen Föderation waren in den späten achtziger Jahren wichtige Gründe für den Erfolg der nationalen Mobilisierung. Als Benachteiligung empfand Serbien auch die »Erfindung« neuer Nationen, einer muslimischen in den sechziger Jahren und einer mazedonischen nach dem Zweiten Weltkrieg. Allerdings wird gerne außer Acht gelassen, dass die Serben in der Armee, bei den Sicherheitskräften, im Geheimdienst und im Bund der Kommunisten in Jugoslawien immer tonangebend waren.

Die Änderung der serbischen Verfassung im März 1989, in der die Autonomie Kosovos, wie die der Vojvodina, faktisch aufgehoben wurde, wird in Serbien als Wiedergutmachung historischen Unrechts angesehen. Die Einheit Serbiens sei damit wiederhergestellt worden. Die Republik sei nun nicht mehr dreigeteilt und spreche im Staatspräsidium mit einer einzigen Stimme. Dass gerade die dadurch verursachte Verschiebung der fein austarierten Machtbalance ein entscheidender Faktor war, der den Zerfall des Vielvölkerstaates beschleunigte, wird ignoriert. Verantwortlich für die Kriege der neunziger Jahre sind aus offizieller serbischer Sicht Slowenien und Kroatien sowie der Nationalismus und Separatismus kosovo-albanischer Extremisten. Die beiden Teilrepubliken hätten Jugoslawien mutwillig zerstört und damit die nationale Einheit der Serben zerschlagen. Mit der Gründung des Königreichs der Serben, Kroaten und Slowenen 1918 – ab 1929 Königreich Jugoslawien – lebten die Serben des westlichen Balkans erstmals in ihrer Geschichte in einem gemeinsamen Staat. In Belgrad wird so getan, als habe die serbische Führung die staatliche Einheit Jugoslawiens bewahren wollen. Doch hat gerade Belgrad mit seinem Zentralismus und dem Beharren auf einer Lösung der nationalen Frage im Sinne eines möglichst viele Serben umfassenden Staates entscheidend zum blutigen Zerfall des Landes beigetragen. Aber längst nicht alle Serben stimmen der offiziellen serbischen Sichtweise zu. Vor allem Vertreter der Zivilgesellschaft und zahlreiche Intellektuelle vertreten die Meinung, die damalige Führung sei mit ihrer nationalistischen Politik zu einem erheblichen Teil für den Untergang Jugoslawiens und die Kriege verantwortlich.

Ein tiefer Graben durchzieht die kroatische Gesellschaft

Die kroatische Sichtweise ist nicht weniger einseitig. Mit der Entstehung des unabhängigen kroatischen Staates zu Beginn der neunziger Jahre galt es, auch eine neue nationale Identität zu konstruieren, und zwar in Abwendung von Titos schon längst verblasster Losung von der »Brüderlichkeit und Einheit« der jugoslawischen Völker, vor allem aber in Abgrenzung von Serbien. Das hieß in der Sprachregelung nationalistischer Politiker und Intellektueller auch, dass man sich vom »unzivilisierten«, von Byzanz und dem Osmanischen Reich geprägten Balkan, zu dem das katholische Kroatien in seiner Geschichte nie gehört habe, abgrenzen wollte. Der Mythos von Kroatien als einem Bollwerk der abendländisch-westlichen Zivilisation, als Verteidiger der europäischen Werte gegen die »östliche Barbarei«, wurde wiederbelebt. Auch die neue kroatische Führung stellte die Geschichte in den Dienst der Politik. Historische Ereignisse und Persönlichkeiten wurden neu bewertet, die Geschichtsschreibung des sozialistischen Jugoslawiens, die auf die politischen Bedürfnisse des Bundes der Kommunisten ausgerichtet war, wurde durch eine neue kroatische ersetzt. Das betraf vor allem den Zweiten Weltkrieg, die jugoslawische Ära und den Zerfall des Vielvölkerstaates. Ein von Tuđman eingesetzter Direktor des kroatischen Fernsehens erklärte zu Beginn der neunziger Jahre, er werde den Sender in eine »Kathedrale des kroatischen Geistes« verwandeln. Der Chef der neuen Nachrichtenagentur Hina verkündete, Journalisten, die aus gemischten serbisch-kroatischen Familien stammten oder sich als kroatische Serben definierten, seien nicht in der Lage, ein objektives Bild des Geschehens in Kroatien zu zeichnen. Viele von ihnen wurden in der Folge entlassen. Erwünscht waren Journalisten, die mit viel nationalem Pathos die offizielle Sichtweise verbreiteten, ohne sie zu hinterfragen.

Mit dem Sieg der HDZ bei den Parlamentswahlen im Frühjahr 1990 und dem sich abzeichnenden Zerfall Jugoslawiens veränderte sich auch die Beurteilung des »Unabhängigen Staates Kroatien« im Zweiten Weltkrieg. Es gab Bemühungen, ihn zu rehabilitieren. Das sorgte für viel Zündstoff. Der faschistische Vasallenstaat war am 10. April 1941 nach dem Untergang des Königreichs Jugoslawien in Zagreb proklamiert worden. Er umfasste neben Kroatien fast ganz Bosnien-Herzegowina. Dem Terrorregime der Ustaša-Bewegung unter ihrem Führer Ante Pavelić, der einen ethnisch homogenen großkroatischen Staat schaffen wollte, fielen Hunderttausende Menschen zum Opfer – Juden, Serben, Roma, auch Kroaten, die sich der Willkürherrschaft widersetzten. Kroaten, die in der jugoslawischen und multiethnischen Ausrichtung von Titos Partisanen ein Instrument zur Wiederherstellung der serbischen Vorherrschaft sahen, hegten Sympathien für die Ustaša oder unterstützten sie. Andere jedoch, unter ihnen viele kroatische Serben und im Laufe der Zeit auch immer mehr Kroaten, schlossen sich dem »Volksbefreiungskampf« von Titos Partisanen an, deren Ziel eine Neufassung Jugoslawiens war, diesmal auf sozialistischer Grundlage.

Extreme Nationalisten und Vertreter des rechten Flügels der regierenden HDZ sahen zu Beginn der neunziger Jahre im faschistischen »Unabhängigen Staat Kroatien« die Verwirklichung des angeblich jahrhundertealten Wunsches des kroatischen Volkes nach einem eigenen Staat. Sie relativierten die Verbrechen der Ustaša. Für sie war Jugoslawien das größte Übel. Anhänger der Partisanen, bekennende Jugoslawen, Kommunisten und kroatische Serben galten als Feinde. Kroaten hingegen, die sich in der Tradition der Partisanen und des antifaschistischen Befreiungskampfs sahen, betrachteten die Ustaša-Herrschaft als die düsterste Periode der kroatischen Geschichte. Sie neigten dazu, die schweren Verbrechen zu verharmlosen, die Titos Partisanen vor allem gegen Ende des Zweiten Weltkriegs und auch in den ersten Jahren nach der Machtübernahme begangen hatten. Der Rache der Sieger fielen damals Zehntausende zum Opfer. Wer als Feind galt, wurde gnadenlos liquidiert. In dieser Spaltung liegt der Ursprung des ideologisch-politischen Grabens, der Kroatien bis heute durchzieht.

Im sozialistischen Jugoslawien waren die Verbrechen der Partisanen ebenso wie jene, die Titos Geheimdienst und die kommunistische Partei begangen hatten, unter den Teppich gekehrt worden. »Brüderlichkeit und Einheit«, lautete die Parole, mit der die Konflikte zugeschüttet wurden. Am sorgsam gepflegten Gründungsmythos, dem heldenhaften Kampf der Partisanen gegen Faschisten und Nationalisten jeglicher Couleur und für ein sozialistisches Jugoslawien der gleichberechtigten Nationen und Völker, durfte nicht gerüttelt werden. Doch ist Titos Jugoslawien nicht zuletzt daran zerbrochen, dass die im Zweiten Weltkrieg von allen Seiten begangenen Verbrechen nie aufgearbeitet wurden. Die nationalistischen Eliten der neunziger Jahre hatten ein leichtes Spiel, die unverarbeiteten Traumata und die unbewältigten historischen Konflikte für ihre politischen Zwecke zu nutzen. Damals begangenes Unrecht diente als Rechtfertigung für neue Abrechnungen.

Daraus scheinen Politiker, die in den jugoslawischen Nachfolgestaaten den Ton angeben, nichts gelernt zu haben. Auch mehr als ein Vierteljahrhundert nach Ende des serbisch-kroatischen Krieges fehlt in Zagreb wie in Belgrad auf staatlicher Ebene die Bereitschaft zu einer ernsthaften Auseinandersetzung mit den Kriegen der neunziger Jahre und den in jener Zeit verübten Verbrechen. Gerade das aber wäre für eine dauerhafte Normalisierung der bilateralen Beziehungen notwendig. Dass in diesem Bereich wenig geschieht, dürfte auch damit zusammenhängen, dass einflussreiche Akteure der damaligen Zeit noch immer politisch aktiv sind, manche gar in Führungspositionen. Der serbische Staatspräsident Aleksandar Vučić und der Parlamentspräsident Ivica Dačić sind nur zwei Beispiele. Beide sind tief in die Ereignisse der neunziger Jahre verstrickt.

Kriegsverbrecher werden als Helden gefeiert

Die Weigerung, sich ernsthaft und kritisch mit den düsteren Seiten der jüngsten Vergangenheit zu befassen, zeigt sich beispielhaft in den offiziellen kroatischen und serbischen Haltungen zu den Urteilen des Uno-Kriegsverbrechertribunals in Den Haag sowie im Umgang mit jenen Angeklagten, die nach einem Freispruch oder nach Verbüßung der Haftstrafe in ihre Heimat zurückgekehrt sind. Als im November 2012 die beiden kroatischen Generäle Ante Gotovina und Mladen Markač von der Berufungskammer des Tribunals freigesprochen wurden, brach in Kroatien Jubel aus. Noch im April 2011 waren beide vom selben Gericht für schuldig befunden und zu hohen Gefängnisstrafen verurteilt worden. Die Anklageschrift hatte ihnen vorgeworfen, an einem »gemeinsamen kriminellen Unternehmen« *(joint criminal enterprise)* mit Präsident Franjo Tuđman, Verteidigungsminister Gojko Šušak und dem Generalstabschef Janko Bobetko an der Spitze teilgenommen zu haben. Das Ziel habe darin bestanden, die serbische Bevölkerung durch Gewalt oder Androhung von Gewalt aus der Krajina zu vertreiben. Aus der Sicht Kroatiens hat die Anklage mit diesem Urteil den freiwilligen serbischen Exodus als »ethnische Säuberung« gewertet und der Militäraktion jegliche Legitimität abgesprochen. Das aber war für Zagreb unannehmbar. Das kroatische Selbstverständnis wurde durch das Urteil zutiefst erschüttert; die Gesellschaft war aufgewühlt. Für die meisten Kroaten stand das Verdikt in krassem Widerspruch zur eigenen Sichtweise des »Vaterländischen Krieges«. Sie sahen das ganze kroatische Volk an den Pranger gestellt. Die Opfer würden mit den Tätern und die Verteidiger mit den Aggressoren gleichgesetzt, lautete der Tenor. Führende Politiker beteuerten, Kroatien werde mit allen politischen und rechtlichen Mitteln für die »Verteidigung der Wahrheit« kämpfen.

Die Richter der Berufungsinstanz kamen dann, allerdings nur mit einer knappen Mehrheit, zu einem anderen Urteil. Das überraschte auch viele in Kroatien. Es seien zwar im Verlauf der Militäroperation »Oluja« Verbrechen begangen worden, doch bei der Beschießung von Knin und anderen Orten der Krajina – und darauf beschränkte sich die Anklageschrift – habe es sich nicht um einen systematischen Angriff auf zivile Ziele gehandelt, begründeten die Berufungsrichter den Freispruch. Zagreb sah sich in seiner Geschichtsdeutung bestätigt, auch wenn der Freispruch nur bedeutete, dass die Beweise für eine Verurteilung im Zusammenhang mit der Beschießung von Knin nicht ausreichten und Gotovina keine direkte Schuld an der Tötung serbischer Zivilisten nachgewiesen werden konnte. Aus kroatischer Sicht hatte nun auch das Uno-Tribunal den »Vaterländischen Krieg« als legitimen Verteidigungs- und Befreiungskrieg bewertet und damit, wie in Zagreb betont wurde, die kroatische Deutung bestätigt, was allerdings nicht der Fall war. Das Urteil wurde als Verdikt gegen Belgrad interpretiert. Das Uno-Tribunal war über Nacht keine antikroatische politische Institution mehr, sondern ein Ort, an dem kroatische Geschichte geschrieben werde. Gotovina kehrte in einem Regierungsflugzeug nach Zagreb zurück. Auf dem Flughafen wurde er mit Jubel empfangen. In einem Zeitungskommentar hieß es triumphierend, Kroatien stehe nach dem Freispruch als einziger jugoslawischer Nachfolgestaat »völlig rein« da. Nun stehe ein für alle Mal fest: Kroatien habe sich verteidigt, Serbien sei der Aggressor. Nach diesem Urteil sahen viele Kroaten auch keine Veranlassung mehr, sich ernsthaft mit den dunklen Seiten des »Vaterländischen Krieges« zu befassen.

Umgekehrt war die Gemütslage in Serbien. Für die Serben ist Ante Gotovina ein Verbrecher, die Militäraktion »Oluja«, wie bereits gesagt, eine staatlich angeordnete, systematische Vertreibung der serbischen Bevölkerung. Einmal mehr sei Serbien Unrecht widerfahren, lautete der allgemeine Tenor. Viele sahen im Freispruch einen weiteren Beweis dafür, dass das Uno-Tribunal das Ziel verfolge, die Geschichte des Zerfalls Jugoslawiens und der Kriege zuungunsten Serbiens umzuschreiben. Das Tribunal sei, so die übliche Sprachregelung, ein politisches Instrument zur Verurteilung von Serben und damit des ganzen serbischen Volkes. Das Urteil der zweiten Instanz stieß aber auch bei regierungskritischen Menschenrechtsaktivisten auf Kritik. Der Freispruch verstärkte unter ihnen den Eindruck, Serbien werde ungerecht behandelt und für die im serbisch-kroatischen Krieg begangenen Verbrechen allein verantwortlich gemacht.

Doch es dauerte nur wenige Jahre, und die Stimmung in Kroatien kippte erneut. Grund dafür war das im November 2017 in zweiter Instanz bestätigte Urteil gegen sechs Anführer der bosnischen Kroaten, unter ihnen Slobodan Praljak, der bei der Urteilsverkündung vor laufenden Kameras einen Giftbecher trank und kurz danach verstarb. Ihnen waren Kriegsverbrechen in Bosnien zur Last gelegt worden. Es handelte sich nicht um ein Urteil zur Militäraktion »Oluja«, sondern zur Rolle Zagrebs im Bosnienkrieg. Empörung löste vor allem die Tatsache aus, dass im Urteil festgehalten wird, neben den sechs verurteilten bosnischen Kroaten sei auch die kroatische Führung mit Präsident Tuđman an der Spitze Teil eines »gemeinsamen kriminellen Unternehmens« zur Vertreibung der Bosniaken aus überwiegend von Kroaten bewohnten Gebieten Bosnien-Herzegowinas gewesen. Das Ziel habe darin bestanden, diese Regionen an Kroatien anzuschließen. Das aber bedeutet, dass nicht nur die serbische, sondern auch die kroatische Führung eine Mitschuld am Krieg in Bosnien-Herzegowina trägt; nicht nur Belgrad, sondern auch Zagreb unterstützten »ethnische Säuberungen«. Die kroatische Führung war entsetzt und wütend. Das Urteil sei ungerecht, unbegründet, inakzeptabel und widerspreche den Fakten. Auch die bosnischen Kroaten seien Opfer gewesen, keine Aggressoren. Kroatien habe in Bosnien keinen Krieg geführt, sondern geholfen, den Staat gegen den serbischen Aggressor zu verteidigen.

Die Urteile des Haager Uno-Kriegsverbrechertribunals, die sich alle gegen Einzelpersonen richteten, wurden von der staatlichen Propaganda in Kroatien und in Serbien politisch interpretiert und als Verdikt gegen die gesamte Nation dargestellt. Die Tatsache, dass ein Freispruch nicht bedeutete, dass keine Verbrechen begangen worden waren, wurde ausgeblendet. Und dass die Beweise für einen

Schuldspruch nicht ausgereicht hatten, wurde ignoriert. Verurteilte das Tribunal, das 1993 mit seiner Arbeit begann und diese 2017 beendete, einen Serben, feierte Zagreb das Urteil als Sieg seiner Sichtweise auf den Krieg, und Belgrad bezichtigte das Tribunal der Voreingenommenheit und unterstellte ihm, es wolle die Geschichte umschreiben und Serbien und das serbische Volk allein für die Kriegsverbrechen verantwortlich machen. Wurde ein Kroate verurteilt, was seltener der Fall war, triumphierte Belgrad, und Zagreb warf dem Haager Gericht vor, die Wahrheit zu verfälschen.

Verurteilte serbische Kriegsverbrecher, die nach Verbüßung ihrer Haftstrafe in die Heimat zurückkehrten, wurden als Helden gefeiert, die einen wichtigen Beitrag zur »Befreiung des serbischen Volkes« geleistet hätten. Manche sitzen im Parlament, bekleiden öffentliche Ämter, treten an Veranstaltungen auf oder schreiben Memoiren. Dazu zwei Beispiele: Veselin Šljivančanin, Offizier der Jugoslawischen Volksarmee, wurde 2007 vom Uno-Kriegsverbrechertribunal verurteilt. Er gilt als einer der Hauptverantwortlichen für das schwere Verbrechen, das Serben nach der Einnahme von Vukovar im November 1991 auf dem Gelände der nahe gelegenen Farm Ovčara verübt hatten. Dort wurden über zweihundert Kroaten ermordet, die zuvor aus dem Krankenhaus von Vukovar verschleppt worden waren. Das Uno-Tribunal verurteilte Šljivančanin zu einer fünfjährigen Haftstrafe. Die Berufungsinstanz bewertete die Verantwortung des Angeklagten in einem Urteil von 2009 jedoch als bedeutend schwerwiegender und erhöhte die Strafe auf 17 Jahre. Im Dezember 2010 wurde diese Strafe aber von derselben Instanz auf 10 Jahre reduziert. Nach Verbüßung von zwei Dritteln seiner Strafe konnte Šljivančanin 2011 das Gefängnis verlassen. Er kehrte nach Belgrad zurück. Seither tritt er an Veranstaltungen der regierenden Partei von Präsident Vučić auf. Er gibt Interviews in den Medien, in denen er seine Unschuld beteuert. Seine Aufgabe sei es gewesen, so sagte er 2015 der serbischen Zeitung *Telegraf*, die kroatische Blockade der Kaserne der Jugoslawischen Volksarmee in Vukovar zu durchbrechen, alle paramilitärischen Formationen zu entwaffnen und das »unschuldige serbische Volk« zu schützen. Auch behauptete er, kroatische Nationalisten hätten damit begonnen, systematisch serbische Bewohner zu töten. Er bereue nicht, was er getan habe, und er würde heute wieder genauso handeln, hatte er bereits im November 2012 gesagt. Im selben Jahr erschien in Belgrad sein Buch unter dem Titel *Branio sam istinu – 2450 dana u Hagu* (»Ich habe die Wahrheit verteidigt – 2450 Tage in Den Haag«), in dem er seine Unschuld beteuert und sich als Opfer der westlichen Justiz hinstellt.

Auch Nebojša Pavković, ein serbischer Exgeneral, schrieb Memoiren, die das serbische Verteidigungsministerium an der Belgrader Buchmesse im Oktober 2019 dem Publikum vorstellte. Anwesend waren neben dem Autor auch zwei andere wegen Kriegsverbrechen verurteilte Serben. Einer von ihnen, Vladimir Lazarević, ebenfalls ein Exgeneral, hielt nach der Verbüßung seiner Haftstrafe an der Belgrader Militärakademie Vorlesungen. Pavković war im Januar 2014 vom Uno-Tribunal wegen Kriegsverbrechen in Kosovo zu einer Gefängnisstrafe von 22 Jahren verurteilt worden, die er in Finnland absitzt. Der Titel seines Buches lautet: *Miris baruta i smrti na Kosovu i Metohiji 1998 godine* (»Der Geruch von Pulver und Tod in Kosovo und Metohija 1998«). Es erschien im Verlag des Verteidigungsministeriums in einer Serie mit dem Namen *Ratnik* (Krieger). Zu den Protesten serbischer Menschenrechtsorganisationen, die das als eine Verhöhnung der Opfer und eine Rehabilitierung verurteilter Kriegsverbrecher bezeichnen, meinte das Verteidigungsministerium lediglich: »Wir sehen keinen einzigen Grund, weshalb wir uns wegen des Kampfes unseres Volkes und wegen jener, die diesen Kampf angeführt haben, schämen sollen.« Das Buch diene der Wahrheitsfindung. »Serbien wird sich nie von seinen Kriegsgenerälen abwenden«, erklärte der damalige Verteidigungsminister Aleksandar Vulin. Er ist der heutige Innenminister.

Zwar war das öffentliche Interesse an den Prozessen vor dem Haager Uno-Tribunal in Serbien und in Kroatien gering. Sie fanden weit entfernt in einem fremden Land statt. Die Menschen hatten andere Sorgen. Kaum jemand verfolgte die Übertragungen der Verfahren auf der Website des Gerichts. Doch sind die umfassend begründeten Urteile, die Zeugenaussagen, die Millionen von Dokumenten eine Fundgrube für jeden, der wissen will, was in den Zerfallskriegen geschah. Das Tribunal leistete einen enormen Beitrag zur Aufarbeitung der Kriege der neunziger Jahre. Die Fakten liegen seither auf dem Tisch. Opfermythen erweisen sich als Lügengebilde. Die Verbrechen sind dokumentiert, und das Material ist öffentlich zugänglich. Allerdings sind die juristischen Verfahren kein Ersatz für die politische und gesellschaftliche Auseinandersetzung mit den Kriegen und den Kriegsverbrechen. Das muss in den betroffenen Ländern geleistet werden. Doch war Den Haag der einzige Ort, wo die begangenen Verbrechen – bei allen Mängeln und trotz einigen unverständlichen, auch unter den Haager Richtern umstrittenen Urteilen – in umfassender Weise juristisch aufgearbeitet wurden.

Im Gegensatz zu vielen Politikern, die verkünden, man solle in die Zukunft blicken, statt in der Vergangenheit zu wühlen und alte Wunden aufzureißen, befassen sich viele Organisationen der Bürgergesellschaft in Kroatien und in Serbien intensiv mit den Zerfallskriegen und den Verbrechen, die damals von allen beteiligten Parteien begangen wurden. Auch arbeiten sie über die Landesgrenzen hinweg eng zusammen. Sie verlangen die Anerkennung aller Opfer und ein Ende der politischen Manipulationen mit Toten, Zahlen und Fakten. Sie setzen sich für eine tolerantere Geschichts- und Gedenkpolitik ein, ebenso für eine Aussöhnung und gutnachbarschaftliche Beziehungen zwischen Serbien und Kroatien, deren Bevölkerung jahrzehntelang im selben Staat gelebt hat, wenn auch nicht immer konfliktfrei. Doch ihr Einfluss auf die Gesellschaft ist beschränkt. Er reicht kaum über die proeuropäische, gebildete Mittelschicht in den großen Städten und damit über einen Kreis von Gleichgesinnten hinaus. Die Basis ist zu schmal, als dass sich in der Gesellschaft ein Bewusstsein für begangenes Unrecht entwickeln könnte. Das gilt für Kroatien wie für Serbien.

Einseitige Sichtweisen in den Schulbüchern

Die unterschiedlichen serbischen und kroatischen Sichtweisen der Ereignisse der neunziger Jahre schlagen sich auch in den Lehrmitteln für das Fach Geschichte nieder. Die Darstellung entspricht in weiten Teilen dem staatlichen Narrativ. Und so werden, in Kroatien und in Serbien, aber auch in Bosnien und in Kosovo, weiterhin ethnozentrierte Geschichtsbilder an die nachwachsenden Generationen weitergegeben. In Serbien wurden 1993, also mitten im Krieg, neue Lehrbücher für Geschichte eingeführt, welche die aus jugoslawischer Zeit ersetzten. In ihnen stehen die Legitimierung und die Rechtfertigung der nationalistischen Politik Belgrads im Vordergrund. Es dreht sich alles um Serbien, um die bedrohte serbische Nation, der einmal mehr Unrecht geschehe und die sich verteidigen müsse. Kroatien gilt als Feind, die Beziehungen zwischen Serbien und Kroatien werden als Abfolge von Konflikten beschrieben. Der Krieg sei, so wird suggeriert, unvermeidbar gewesen. Nach dem Sturz von Slobodan Milošević im Jahre 2000 wurden die Lehrbücher für Geschichte den veränderten politischen Umständen angepasst.

Dubravka Stojanović ist Professorin für Geschichte an der Universität Belgrad. Sie befasst sich seit vielen Jahren mit der Analyse von Lehrbüchern für das Fach Geschichte und der Anwendung moderner Unterrichtsmethoden. Ihrer Meinung nach sind die neuen Lehrmittel besser und ausgewogener als die der neunziger Jahre. Auch sei die Sprache nüchterner geworden. Zudem könnten die Lehrerinnen und Lehrer seit 2010 zwischen verschiedenen Lehrbüchern wählen. Doch bei der Behandlung von Ereignissen, die für die eigene Nation heikel seien, habe sich nicht viel geändert. Dominierend sei noch immer der ethnozentrische Blickwinkel. Die Serben würden vor allem als Opfer präsentiert, denen der Krieg aufgezwungen worden sei. Es würden Fakten und Ereignisse herausgepickt, die in das staatliche Narrativ passten. Was der offiziellen Sichtweise widerspreche, werde oft weggelassen. Das Fazit von Stojanović ist ernüchternd. Der Geschichtsunterricht habe weniger eine erzieherische als vielmehr eine ideologische Funktion. Er stehe im Dienst der Formung der nationalen Identität. Geschichte sei kein gewöhnliches Fach, sondern eines mit einer politischen Mission.

Wenn in den serbischen Schulbüchern von serbischen Verbrechen die Rede ist, werden sie meist in eine Reihe mit Gräueltaten der anderen gestellt und auf diese Weise relativiert. Auch begnügt man sich oft mit einem einzigen Satz. Es wird nicht gesagt, was genau geschah, wer die Täter und wer die Opfer waren, wie viele Menschen umgebracht wurden, welches die Hintergründe und die Umstände waren, warum es zu einem Verbrechen gekommen war und wer dafür verantwortlich ist. Es fehlt der historische und politische Kontext und damit eine Einordnung des Geschehens. Wenn Vukovar erwähnt wird, heißt es etwa: »Es fanden heftige Kämpfe statt.« Das ist alles. Kein Wort darüber, wer die Stadt zerstört hat, wer gegen wen gekämpft hat, warum es so weit gekommen ist. In einem serbischen Lehrmittel für das Fach Neue Geschichte steht: »Während der Kämpfe in Vukovar und Umgebung wurden Kriegsverbrechen an der Zivilbevölkerung begangen.« Weitere Erläuterungen gibt es nicht, etwa wer diese an wem begangen hat, wie viele Menschen getötet wurden und wer sie waren. Die Schüler in Serbien erfahren auch nichts davon, dass Serben nach der Eroberung von Vukovar mehr als zweihundert aus dem Krankenhaus verschleppte Kroaten ermordeten. Obwohl Jugoslawien formell noch existierte und die Jugoslawische Volksarmee, deren Oberkommandierender der Präsident Jugoslawiens war, die Stadt drei Monate lang belagerte und beschoss, wird in Serbien offiziell bis heute so getan, als ob Belgrad mit all dem nichts zu tun gehabt hätte.

Und wie sieht es auf der kroatischen Seite aus? Die in den frühen neunziger Jahren verwendeten Lehrbücher waren ethnozentrisch. Die Geschichte wird aus dem jugoslawischen Kontext gelöst, Kroatien und die kroatische Nation rücken ins Zentrum. Die Sprache ist emotional, die Rhetorik nationalistisch. Vermittelt wird die Sichtweise der neuen Elite. So geht es etwa darum, den Nachweis zu erbringen, dass Kroatien ein historisches Recht auf einen eigenen Staat habe. In dem Maße aber, wie in der zweiten Hälfe der neunziger Jahre die Kritik an der autoritären Politik Tuđmans und an der Rolle Zagrebs im Bosnienkrieg zunahm, mehrten sich auch die Zweifel an den Schulbüchern. Es kam zu Debatten darüber, wie der jüngste Krieg dargestellt werden solle. Die Fragen, die sich aufdrängten, lauteten: Bilden die in der »Erklärung über den Vaterländischen Krieg« verankerten Prinzipien die Eckpfeiler, an die man sich halten muss? Soll man sich im Unterricht lediglich auf Fakten beschränken, oder soll das Geschehen eingeordnet und interpretiert werden? Sollen die Schüler zu kritischem Denken erzogen werden, oder gilt es, die offizielle Sichtweise zu vermitteln, um so den Patriotismus und die politische Loyalität zu stärken? Soll den serbischen Schülerinnen und Schülern in Kroatien neben der kroatischen auch die serbische Version präsentiert werden und damit die Sichtweise eines fremden Staates, die noch dazu als falsch gilt? Wie kann man verhindern, dass der Geschichtsunterricht zu einem politischen Kampffeld wird?

Die Politik der Annäherung Kroatiens an die EU beschleunigte den Prozess der Modernisierung der Lehrbücher für das Fach Geschichte. Sie mussten an europäische Standards angepasst werden. So erschienen nach 2000 einige Lehrmittel, die Änderungen an der bisherigen Darstellung aufweisen. Der serbisch-kroatische Krieg wird differenzierter betrachtet, von Kroaten begangene Verbrechen werden meist zumindest erwähnt. Einige neue Lehrbücher gehen sogar weit über das hinaus, was bisher als zumutbar galt. Ein Beispiel dafür ist die 2005 fertiggestellte *Ergänzung zu den Lehrbüchern für die neueste Geschichte*, verfasst von Snježana Koren, Magdalena Najbar-Agičić and Tvrtko Jakovina.

Anfang 1998 endete die Uno-Übergangsverwaltung in Ostslawonien. Zuvor war beschlossen worden, die kroatischen und die serbischen Schülerinnen und Schüler nach der Wiedereingliederung in den kroatischen Staat auf allen Stufen getrennt zu unterrichten und in den Klassen mit serbischer Unterrichtssprache den »Vaterländischen Krieg« während fünf Jahren nicht zu behandeln. Dieses Moratorium endete mit dem Schuljahr 2002/03. Damit stellte sich die Frage, wie in den serbischen Klassen die jüngste Geschichte präsentiert werden solle. Die politischen Vertreter der serbischen Minderheit lehnten die bestehenden Lehrmittel als einseitig ab. Das Bildungsministerium setzte eine Kommission ein, der Lehrer, Historiker, Vertreter der zuständigen Ministerien und der serbischen Minderheit angehörten. Das Gremium empfahl, das Unterrichtsmaterial zu ergänzen. So entstand die *Ergänzung*. Das Handbuch sollte jedoch, anders als ursprünglich geplant, nicht nur in den Klassen mit serbischer Sprache in Ostslawonien verwendet werden, sondern in allen Schulen in ganz Kroatien.

Das neue Lehrmittel war vor allem deshalb bemerkenswert, weil sich die Autoren auf unterschiedliche Quellen berufen und kontroverse Ereignisse aus verschiedenen Perspektiven beschreiben, auch aus der serbischen. Sie hatten sich zum Ziel gesetzt, den Geschichtsunterricht zu entpolitisieren. Die Schülerinnen und Schüler sollen über die Gründe der unterschiedlichen Sichtweisen nachdenken. Im Lehrbuch wird zudem erwähnt, dass unter der autoritären Herrschaft von Präsident Tuđman die Medienfreiheit eingeschränkt und Menschenrechte verletzt wurden. Unter diesen Umständen seien der Ausbau des Rechtsstaates und die Entwicklung einer Bürgergesellschaft kaum vorangekommen. Auch werden die Verbrechen erwähnt, die Kroaten nach der Militäroperation »Oluja« an serbischen Zivilisten begingen. Hingewiesen wird zudem auf die ungenügende juristische Aufarbeitung dieser Kriegsverbrechen.

Das ging vielen Kroaten zu weit. Das Lehrbuch sorgte vor allem im nationalkonservativen Lager noch vor seiner Veröffentlichung für Aufregung. Die emotional geführte Debatte entzündete sich unter anderem an zwei Fotos, die auf derselben Seite abgedruckt sind. Auf dem einen Bild ist zu sehen, wie Bewohner Zagrebs kroatische Soldaten, die nach dem Ende von »Oluja« im August 1995 heimkehren, jubelnd begrüßen. Das andere Bild zeigt kroatische Serben, die in langen Kolonnen die Krajina verlassen. Die eine

Legende lautet: »Empfang kroatischer Soldaten nach Oluja in Zagreb«, die andere: »Die serbische Bevölkerung verlässt nach Oluja Kroatien.« Bewusst wurde der unverfängliche Begriff »verlassen« gewählt, die Worte »fliehen« oder »vertreiben« kommen nicht vor. Triumphierenden kroatischen Soldaten werden serbische Zivilisten gegenübergestellt, die durch die Militäroperation alles verloren, ihren Besitz, ihre Wohnungen, ihre Häuser, ihre Heimat. Die Schülerinnen und Schüler werden in einem danebenstehenden Text aufgefordert, ihre Aufmerksamkeit auf die Bilder zu lenken. Die beiden Fotos erzählten, so schreiben die Verfasser, unterschiedliche Geschichten über die Folgen von »Oluja«. Das eine Foto handle von einem Sieg, das andere von einer Tragödie. Ähnliche Bilder habe man auch zu Beginn des Krieges sehen können, nur seien die Rollen vertauscht gewesen. Damals flohen Kroaten, und Serben triumphierten. Wenn nur eines der beiden Fotos verwendet werde, so heißt es im Text weiter, entstehe ein einseitiges Bild des Ereignisses: »Zusammen aber zeigen die beiden Quellen die Komplexität jeder historischen Erzählung.«

Vom Ministerium genehmigte Lehrmittel müssten den kroatischen Standpunkt wiedergeben und dürften nicht die »historische Wahrheit über die serbische Aggression« verfälschen, betonten Kritiker, welche die »Erklärung über den Vaterländischen Krieg« für die alleinige Richtschnur halten. Es sei inakzeptabel, wenn die serbische Aggression als Bürgerkrieg hingestellt werde und die Angreifer und die Verteidiger auf die gleiche Stufe gestellt würden. Wieso sie meinten, dass mit diesen beiden Fotos Täter und Opfer gleichgestellt und Serben und Kroaten in gleicher Weise für den Krieg und die Verbrechen verantwortlich gemacht werden, erklärten die selbsternannten Verteidiger der »Würde und Werte« des »Vaterländischen Krieges« nicht. Ein multiperspektivischer Zugang ist in ihrer Sicht immer tendenziös, pseudowissenschaftlich, antikroatisch, relativierend und widerspricht der vom Parlament verabschiedeten Erklärung über den Charakter des Krieges. Für die Verfechter dieser Position gibt es nur eine einzige Wahrheit. Die

Aufgabe der Verfasser von Lehrbüchern bestehe darin, so sagen sie, der kroatischen Jugend die Verwerflichkeit der großserbischen Politik zu zeigen. Die Geschichte müsse »richtig« interpretiert werden. Missfallen erregten auch die »neutrale« Sprache, der weitgehende Verzicht auf belastete Begriffe wie »Befreiung«, »Aggression«, »Okkupation«, »Verteidiger«, »Aggressor«. Auch muss nach Ansicht der Kritiker explizit gesagt werden, dass die Serben auf Anordnung der eigenen Führung die Krajina verlassen hätten, und dies vor der Ankunft der kroatischen Truppen. Jede Formulierung, aus der man den Schluss ziehen könne, die Serben seien vertrieben worden, sei unannehmbar. Aufgrund der heftigen Kritik zog das Bildungsministerium die *Ergänzung zu den Lehrbüchern für die neueste Geschichte* zurück.

Offensichtlich war die Zeit für ein multiperspektivisches Vorgehen noch nicht reif. Zwei Jahre später erschienen neue Lehrbücher. Einige von ihnen beleuchteten die Ereignisse ebenfalls aus verschiedenen Blickwinkeln und verzichteten auf die Verwendung belasteter Begriffe. Die Vorwürfe kroatischer Nationalisten waren dieselben wie zwei Jahre zuvor, doch diesmal wurden die Lehrbücher nicht mehr zurückgezogen. Im Jahre 2013, als Kroatien in die EU aufgenommen wurde, hatten die Geschichtslehrer die Wahl zwischen vier unterschiedlichen Büchern. Es gibt Verbesserungen in der Darstellungsweise und Bemühungen um mehr Ausgewogenheit. Doch werden serbische Opfer nach wie vor meist nur am Rande erwähnt; in den serbischen Lehrbüchern ist das umgekehrt nicht anders. Wenn serbische Opfer in den kroatischen Lehrmitteln erwähnt werden, geschieht dies oft in allgemeiner Form, ohne dass ausgesprochen wird, wer die Täter waren, wie viele Personen getötet wurden oder welches die Umstände oder die Hintergründe des Verbrechens waren. Es fehlt auch hier der Kontext. Manchmal ist die Rede von »Fällen verbrecherischen Verhaltens«. Und wieder wird suggeriert, dass die Staatsführung nichts damit zu tun gehabt habe. Oft wird, sowohl in kroatischen als auch in serbischen Lehrmitteln, die Formulierung verwendet: »Und dann brach der Krieg aus«, als ob Jugoslawien über Nacht von einer Naturkatastrophe heimgesucht worden wäre, gegen welche die damaligen politischen Akteure nichts hätten ausrichten können.

In einem 2012 veröffentlichten Handbuch zur Vorbereitung auf das Abitur, das 2019 noch immer verwendet wurde, wird der »Vaterländische Krieg« auf einer einzigen Seite abgehandelt. Im Text sind, ähnlich wie in der *Ergänzung zu den Lehrbüchern für die neueste Geschichte*, auch »negative Erscheinungen« zur Zeit der Herrschaft Tuđmans erwähnt. Exilkroaten mit »extremistischen Ansichten« seien zu Beginn der neunziger Jahre aus ihrem Exil nach Kroatien zurückgekehrt. Es habe damals Versuche zur Rehabilitierung des faschistischen Ustaša-Staats im Zweiten Weltkrieg gegeben. Menschenrechtsverletzungen sind erwähnt, etwa die ungerechtfertigte Entlassung von Serben oder die rechtswidrige Beschlagnahmung serbischen Eigentums. Im Text wird die Herrschaft Tuđmans als autoritär bezeichnet; von Druck auf die Presse und auf die Opposition ist die Rede. Während der Militäraktion »Oluja« habe die Mehrheit der serbischen Zivilisten ihre Häuser verlassen, trotz den Aufrufen Tuđmans, in Kroatien zu bleiben. Hinzugefügt wird allerdings, und das wäre in den neunziger Jahren undenkbar gewesen, dass sie Angst um ihr Leben gehabt hätten. Von kroatischen Verbrechen an zurückgebliebenen Serben ist allerdings nirgends die Rede. Abschließend heißt es lakonisch: »Die Frage der Rückkehr ist noch immer nicht vollständig geklärt.« Es wird aber nichts darüber gesagt, warum das so ist.

Natürlich hängt sowohl in Kroatien als auch in Serbien vieles davon ab, wie die Geschichtslehrer den Unterricht gestalten. Auf beiden Seiten beklagen sich Lehrerinnen und Lehrer, dass bei den Schulabgängern die Kenntnisse über den Zerfall Jugoslawiens und die Kriege der neunziger Jahre ungenügend seien. Sie nennen verschiedene Gründe für diesen Missstand: Die Lehrpläne seien überladen; für die jüngste Geschichte, die erst ganz am Ende des entsprechenden Schuljahres behandelt werde, bleibe kaum noch Zeit. Manchen Lehrern fehle die Motivation, sich mit kontroversen und heiklen Themen zu befassen, an denen man sich die Finger verbrennen könne. Auch seien sie dafür zu wenig ausgebildet. Der Behandlung der Kriege werde deshalb zu wenig Platz eingeräumt, die Ereignisse würden, wenn überhaupt, nur an der Oberfläche gestreift. Es fehle jegliche Vertiefung des Stoffes. Das dürfte in Kroatien bald anders werden. Dem »Vaterländischen Krieg« soll mehr Gewicht beigemessen werden. Ob sich dabei auch die Vorgehensweise und die Unterrichtsmethoden ändern, ist eine andere Frage.

Nebojša Petrović, der an der Universität Belgrad lehrt und Studien über die sozialpsychologischen Voraussetzungen der Aussöhnung zwischen Serben, Kroaten und Bosniaken verfasst hat, verweist in einem Gespräch in Belgrad im Oktober 2019 auf ein weit verbreitetes Desinteresse der serbischen Schüler und Schülerinnen am Fach Geschichte, vor allem wenn es um Jugoslawien und die Kriege der neunziger Jahre geht. Sie hätten keine eigenen Erinnerungen an jene Zeit, und sie wollten nichts davon wissen: »Der Krieg verliert immer mehr an Bedeutung.« Man könne nicht erwarten, so meint Petrović, dass sie sich dafür interessierten, was die andere Seite über die damaligen Kriege denke, wenn die eigene Regierung der Meinung sei, Belgrad habe damit nichts zu tun gehabt. Was in Vukovar, in Srebrenica oder in Sarajevo geschah, ist für die meisten Serben kein Thema. Auch diejenigen, so sagt Petrović, die mit anderen Sichtweisen vertraut seien, hielten sich, wenn es darauf ankomme, an das eigene nationale Narrativ. Die Kriege der neunziger Jahre seien für die junge Generation weit weg. Heute stünden existenzielle Probleme im Vordergrund. Doch er unterstreicht die Notwendigkeit einer ausgewogenen Darstellung kontroverser Ereignisse im Geschichtsunterricht. Nur so könne man verhindern, dass die »Köpfe der jungen Menschen vergiftet werden«. Angesichts der verbreiteten Gleichgültigkeit erstaunt es nicht, dass laut den Ergebnissen einer 2019 in Serbien bei Jugendlichen durchgeführten Umfrage mehr als 70 Prozent der Befragten erklärten, sie wüssten nicht, dass Vukovar 1991 von der Jugoslawischen Volksarmee und serbischen Milizen zerstört wurde und dass bosnisch-serbische Truppen mehr als drei Jahre lang Sarajevo von den Hügeln herab beschossen. Das ist ein trauriger Befund.

Der multiperspektivische Ansatz

Anregungen für eine Verbesserung des Geschichtsunterrichts und eine kritische Auseinandersetzung mit der jüngsten Vergangenheit kommen in Serbien und in Kroatien vor allem von Nichtregierungsorganisationen, von einheimischen und ausländischen. Auf welche Hindernisse solche Bemühungen stoßen, zeigt der Umgang mit dem 1999 lancierten »Joint History Project« des Center for Democracy and Reconciliation in Southeastern Europe (CDRSEE) in Thessaloniki. Im Rahmen dieses Programms sind sechs Handbücher für Geschichte erschienen: *The Ottoman Empire; Nations and States in Southeastern Europe; The Balkan Wars; The Second World War; The Cold War 1944–1990 und Wars, Divisions, Integration (1990–2008).* Sie sind als ergänzende Arbeitsbücher für Geschichtslehrer in den Balkanstaaten gedacht, geschrieben von Historikerinnen und Historikern aus allen Ländern der Region. Sie enthalten eine Fülle von Material und stellen hohe Anforderungen an Lehrerinnen und Lehrer. Die auf Englisch erschienenen Bände wurden in die meisten Sprachen des Balkans übersetzt.

Die Initiatoren dieses grenzüberschreitenden Projekts hatten sich das Ziel gesetzt, die überall auf dem Balkan noch immer, mehr oder weniger ausgeprägt, auf die eigene Nation fokussierte Darstellung der Geschichte durch einen multiperspektivischen Zugang zu erweitern. Kontroverse Ereignisse werden aus unterschiedlichen Perspektiven beleuchtet. Die Unterschiede sollen nicht verwischt, sondern im Gegenteil anhand von Quellen und Dokumenten verschiedener Herkunft selbst thematisiert werden. Lehrer und Schüler müssen sich mit divergierenden, oft unvereinbaren Interpretationen desselben Ereignisses auseinandersetzen. Ergänzt wird die Darstellung durch kurze Erklärungen und Fragen, welche die Schülerinnen und Schüler dazu anregen sollen, über die unterschiedlichen Interpretationen nachzudenken, über die politischen Ziele, die damit verfolgt werden, und auch darüber, wie Geschichte konstruiert wird und warum dies geschieht. Auf diese Weise soll der Geschichtsunterricht entpolitisiert werden und ein kritisches historisches Denken fördern.

Für unseren Zusammenhang ist der sechste, 2016 erschienene Band von besonderem Interesse. Er befasst sich vor allem mit dem Zerfall Jugoslawiens und den Kriegen der neunziger Jahre. Was zunächst auffällt, ist die wohltuend nüchterne und sachliche Sprache. Zum serbisch-kroatischen Krieg heißt es sinngemäß: Im August 1995 endete der Krieg mit Serbien, als Knin, die Hauptstadt der »Republik Serbische Krajina«, von kroatischen Truppen eingenommen wurde. Die Kroaten nennen die Offensive »Befreiung«, die Serben »Fall von Knin«. Die Folge der militärischen Operation war ein Massenexodus der Serben, genannt wird eine Zahl von 200 000. Viele Häuser wurden angezündet, mehrere Hundert Serben von Kroaten getötet. Beide Seiten führten brutale ethnische Vertreibungen durch und begingen zahlreiche Kriegsverbrechen. Im serbisch-kroatischen Krieg von 1991 bis 1995 wurden Hunderttausende Personen gezwungen, ihre Häuser zu verlassen. Viele kamen ums Leben, zahlreiche Häuser wurden zerstört. Auf der kroatischen Seite erreichte die Fluchtwelle 1991 ihren Höhepunkt, auf der serbischen 1995 nach der Operation »Oluja«. An einer Stelle steht: »Während der jugoslawischen Kriege von 1991 bis 2001 wurden zahlreiche Verbrechen begangen. Es wurde gemordet und gefoltert. Alle Seiten waren in ethnische Säuberungen und in die Schaffung ethnisch homogener Territorien involviert. Damit wurden die Zivilisten zur primären Zielscheibe der Gewalt.«

Im nationalistischen und nationalkonservativen Lager in Kroatien herrschte nach der Veröffentlichung erneut große Aufregung. Vor allem die Feststellung, beide Seiten hätten »ethnische Säuberungen« durchgeführt und Kriegsverbrechen begangen, stieß auf heftige Ablehnung. Die Kritik lautete, es werde kein Unterschied zwischen den kroatischen Opfern und den serbischen Tätern gemacht. Das erwecke den Eindruck, beide Seiten seien in gleicher Weise für die Verbrechen verantwortlich. Der Weg zur Versöhnung führe aber nicht über die Relativierung historischer Tatsachen, sondern nur über deren Anerkennung. Bedauert wurde die Mitwirkung kroatischer Historiker am »Joint History Project«. Den Kritikern missfiel auch die nüchterne, »neutrale« Sprache. Die Ereignisse müssten beim richtigen Namen genannt werden, nämlich »Okkupation«, »Befreiung«, »serbische Aggression«. Sie zählten eine lange Reihe von Fehlern, unhaltbaren Behauptungen sowie falschen, ungenauen, irreführenden und in manchen Fällen auch, wie sie meinten, skandalösen Angaben auf. Multiperspektivisches Vorgehen wurde, wie in nationalistischen Kreisen üblich, mit unzulässiger Relativierung gleichgesetzt.

Der multiperspektivische Ansatz im Buch *Wars, Divisions, Integration (1990–2008)* soll an einem Beispiel veranschaulicht werden. Bei der Beschreibung des Falls der Stadt Vukovar am 18. November 1991 – davon war bereits ausführlich die Rede – werden drei Dokumente abgedruckt. Der erste Text besteht aus Auszügen aus einem am 20. November 1991 in der serbischen Zeitung *Politika* veröffentlichten Artikel. Darin kommt die staatliche serbische Sichtweise zum Ausdruck. Im Text steht, Vukovar sei nach dreimonatigen Kämpfen »endlich wieder frei«. Etwa 5000 Personen seien aus der Stadt evakuiert worden. Weiter heißt es, dass sich praktisch alle kroatischen Soldaten der Jugoslawischen Volksarmee ergeben hätten. Es findet sich kein Wort darüber, dass viele Kroaten nach Serbien verschleppt, manche auch getötet wurden.

Die kroatische Perspektive veranschaulicht ein am 21. November 1991 in der Zagreber Zeitung *Vijesnik* veröffentlichter Beitrag mit dem Titel *Wer manipuliert die Tragödie von Vukovar?* Darin wird berichtet, nach dem Fall der Stadt seien Tausende von Zivilisten gezwungen worden, in Busse zu steigen. Diese seien noch immer unterwegs. Auch würden Zivilisten in der Stadt getötet. Weiter wird die katastrophale Lage im Krankenhaus in den letzten vierzig Tagen beschrieben. Rund sechshundert Verwundete befänden sich im

Keller, ohne wirkliche medizinische Hilfe. Ein Vertreter des IKRK habe damit begonnen, eine Liste mit den Namen der Verwundeten und Kranken zusammenzustellen, die evakuiert werden sollten. Doch seien Soldaten der Jugoslawischen Volksarmee entgegen internationalen Regeln in das Krankenhaus eingedrungen und hätten die Kontrolle übernommen. Die Evakuierung sei auf den folgenden Tag verschoben worden mit der Begründung, zuerst müssten alle Zivilisten, die im Gebäude Zuflucht gesucht hätten, überprüft werden. Wer aktiv an den Kämpfen teilgenommen habe, dürfe Vukovar nicht verlassen. Als Drittes werden die Ereignisse aus der Perspektive der damaligen serbischen Opposition beschrieben. Zitiert wird Vuk Drašković. Er könne zum Sieg in Vukovar, den das von der »Kriegspropaganda betäubte Serbien« euphorisch feiere, nicht gratulieren, schrieb der damalige Oppositionsführer am 28. November, und bezeichnete Vukovar als »Hiroshima des kroatischen und serbischen Irrsinns«.

Zwar werden in Serbien Seminare abgehalten, in denen Lehrer mit der multiperspektivischen Darstellungsweise vertraut gemacht werden. Auch ist der sechste Band, der sich mit den Kriegen der neunziger Jahre befasst, ins Serbische übersetzt worden. Doch in Fachkreisen ist die Ansicht verbreitet, dass sich dies kaum auf den Unterricht auswirke. Aleksandar Todosijević, ein Geschichtslehrer, der sich für die Verbreitung neuer Unterrichtsmethoden engagiert, ist ein Verfechter des multiperspektivischen Vorgehens. Trotz allen Bemühungen, so erklärt er in einem Gespräch im Oktober 2019 in Belgrad, unterrichteten die meisten Lehrer nach wie vor nach traditionellen Methoden. Die Unsicherheit sei groß, und so umgingen viele die politisch heiklen Kriegsthemen, zumal das Interesse auch bei den Schülerinnen und Schülern gering sei und offiziell noch immer so getan werde, als hätten die Kriege weit entfernt in fremden Ländern stattgefunden. Gleichzeitig ist Todosijević aber davon überzeugt, wie wichtig es sei, ein kritisches historisches Denken zu fördern. Eine zentrale Aufgabe der Historiker und Historikerinnen sieht er darin, der verbreiteten Verfälschung der Geschichte entgegenzutreten. Nur so könne verhindert werden, dass die Geschichtsbücher als Instrument der politischen Abrechnung und zu Propagandazwecken missbraucht würden.

Die offiziellen Sichtweisen gehen so weit auseinander, dass eine Annäherung auf absehbare Zeit als unmöglich erscheint. Was für die einen unumstößliche Fakten sind, bewerten die anderen als Lügen und politische Propaganda, oder wie ein Lehrer in Belgrad sagte: »Wir haben unsere Wahrheit, sie haben ihre Wahrheit.« Umso wichtiger wären aber Geschichtslehrbücher mit einem multiperspektivischen Ansatz. Notwendig wäre eine Auseinandersetzung mit den verschiedenen Interpretationen, die Serben und Kroaten trennen, die Gräben in der Gesellschaft vertiefen und die bilateralen Beziehungen belasten. Politische Konflikte entzünden sich oft an divergierenden historischen Einschätzungen. Der Zagreber Politologe Dejan Jović spricht von einem »Krieg um die Interpretation des Krieges«, Dubravka Stojanović von einer Fortsetzung des Krieges mit anderen Mitteln und von einem »Krieg der Erinnerung«.

Beide gehören, zusammen mit anderen führenden Historikerinnen und Politologen aus den Ländern des ehemaligen Jugoslawiens, zu den Unterzeichnern einer im Juni 2020 veröffentlichten Erklärung unter dem Titel: »Wir verteidigen die Geschichte«. Sie fordern zu einer verantwortungsvollen Geschichtspolitik auf, zu einer Beendigung der Verzerrung der Vergangenheit. Geschichte dürfe nicht zu politischen Zwecken missbraucht werden. Sie kritisieren die überzogene Kultivierung der Opferrolle der eigenen Nation nach dem Motto »Wir sind die Opfer, die anderen sind an allem schuld«. Gedenktage dienten der nationalen Mobilisierung und der Festigung der autoritären Herrschaft. Politikerinnen und Politiker werden in der Erklärung dazu aufgerufen, sich nicht auf Historiker, Intellektuelle und Interessengruppen zu berufen, die Hass schürten. Die Unterzeichner fordern, sich im Umgang mit kontroversen Themen an die Fakten und wissenschaftlichen Methoden zu halten und auch Interpretationen zur Kenntnis zu nehmen, die nicht in das eigene Konzept passten. An die Parlamente ergeht der Appell, keine Deklarationen oder Gesetze zu verabschieden, in denen festgelegt werde, wie historische Ereignisse zu interpretieren seien. Das sei nicht Aufgabe des Staates und seiner Organe.

Obsessive Geschichtspolitik in Ungarn und Polen

Nicht nur in Kroatien und in Serbien wird die Geschichte zu politischen Zwecken missbraucht und von Politikern und Historikern zurechtgebogen. Auch in anderen Teilen Europas propagieren vor allem nationalkonservative und rechtsnationale Parteien einen ethnisch definierten Nationalismus und pflegen einen penetranten Opfermythos, der dem kroatischen und serbischen in nichts nachsteht. Auch anderswo scheuen Politiker nicht davor zurück, im öffentlichen Diskurs eine gehässige, aggressive und polarisierende Sprache zu verwenden, ohne zu bedenken, was Wörter und Begriffe in einer Zeit der Verunsicherung und der Umbrüche in der Gesellschaft auslösen können. Beispiele für eine selektive und einseitige Geschichts- und Erinnerungspolitik sind unter anderem Polen und Ungarn, wo rechtsnationale Parteien, anders als in Westeuropa, an der Macht sind: in Warschau die Partei Recht und Gerechtigkeit (PiS) von Jarosław Kaczyński, die seit dem Wahlsieg von 2015 in einer Koalition mit anderen rechten Gruppierungen regiert; in Ungarn der Fidesz von Viktor Orbán, der seit 2010 das Land beherrscht. Beide grenzen sich von der angeblich in Westeuropa dominierenden linksliberalen Ideologie ab und tragen den Patriotismus wie eine Monstranz vor sich her. Doch schrecken beide nicht davor zurück, zur Festigung ihrer Macht den Rechtsstaat zu unterhöhlen.

Orbáns selektives Geschichtsbild und seine paternalistische Geisteshaltung kommen beispielhaft in der Präambel der Verfassung vom April 2011 zum Ausdruck. Sie ist in einer schwülstigen, emotional aufgeladenen Sprache geschrieben und wurde im Eiltempo vom Parlament verabschiedet. Die Präambel trägt die bezeichnende Überschrift »Nationales Bekenntnis«. Subjekt der Verfassung sind nicht die Bürgerinnen und Bürger. Diese Rolle fällt vielmehr der – ethnisch und kulturell definierten – ungarischen Nation zu, die überhöht und verklärt wird. Sie umfasst nur die Ungarn, nicht aber, wie es wörtlich heißt, »die mit uns zusammenlebenden Nationalitäten«, also die ethnischen Minderheiten. Letztere werden als »staatsbildender Teil der ungarischen politischen Gemeinschaft« definiert, gehören aber nicht zur ungarischen Nation. Als zentrale Werte werden Gott, Nation und Familie genannt. Politiker des Fidesz wie auch die von PiS denken gerne in kollektiven Kategorien. Sie lieben Begriffe wie »das ungarische Volk«, »das polnische Volk«. Orbán erklärte einmal, die ungarische Nation sei nicht einfach eine Ansammlung von Individuen, sondern eine Gemeinschaft, die organisiert, gestärkt und aufgebaut werden müsse – natürlich nach seinen Vorstellungen.

Bei der Aufzählung der historischen Bezüge in der Präambel sind vor allem die Auslassungen aufschlussreich. Nicht erwähnt wird etwa die Zeit vom 19. März 1944, dem Tag der Besetzung Ungarns durch die deutsche Wehrmacht, bis zum 2. Mai 1990, als die – wie es wörtlich heißt – verloren gegangene staatliche Selbstbestimmung wiederhergestellt wurde. Im Wesentlichen handelt es sich also um die Zeit der Kollaboration mit den Nationalsozialisten und der Herrschaft der Kommunisten nach dem Zweiten Weltkrieg. Es waren, wie in der Präambel festgehalten wird, fremde Mächte, die »unmenschliche Verbrechen« an der ungarischen Nation und den Ungarn begangen haben. Damit wird der Eindruck erweckt, der ungarische Staat und seine Organe oder ungarische Bürger hätten mit all dem, was in diesem Zeitraum an Schrecklichem geschah, nichts zu tun gehabt, auch nicht mit dem kommunistischen Regime nach dem Zweiten Weltkrieg. Ein solches Geschichtsbild, in dem es keine Mittäter, keine Mitläufer und keine Kollaborateure gibt, ist nicht nur einseitig, sondern steht auch im Widerspruch zur Forschung.

Auch über die demokratische Wende von 1989 findet sich in der Präambel kein Wort. Aus der Sicht des Fidesz fand damals gar kein wirklicher Systemwechsel statt. Die eigentliche demokratische Wende habe erst mit dem Triumph der Partei Orbáns bei den Parlamentswahlen von 2010 eingesetzt. Die Rede ist von einer Revolution an den Urnen. Ähnliches behauptet Jarosław Kaczyński. Auch er sieht seine Mission darin, in Polen den Systemwechsel vom Totalitarismus zur Demokratie zu vollenden und die Gesellschaft unter Rückbesinnung auf die traditionellen christlichen Werte von Grund auf zu erneuern. Dabei bedienen sich Orbán und Kaczyński zur Festigung ihrer Macht auch Methoden, die an die kommunistische Zeit erinnern.

Ein wichtiger Bestandteil des offiziellen Geschichtsbildes ist in beiden Ländern der Opfermythos. Die eigene Nation wird als Opfer fremder Mächte hingestellt. Ähnlich wie in Ungarn wird auch in Polen eine Mitverantwortung bei der Deportation und Ermordung von Juden im Zweiten Weltkrieg relativiert oder gar geleugnet. In dieser Propaganda sind polnische Bürger nur Opfer und Helden des Widerstands, aber keine Täter, obschon dem die wissenschaftliche Forschung widerspricht. Untersuchungen, aus denen hervorgeht, dass auch Polen an der Ermordung von Juden beteiligt waren, dass also Polen nicht nur verfolgte Juden retteten, sondern auch verrieten oder umbrachten, passen nicht in das verklärte Bild der freiheitsliebenden polnischen Nation und ihres heroischen Widerstandsgeists. Sie verletzen aus der Sicht von PiS-Ideologen die »Würde des polnischen Volkes«. In vergleichbarer Weise sprechen Nationalisten in Zagreb von der »verletzten Würde« des kroatischen Volkes, wenn der Zerfall Jugoslawiens oder die Kriege der neunziger Jahre anders bewertet werden, als dies die staatliche Geschichtsschreibung vorsieht.

Die Geschichts- und Erinnerungspolitik ist ein zentrales Element der von PiS und Fidesz propagierten konservativen Revolution. Sie ist ebenso einseitig wie die in Kroatien oder Serbien. In Ungarn und in Polen werden historische Traumata und tief in der Geschichte wurzelnde Ängste vor dem Verlust der nationalen Identität und staatlichen Souveränität genährt – vor allem zur politischen Mobilisierung der Bevölkerung und zur Ablenkung von den wirtschaftlichen und sozialen Problemen. PiS und Fidesz beanspruchen die alleinige Deutungshoheit über historische Ereignisse – als ob Politiker und nicht Historiker für die Geschichtsschreibung zuständig wären. Der polnische Staatspräsident Andrzej Duda, der PiS nahesteht, erklärte zu Beginn seiner ersten Amtszeit Ende 2015, er sehe eine seiner wichtigsten Aufgaben darin, aktiv Geschichtspolitik zu betreiben. Zur Begründung sagte er, das patriotische Fundament müsse gestärkt, die »nationale Würde« bewahrt und die »Wahrheit über die Taten des polnischen Volkes« verbreitet werden – die Wahrheit der Regierungspartei, versteht sich. Ersetzt man das Wort »polnisch« durch »kroatisch« oder »serbisch«, könnten diese Sätze von einem führenden Politiker der kroatischen oder der serbischen Regierungspartei stammen.

»Hier sind wir, und dort seid ihr«

Ethnisch getrennte Schulen in Bosnien

Wer die osmanisch geprägte Altstadt von Travnik verlässt und den Fluss Lašva überquert, stößt schon bald auf ein großes Gebäude, das unwillkürlich die Aufmerksamkeit auf sich zieht. Es ist zweifarbig. Die linke Hälfte ist ockergelb, die rechte blau. In der Mitte des Gebäudes befindet sich eine Kirche mit einem kleinen Turm, ebenfalls in blauer Farbe, etwas heller als das Blau des rechten Gebäudeflügels. Der blaue Teil ist gut erhalten; offensichtlich wurde er renoviert. Die gelbe Seite hingegen wirkt heruntergekommen. Die Farbe blättert ab, der Putz bröckelt, die Fensterrahmen vermodern. Dieses auf den ersten Blick merkwürdige, zweifarbige Gebäude beherbergt eines der ältesten Gymnasien Bosniens. Die Schule war in den achtziger Jahren des 19. Jahrhunderts gegründet worden, zu einer Zeit, als das Land noch von Österreich-Ungarn verwaltet wurde.

Von Ende des 17. bis Mitte des 19. Jahrhunderts hatten die osmanischen Wesire, die Statthalter des Sultans in Bosnien, in Travnik residiert. Der Ort ist auch Schauplatz des Romans *Wesire und Konsuln*, im Original *Travnička hronika* (»Chronik von Travnik«) von Ivo Andrić. Der Schriftsteller, 1892 in Travnik geboren, beschreibt den im Norden und Süden von hohen Gebirgszügen umgebenen Ort als »enge, tiefe Schlucht«. In seinem Roman, der zu Beginn des 19. Jahrhunderts spielt, prallen Fortschrittsglauben und Beharren auf dem Bestehenden, Christentum und Islam, Okzident und Orient aufeinander. Dem französischen und dem österreichischen Konsul, die das Schicksal nach Travnik verschlagen hat, ist die orientalische Lebensweise fremd. Die muslimischen Würdenträger betrachten die westliche Zivilisation, deren Vertreter die beiden Konsuln sind, mit großem Misstrauen. Wie in allen seinen Bosnienromanen beschreibt Andrić auch in *Wesire und Konsuln* das komplizierte, widersprüchliche und in manchen Zeiten konfliktbeladene Ineinander von Völkern, Religionen und Kulturen auf engstem Raum.

Travnik ist trotz allen Stürmen, welche die Stadt seither heimgesucht haben, multiethnisch geblieben. In der Zeit, in der Andrićs Roman spielt, bevölkerten bosnische Muslime, deren slawische Vorfahren einst zum Islam konvertiert waren, Katholiken (Kroaten), Orthodoxe (Serben), Türken, Juden und Roma die Stadt. Heute leben fast nur noch Bosniaken und bosnische Kroaten in Travnik. Die Bosniaken bilden mit 66,7 Prozent die Mehrheit der 53 482 Einwohner. Der Anteil der Kroaten liegt bei 28,2 Prozent. Serben leben hier seit dem Bosnienkrieg nur noch wenige. Ihr Anteil ist von gut 10,5 Prozent 1991 auf 1,2 Prozent bei der letzten Volkszählung im Jahr 2013 gefallen. Die meisten flohen, als Kroaten und Bosniaken um die territoriale Vorherrschaft in Zentralbosnien kämpften; nur wenige sind zurückgekehrt. Hinzu kommen diejenigen, die beim Zensus auf die Angabe der ethnischen Zugehörigkeit verzichteten. Travnik liegt heute in der Föderation Bosnien-Herzegowina, die zusammen mit der Republika Srpska, dem vorwiegend von Serben bewohnten Landesteil, den Staat Bosnien-Herzegowina bildet.

Unhaltbare Zustände – mit oder ohne Zaun im Schulhof

Im Gymnasium von Travnik werden bosniakische und kroatische Kinder und Jugendliche unterrichtet, allerdings nicht gemeinsam, sondern wie in der kroatischen Stadt Vukovar getrennt, und zwar in allen Fächern, auch in den naturwissenschaftlichen. Das zweifarbige Gebäude beherbergt zwei verschiedene, administrativ und rechtlich getrennte Schulen, die nichts miteinander zu tun haben. Wer Bosnisch spricht, gilt als Bosniake und besucht die bosniakische Schule, wer Kroatisch spricht, gilt als Kroate und geht in die kroatische Schule. Die Trennung erfolgt auf der Grundlage der Sprache und damit faktisch der ethnisch-nationalen Zugehörigkeit. Dabei sind die sprachlichen Unterschiede zwischen Bosnisch, der Sprache der Bosniaken, und Kroatisch, wie schon ausgeführt, gering. Die einen werden von bosniakischen Lehrerinnen nach bosnischen Lehrplänen unterrichtet, die andern von kroatischen nach einem bosnisch-kroatischen Lehrplan. Die Bosniaken verwenden bosnische Schulbücher, die Kroaten kroatisch-bosnische. Die inhaltlichen Unterschiede sind vor allem in den sogenannt nationalen Fächern groß. Dazu gehören Geografie, Muttersprache, Literatur, Religion und Geschichte.

Die Räume der kroatischen Schülerinnen und Schüler befinden sich im renovierten blauen Teil, die der bosniakischen im gelben Flügel, wo die Spuren des Verfalls auch in den Klassenzimmern unübersehbar sind. Die Schüler betreten das Gebäude durch getrennte Eingänge. Ein zwei Meter hoher Drahtzaun durchschnitt den Schulhof; im Sommer 2019 wurde er entfernt. Den Bosniaken steht, anders als den Kroaten, keine Turnhalle zur Verfügung, sondern nur ein Sportplatz im Freien, der im Winter nicht benutzt werden kann. Die kroatische Schulleitung beansprucht die Turnhalle für sich allein und verwehrt den Bosniaken den Zugang mit der Begründung, die Halle sei immer ausgelastet und es gebe keine freien Kapazitäten. Bei meinem Besuch im Oktober 2018 wurden im gelben Teil 926 Schüler unterrichtet, im blauen 714.

Da es sich um zwei getrennte Schulen handelt, haben beide eine eigene Administration, einen eigenen Direktor, eigene Lehrer, eigenes Putzpersonal. Im blauen Teil sind nur Kroaten beschäftigt, im gelben nur Bosniaken. Auch haben beide Schulen eigene Namen. Die bosniakische nennt sich Gemischte Mittelschule Travnik. »Gemischt« bedeutet nicht, wie man annehmen könnte, dass die Schule im ethnischen Sinn gemischt sei. Das Wort weist vielmehr darauf hin, dass hier verschiedene Fachrichtungen angeboten werden. Die kroatische Schule, die aus einem Gymnasium und einer Grundschule besteht, nennt sich Katholisches Schulzentrum Petar Barbarić. Und noch ein Unterschied kommt hinzu: Die bosniakische Schule ist öffentlich, die kroatische privat.

Das ganze Gebäude, also der gelbe und der blaue Teil mit der Kirche, gehört dem römisch-katholischen Erzbistum Vrhbosna mit Sitz in Sarajevo. Als Titos Partisanen nach dem Zweiten Weltkrieg an die Macht kamen, übernahmen sie das Gymnasium. Nach dem Ende des Bosnienkriegs forderte die katholische Kirche ihr Eigentum zurück, mit Erfolg. Sie durfte den Gebäudekomplex wieder haben, der damals ganz ockergelb gestrichen war; doch er befand sich in einem miserablen Zustand. Jahre später wurde der Flügel mit den kroatischen Klassenzimmern renoviert, nicht aber der, in dem die Bosniaken unterrichtet wurden. Laut einem Gerichtsentscheid hätte die bosniakische Schule schon vor vielen Jahren in ein anderes Gebäude umziehen sollen; die kroatische Eigentümerin beanspruchte nämlich alle Räumlichkeiten für sich. Doch das in Aussicht gestellte neue Schulhaus für die Bosniaken, das derzeit auf einem Grundstück neben dem alten Gebäude errichtet wird und dessen Grundstein bereits 2004 gelegt wurde, ist noch immer nicht fertig. Bis es so weit ist, müssen die zuständigen Behörden von Travnik der katholischen Kirche, der rechtmäßigen Besitzerin, Miete für die Benutzung des heruntergekommenen Gebäudeflügels bezahlen. Wenn der Betrieb im neuen Schulhaus eines Tages doch aufgenommen wird und die Jugendlichen in zwei Gebäuden unterrichtet werden, könnte sich die ethnische Trennung noch vertiefen. Die Schülerinnen und Schüler werden sich dann wohl noch seltener über den Weg laufen.

Der Direktor der kroatischen Schule, Željko Marić, residiert im blauen Teil und nennt sich *ravnatelj* – das ist das kroatische Wort für Direktor. Die Direktorin der bosniakischen Schule, Aida Lončar, nennt sich *direktorica*; es ist die im Bosnischen und Serbischen übliche Bezeichnung. Sie hat ihr Büro im gelben Flügel. Die Zustände in der Schule seien unhaltbar, klagt sie. Sie platze aus allen Nähten; es fehle an Klassenzimmern. »Wir warten schon lange auf das neue Gebäude.« Wahrscheinlich muss sie sich aber noch Jahre gedulden, denn der Neubau ist noch lange nicht fertig, und was bereits steht, verlottert schon wieder. Den zuständigen Behörden scheint es egal zu sein, unter welch miserablen Bedingungen die Kinder lernen müssen. Den beunruhigenden Klagen von Končar kann man sich nach einem Rundgang durch die bosniakische Schule nur anschließen.

Die beiden Schulen im selben Gebäude haben offiziell kaum etwas miteinander zu tun. Gemeinsame Aktivitäten sind lediglich ein Fußballturnier, das einmal im Jahr ausgetragen wird, und Englischstunden außerhalb des Lehrprogramms, die Schülerinnen und Schüler aus beiden Teilen des Gebäudes besuchen können. Die Initiative zu Letzterem kam bezeichnenderweise aus dem Ausland. Keine der beiden Schulen wollte den Ärger der Geldgeber auf sich ziehen und für das Scheitern des Projekts verantwortlich gemacht werden können.

Die Direktorin erzählt, dass sie sich auch für die Beseitigung des Zaunes, der den Schulhof in zwei Hälften trenne, einsetze. Das ganze Gelände müsse für alle Schüler zugänglich sein »Wir brauchen den Zaun nicht, denn wir wissen auch ohne ihn, bis wohin unsere Schule reicht.« Der Zaun sende ein Signal aus, so sagt sie, das nicht gut sei: »Hier sind wir, und dort seid ihr.« Kroatische und bosniakische Schüler erklären auf die entsprechende Frage, sie beachteten den Zaun gar nicht. Er sei halt einfach da. Dafür seien die Politiker verantwortlich, nicht die Schüler. Wer den Kontakt mit Angehörigen der anderen Ethnie suche, für den seien weder getrennte Eingänge noch getrennte Klassenzimmer noch der Drahtzaun ein Hindernis.

Im Innern des kroatischen blauen Teils sieht es aus wie in einem katholischen Internat in den sechziger Jahren in der Schweiz. Auch der Geruch ist derselbe. An den Wänden hängen Porträts von

Heiligen und Bischöfen. Auch ein großes Herz-Jesu-Bild fehlt nicht. Ein bosnisches Wappen oder andere Symbole des Staates Bosnien-Herzegowina sucht man allerdings vergeblich. Marić, der Direktor, kann mit dem Begriff »ethnische Segregation« nicht viel anfangen. Es sei ein bedeutungsschweres Wort, das vielen nur allzu leicht über die Lippen komme, sagt er. Die Zusammenarbeit mit der bosniakischen Schule im selben Gebäude bezeichnet er als sehr gut; eine Ansicht, die auch Lončar teilt. Aber er tritt für die Trennung der Schülerinnen und Schüler auf der Grundlage der Sprache ein. Er verweist darauf, dass in der bosnischen Verfassung drei Nationen, die bosniakische, die kroatische und die serbische, sowie drei Sprachen, Bosnisch, Kroatisch und Serbisch, offiziell anerkannt würden. Jede der drei Nationen habe eine eigene Identität, die es zu schützen und zu bewahren gelte. Darin liege der Reichtum Bosniens. Weiter sagt er, die Kirche habe Land für den Bau des neuen, für die Bosniaken bestimmten Schulhauses zur Verfügung gestellt. Eigentlich hätten diese schon längst umgezogen sein müssen. Gerichtlich festgelegte Fristen seien jedoch nicht eingehalten worden. Marić bedauert in seinem schönen, geräumigen Büro die schwierigen, ja unwürdigen Verhältnisse im gelben Flügel. Verantwortlich dafür seien die lokalen bosniakischen Politiker, die nichts unternähmen, um diesen Zustand zu ändern.

Der Zaun, der den Schulhof des Gymnasiums in zwei Teile zerschneidet, war 2018 in einem schlechten Zustand. An manchen Stellen waren die Drähte verbogen, an manchen lösten sie sich von den Pfosten. Er könnte bei geringster Belastung umkippen. Man hätte ihn leicht überwinden können. Für viele Journalisten, die eigens wegen dieses lottrigen Zauns nach Travnik kamen, war er offenbar ein gefundenes Fressen. Er stand im Mittelpunkt vieler Reportagen und wurde zu einem Symbol der ethnischen Trennung stilisiert. Doch warum gab es ihn überhaupt, warum war er errichtet worden? Die Gründe, die Marić anführt, vermögen nicht zu überzeugen. Der Schulhof sei als Flohmarkt zweckentfremdet worden. Außerdem habe die katholische Schule das wilde Parkieren auf ihrem Grundstück nicht mehr hinnehmen können. Auch habe verhindert werden müssen, dass sich die Kinder der kroatischen Grundschule mit den älteren bosniakischen Mittelschülern im gelben Teil mischten, in dem es keine Grundschule gebe. Der Zaun sei nicht errichtet worden, um die kroatischen Kinder von den bosniakischen zu trennen, sondern zu deren Schutz. Željko Marić spricht von einem »technischen Zaun«, was auch immer er damit meint, der nur als vorübergehende Lösung gedacht sei und nichts mit ethnischer Trennung zu tun habe. Doch der Zaun, den er als Provisorium bezeichnet, stand lange, von 2005 bis zum Sommer 2019, da wurde er entfernt. An der Teilung der Schule hat sich nichts geändert.

h-Lehrer und b-Lehrer

Das Städtchen Vitez liegt ebenfalls am Fluss Lašva, nicht weit von Travnik entfernt. Es war im Bosnienkrieg heftig umkämpft. Während kroatische Truppen den größten Teil des Ortes kontrollierten, wurde Stari Vitez (Alt-Vitez) von Einheiten der bosnischen Armee gehalten. Stari Vitez, oder – wie die Einheimischen sagen – die Mahala war eine muslimische Enklave. Sie ist keine Altstadt im üblichen Sinn mit engen Gassen, sondern besteht aus einer Ansammlung einzelner Häuser, die Mahala ist ein Dorf im Dorf. Auf einem Friedhof nahe der prächtigen, um 1590 erbauten Ahmed-Agina-Moschee sind die muslimischen Opfer von Ahmići begraben, einem kleinen Dorf unweit von Vitez. Bosnisch-kroatische Truppen waren am 16. April 1993 in Ahmići eingedrungen und hatten 116 Bewohner getötet. In dem vor allem von Bosniaken bewohnten Ort war in der Folge jegliches Leben erloschen. Niemand war mehr da. Von den Häusern der Muslime waren nur noch Gerippe übrig, die der Kroaten waren unbeschädigt. Das Minarett lag quer über dem Dach der Moschee. Auf die Fassade hatte jemand das Wort »Kroatien« gepinselt.

Die zerstörten Häuser und die Moschee wurden später wiederaufgebaut. Am Rande des Dorfes befindet sich eine Gedenkstätte;

auf einer großen Tafel sind alle Toten namentlich aufgeführt. Darüber steht: »Opfer eines Genozids«. Einige bosnisch-kroatische Offiziere wurden wegen des Kriegsverbrechens in Ahmići vom Uno-Tribunal in Den Haag verurteilt. Wenn man bosnische Kroaten darauf anspricht, verweisen manche sogleich auf das Massaker im nahe gelegenen kroatischen Dorf Križančevo selo, das bosniakische Truppen am 22. Dezember 1993, also acht Monate später, verübten. Dutzende Soldaten und Bewohner seien dort umgebracht worden. Darüber spreche aber niemand, beklagen sie. Noch immer sieht jede Seite vor allem die eigenen Opfer, noch immer werden die Massaker und die Toten gegenseitig aufgerechnet.

Anders als in Travnik bilden in Vitez die Kroaten die Bevölkerungsmehrheit. Laut den Ergebnissen der jüngsten Volkszählung von 2013 hat die Stadt 25 836 Einwohner; 55,5 Prozent sind Kroaten, 40,7 Prozent Bosniaken. Schon vor dem Krieg waren die Kroaten in der Mehrheit, wenn auch weniger ausgeprägt. In Vitez sind die Schulen ebenfalls auf allen Stufen ethnisch getrennt. Ein Beispiel dafür ist die Mittelschule, die aus zwei Institutionen besteht. Die kroatische nennt sich Mittelschule Vitez, die bosniakische heißt Gemischte Mittelschule Vitez. Auch in diesem Fall bedeutet »gemischt« nur, dass die Schule verschiedene Fachrichtungen anbietet. Die Bosniaken werden auch hier nach bosnischen Lehrplänen von bosniakischen Lehrerinnen und Lehrern in bosnischer Sprache unterrichtet, die Kroaten von kroatischem Lehrpersonal in kroatischer Sprache und nach dem bosnisch-kroatischen Curriculum. Allerdings besuchen einige Bosniaken, worauf gerne verwiesen wird, die kroatische Schule und einige Kroaten die bosniakische. Die Eltern haben das Recht, die Kinder in die Schule ihrer Wahl zu schicken, ungeachtet der ethnischen Zugehörigkeit, und einige wenige machen von dieser Möglichkeit Gebrauch. Das hat, wie sich noch zeigen wird, besondere Gründe.

Zwei Buchstaben beherrschen die beiden Schulen unter einem Dach in Vitez, nämlich das B für Bosniaken (Bošnjaci) und das H für Kroaten (Hrvati). So gibt es einen b-Direktor und einen h-Direktor. Der eine heißt Sead Hrustić, er ist Bosniake; der andere, *ravnatelj* genannt, Boris Marjanović, ist Kroate. Ihre Büros liegen nahe beieinander im ersten Stock, getrennt nur durch das Zimmer der h-Sekretärin. Die b-Sekretärin arbeitet im Erdgeschoss. Das Büro des h-Direktors ist geräumiger und besser eingerichtet als das des b-Direktors. Man kann allein schon daraus schließen, welche Partei im Ort und in der Schule das Sagen hat. Vier Schulzimmer sind b, drei im Erdgeschoss und eines im ersten Stock, die übrigen vierzehn sind h. Die Bosniaken empfinden diese Aufteilung als Diskriminierung, da sie wegen Platzmangels den Unterricht in zwei Schichten abhalten müssen. Die einen kommen am Vormittag, die andern am Nachmittag. Entsprechend der Zahl der Schüler fordern sie sieben Schulzimmer für sich. Immerhin halten sich die h-Lehrer und die b-Lehrer, wenn sie nicht gerade Unterricht erteilen, im selben Lehrerzimmer auf. Die Turnhalle wird auch von beiden Seiten genutzt. Entweder sind dort die b-Schüler oder die h-Schüler; sie turnen nie gemeinsam.

Die h-Schulzimmer sind für die Bosniaken tabu. Das gelte, wie der b-Direktor sagt, auch für den Raum, in dem sich die Apparate für den Chemie- und Physikunterricht befänden. Das sei eines der vierzehn h-Zimmer. Doch ist der Raum fast leer, die Einrichtung armselig. Die Bibliothek der kroatischen Schule, sagt der h-Direktor, dürften die Bosniaken benutzen. Es gebe dort auch Bücher bosniakischer Autoren. Von einer administrativen Zusammenlegung der beiden getrennten Schulen ist man weit entfernt. Die Kroaten wollten davon nichts wissen, sagt Hrustić, der sich seit Langem für eine gemeinsame Schule einsetzt. Was man auch unternehme, die Kroaten fühlten sich immer in ihrer Identität bedroht. Allerdings seien nicht nur die lokalen kroatischen Politiker dagegen, sondern auch die bosniakischen, denn auch sie profitierten von der ethnischen Trennung. Und dann sagt er: »Ich leide. Ich bin nicht glücklich, wie das alles organisiert ist, hier ist alles doppelt.« Doch nichts ändere sich. »Die Vertreter ausländischer Organisationen kommen und gehen, wir aber bleiben mit unseren Problemen allein.«

Die Verwendung der beiden Buchstaben b und h ist nach Meinung von Hrustić, dem b-Direktor, weniger diskriminierend, als wenn man die Begriffe »Bosniaken« und »Kroaten« gebraucht. Die Folgen des Krieges seien noch immer spürbar, sagt Hrustić. Doch die bosniakischen und die kroatischen Schüler hätten trotz der räumlichen Trennung Kontakt miteinander, nicht nur in der Schule, sondern auch in der Freizeit. Mit dem kroatischen Direktor arbeite er gut zusammen; das bestätigt der Direktor der kroatischen Schule. Manche bosniakischen und kroatischen Schüler allerdings sagen, sie blieben nicht nur in der Schule und auf dem gemeinsamen Pausenhof unter sich, sondern meist auch außerhalb der Schule. Ältere Gesprächspartner sind sich darin einig, dass es in Vitez kein wirkliches Miteinander wie vor dem Krieg gebe, sondern nur ein, wenn auch meist friedliches, Nebeneinander.

Im Büro des h-Direktors hängt das Wappen von Herceg-Bosna an der Wand, dem im Bosnienkrieg von den bosnischen Kroaten ausgerufenen Staatsgebilde, das sich »Kroatische Republik Herceg-Bosna« nannte. Das allein ist für Bosniaken eine Provokation. Was fehlt, ist das Wappen des Staates Bosnien-Herzegowina, das in allen vier b-Schulzimmern und auch im ethnisch nicht getrennten Lehrerzimmer an der Wand hängt. Die Bezeichnung »Herceg-Bosna« wurde ebenso wie das Wappen nach dem Bosnienkrieg vom Obersten Gericht der Föderation für verfassungswidrig erklärt. Trotzdem werden in einigen kroatischen Schulen Bosniens noch immer Zeugnisse mit den Symbolen dieser nichtexistierenden Republik ausgestellt. Auf das Wappen in seinem Büro angesprochen, erklärt Marjanović, es sei nicht das von Herceg-Bosna, sondern das Emblem des kroatischen Volkes in Bosnien-Herzegowina. »Wir wollen damit nur unsere besondere Identität zum Ausdruck bringen.« Herceg-Bosna habe sich nicht von Bosnien abspalten wollen. Auch ein Anschluss an Kroatien sei nicht geplant gewesen. Die bosnischen Kroaten hätten sich gegen serbische und bosniakische Angriffe verteidigen müssen.

Der h-Direktor wehrt sich auch gegen den Vorwurf, die bosnischen Kroaten wollten nichts mit dem Land zu tun haben, in dem sie leben. »Wir fliehen nicht vor Bosnien, wir sind ein Teil davon, Bosnien-Herzegowina ist auch unser Staat.« Gemeinsame Klassen seien aber wegen der, wie er betont, unterschiedlichen Sprache, Geschichte und Kultur ausgeschlossen ebenso wie einheitliche Lehrbücher. Bei der Rechtfertigung des getrennten Schulsystems, das er als fortschrittlich und demokratisch bezeichnet, beruft er sich auf das Recht, in der eigenen Muttersprache unterrichtet zu werden. Nur durch getrennte Klassen könnten die bosnischen Kroaten – ebenso wie die Bosniaken – die eigene Identität pflegen und bewahren. Würden sie nicht in Kroatisch, sondern in einer fremden Sprache unterrichtet, und dazu zählt er Bosnisch, nähme man ihnen ihre Seele. Diese Ansichten sind unter bosnischen Kroaten weit verbreitet. Gegen den Begriff »Segregation« wehrt er sich; damit habe sein Vorgehen nichts zu tun. Er erklärt, jeder habe die Wahl zwischen der bosniakischen und der kroatischen Schule; es bestehe kein Zwang. Bosniaken, welche die Unterrichtsstunden in kroatischer Sprache besuchten, weil die von ihnen gewählte Fachrichtung in der bosniakischen Schule nicht angeboten werde, dürften auch bosnische Wörter verwenden, ohne dass der Lehrer sie korrigiere. Allerdings gibt es nur wenige Schüler, die für den Unterricht die Trennlinie überschreiten. Auf die Frage, warum die naturwissenschaftlichen Fächer, die nichts mit der ethnischen Identität zu tun haben, ebenfalls getrennt unterrichtet würden, lautet die Antwort, auch in diesen Fächern sei die Sprache wichtig.

Die Kleinstadt Gornji Vakuf, die im Krieg ebenso wie Vitez heftig umkämpft war, liegt weiter südlich in Zentralbosnien am Oberlauf des Flusses Vrbas. Der Ort hat offiziell zwei Namen. Die Kroaten nennen ihn Uskoplje, die Bosniaken Gornji Vakuf. Laut den Ergebnissen der Volkszählung von 2013 leben hier 12 004 Bosniaken (57,3 Prozent) und 8660 Kroaten (41,4 Prozent). Schon vor dem Krieg hatten die Muslime die Bevölkerungsmehrheit gebildet. Hinzu kommen einige wenige Serben und Roma sowie Muslime, die sich – wie früher in Jugoslawien – im ethnischen Sinn als Muslime und nicht als Bosniaken bezeichnen. Sie fallen in der Statistik wie die Roma unter den Begriff »Übrige« *(Ostali)*. Der Ort war im Bosnienkrieg geteilt. Die Frontlinie verlief mitten durch sein Zentrum. Die bosnische Regierungsarmee beherrschte die eine Hälfte, die bosnisch-kroatischen Truppen kontrollierten die andere. Kroaten wie Bosniaken beanspruchten den strategisch wichtigen Ort für sich. Hätten die Kroaten Gornji Vakuf verloren, wären die Gebiete weiter nördlich in Zentralbosnien, etwa das Lašva-Tal mit Travnik und Vitez, vom Nachschub aus der mehrheitlich von Kroaten bewohnten Westherzegowina und aus Dalmatien abgeschnitten gewesen. Der Kampf der Bosniaken und bosnischen Kroaten um die Kontrolle über ethnisch gemischte Territorien, also der Krieg im Krieg, dauerte von Anfang 1993 bis März 1994. Er kam erst mit der von den Vereinigten Staaten erzwungenen Bildung der bosniakisch-kroatischen Föderation zu einem Ende.

Bei einem Besuch zwei Monate nach dem Ende der Kämpfe 1994 bot sich mir ein Bild der Verwüstung. Das Zentrum von Gornji Vakuf war eine einzige Trümmerlandschaft, vergleichbar mit Vukovar. Viele Häuser waren zerstört, zerschossene Autos rosteten vor sich hin, verkohlte Bäume säumten den Weg. Von einem Wohnblock im Zentrum des Ortes stand nur noch das Treppenhaus; alles andere war weg. An einer Hauswand waren die Worte »Das ist Bosnien« gepinselt. Trotz allem lebten wieder Menschen hier, einige Cafés waren geöffnet. Die Kinder gingen zur Schule. Die bosniakischen wurden in einer Moschee, deren Minarett schwer beschädigt war, unterrichtet, die Kroaten in einem Keller. Jeder hätte damals die Demarkationslinie im Zentrum von Gornji Vakuf ungehindert überschreiten und auf die andere Seite gelangen können. Es gab keine Kontrollposten. Doch niemand traute sich; zu groß war die Angst, auf beiden Seiten. Menschen trafen sich an der Trennlinie. Sie sprachen miteinander, als ob nichts geschehen wäre. Sie ließen den Blick auf die andere Seite schweifen, die ihnen so vertraut war, die nun aber in weite Ferne gerückt war. Ein bosniakischer Soldat und ein kroatischer Zivilist, beide etwa vierzig Jahre alt, begrüßten sich und sprachen miteinander. Sie hatten auf verschiedenen Seiten gekämpft und möglicherweise sogar aufeinander geschossen. Doch die beiden Männer hielten an ihrer Freundschaft fest. »Wir kennen uns doch seit Langem und sind zusammen in die Schule gegangen«, meinte der eine der beiden, und der andere nickte zustimmend. Das Volk habe sich hier immer gut vertragen. Es seien die Politiker, die das alles angerichtet hätten, sagten sie. Ähnliches hörte ich in jener Zeit überall in Bosnien.

In den ersten Jahren nach dem Krieg war im Ort alles ethnisch getrennt. Die Kroaten lebten auf der einen Seite der früheren Frontlinie, die Bosniaken auf der andern. Der bosniakische Teil hieß wie in jugoslawischer Zeit Gornji Vakuf. Für die Kroaten war das im Türkischen verwendete Wort *vakuf* (»fromme Stiftung«) inakzeptabel. Sie gaben dem von ihnen beherrschten Teil den Namen Uskoplje – so wurde diese Gegend am Oberlauf des Flusses Vrbas vor der Eroberung durch die Osmanen im 15. Jahrhundert bezeichnet. Die Verwaltung arbeitete getrennt; es gab zwei Polizeiposten, zwei Feuerwehren, zwei Krankenstationen. Ein halbes Jahr lang gingen sogar die Uhren anders; auf der einen Seite war es eine halbe Stunde später als auf der andern. Die beiden Teile wollten nichts miteinander zu tun haben. Doch wurden Gornji Vakuf und Uskoplje unter der Aufsicht der westlichen Protektoren, vor allem des Hohen Repräsentanten der Staatengemeinschaft und des von ihm geleiteten Büros (OHR), schrittweise wiedervereinigt. Heute bildet der Ort eine einzige Gemeinde. Geblieben sind der Doppelname, der 2001 vom OHR anerkannt wurde, sowie die ethnisch getrennten Schulen für alle Altersstufen.

Barrieren in den Köpfen

Die äußerlichen Spuren des Krieges sind auch hier weitgehend beseitigt. Nichts deutet mehr auf die damalige Ruinenlandschaft hin. Nur diejenigen, die schon lange im Ort leben, wissen noch, wo die Frontlinie verlief. Doch die unsichtbare Trennlinie in den

Köpfen ist nicht verschwunden: »Wir leben hier, die andern dort«, sagen bosniakische wie kroatische Bewohner, auch jüngere, die den Krieg nicht selbst erlebt haben. Die unscheinbare Straße, die einst die Frontlinie markierte, trägt den Namen Ulica Fra Anđela Zvizdovića. Sie ist nach einem Franziskaner benannt, der im 15. Jahrhundert in Uskoplje lebte. Einen unverfänglichen Namen hat hingegen die Hauptstraße, die das vorwiegend von Bosniaken bewohnte Gebiet mit jenem Teil verbindet, in dem praktisch nur Kroaten leben. Sie heißt Gradska ulica, Stadtstraße. Schon vor dem Krieg, zur Zeit von Titos Jugoslawien, hätten die Bosniaken, so erzählen ältere Bewohner, mehrheitlich auf der einen Seite gelebt, die Kroaten auf der anderen. Das sei eigentlich schon immer so gewesen und habe nichts mit dem Krieg zu tun. Den bosniakischen Teil dominiert die renovierte Mehmed-Beg-Stočanin-Moschee mitten in der Čaršija, den kroatischen Teil die auffallend große Maria-Himmelfahrt-Kirche mit ihren drei ockergelben Türmen, einem hohen und zwei niedrigeren.

Auch die Mittelschule von Gornji Vakuf-Uskoplje ist ethnisch getrennt. Die eine, die bosniakische, ist die Gemischte Mittelschule Gornji Vakuf, die andere, die kroatische, die Mittelschule Uskoplje. Im ersten Stock befindet sich die bosniakische Schule, im Erdgeschoss die kroatische. Die beiden Schulen sind mit einer Treppe verbunden. In der bosniakischen Schule wird in bosnischer Sprache nach bosnischen Lehrplänen unterrichtet, in der kroatischen Schule in kroatischer Sprache nach bosnisch-kroatischem Lehrplan. Beide Eingänge dürfen von allen Schülern benutzt werden; sie sind nicht, wie an einigen anderen Orten, ethnisch getrennt. Ein Schüler sagt dazu, Bosniaken und Kroaten gelangten zwar durch dieselbe Tür ins Schulhaus, doch zu Kontakten komme es dabei kaum. In der Turnhalle treiben entweder die Bosniaken oder die Kroaten Sport; ein gemeinsames Turnen gibt es in Gornji Vakuf-Uskoplje nicht. Es gilt hier bereits als Fortschritt, dass die Toiletten nicht mehr ethnisch getrennt sind und beide Schulen über eine gemeinsame Heizung verfügen.

Die bosniakische Direktorin, die erst seit einem Jahr im Amt ist, spricht sich für eine administrative Zusammenlegung der beiden Schulen aus. Die kroatische Schulleitung, mit der sie in praktischen Angelegenheiten gut zusammenarbeite, sei jedoch dagegen. Sie habe die Situation so, wie sie ist, angetroffen und müsse sich eben damit zurechtfinden. Sie erklärt, und das sei ihr wichtig, dass es in der Zeit, in der sie hier sei, keine ethnisch motivierten Konflikte in der Schule gegeben habe. Früher sei es, wie man ihr erzählt habe, manchmal zu Beleidigungen, Beschimpfungen oder Schlägereien gekommen.

Da ich mich auch mit Schülern unterhalten möchte, bittet die Direktorien zwei Mädchen und einen Jungen in ihr Büro. Alle drei sind der Meinung, in ihrer Schule sei alles normal, auch wenn sie wenig Kontakt mit kroatischen Schülerinnen und Schülern hätten. Sie haben nie etwas anderes als die ethnische Trennung im Unterricht erlebt. Niemandem kommt es in den Sinn, daran etwas ändern zu wollen oder das Schulsystem zu hinterfragen. Es gebe keine Probleme, sagen sie, niemand beleidige den andern, nur weil er Kroate oder Bosniake sei. Auch in den Pausen blieben Bosniaken und Kroaten meist unter sich. Die kroatischen Schülerinnen und Schüler gingen lieber in kroatische Cafés, die bosniakischen besuchten eher bosniakische Lokale. Jeder wisse, was wem gehöre. Eines der Mädchen meint, es seien die kroatischen Jugendlichen, die keinen Kontakt zu ihnen haben wollten. Die Eltern erlaubten es nicht. Die Kroaten seien eben Nationalisten.

Der kroatische Direktor wollte anfänglich nicht mit mir sprechen; er habe keine Zeit, meinte er. Doch dann erklärte er, er habe zwar wenig Zeit, aber wir könnten uns doch kurz unterhalten. Im Endeffekt hatte er aber doch viel Zeit und begleitete mich nach dem Gespräch zur früheren Demarkationslinie. Er bezeichnet die Trennung der Klassen auf der Grundlage der Muttersprache als unerlässlich. »Die Sprache ist der Schlüssel«, sagt er. Aus seiner Sicht hat das System der »zwei Schulen unter einem Dach« auch keine negativen gesellschaftlichen Auswirkungen. Er sehe in den getrennten

Schulklassen vielmehr eine »zivilisatorische Errungenschaft«, einen »demokratischen Fortschritt«, im Vergleich zu jugoslawischen Zeiten, als Muslime, Serben und Kroaten nach einem einheitlichen Lehrplan in Serbokroatisch unterrichtet worden seien. Bosniaken, Kroaten und Serben, die drei konstitutiven Nationen von Bosnien-Herzegowina, könnten heute im Gegensatz zu früher ihre sprachliche und kulturelle Identität pflegen. Gerade für die bosnischen Kroaten, der, was die Bevölkerungszahl betrifft, kleinsten der drei Ethnien, sei das von existenzieller Bedeutung. Der getrennte Schulunterricht verhindere, so ist er überzeugt, die Assimilierung. Er verweigert ein Gespräch mit Schülern. Das sei überflüssig, sie würden ohnehin dasselbe sagen wie er, lautet die Begründung.

Er erklärt, nicht alles sei ethnisch getrennt, wie die Medien immer behaupteten. Auch bosniakische Schüler gingen in die kroatische Schule. Das trifft zu. Aber es ist nicht überraschend. An der kroatischen Mittelschule gibt es eine medizinische Fachrichtung, die in der anderen Schule nicht angeboten wird. Sie erfreut sich großer Beliebtheit. Der Grund liegt auf der Hand. Ein entsprechender Abschluss erhöht die Chancen, später ein Visum zu bekommen, um im westlichen Ausland im Gesundheits- und Pflegebereich eine Anstellung zu finden. Und weg wollen auch in Gornji Vakuf-Uskoplje viele, vor allem junge Leute, Bosniaken wie Kroaten. Die lokalen Politiker mögen die Bedeutung der Sprache, der Kultur und der Geschichte für die Festigung der nationalen Identität noch so sehr betonen. Wenn es darum geht, die eigenen Berufschancen im Ausland zu verbessern, spielt es für viele keine Rolle, ob die Unterrichtssprache Bosnisch oder Kroatisch ist, ob bosnisch-kroatische oder bosnische Lehrbücher verwendet werden. Ideologie und Propaganda sind das eine; der Alltag der Menschen folgt anderen Gesetzmäßigkeiten.

Die beiden Schulen unter demselben Dach befinden sich im kroatischen Ortsteil, in Uskoplje. Nach Schulschluss kehren die bosniakischen Schülerinnen und Schüler meist auf »ihrer« Straßenseite in »ihren« Teil des Städtchens zurück, wo sie sich in »ihren«

Cafés treffen. Auch die kroatischen Schüler bleiben nach der Schule meist auf »ihrer« Seite des Ortes, wo auch sie sich in Cafés verabreden, die Kroaten gehören. Die Musik, die durch die offenen Türen aus den Lokalen schallt, ist auf beiden Seiten dieselbe, ebenso die Lautstärke. Und es bestehen durchaus Kontakte über die ethnische Trennlinie hinweg, sei es im Alltag, in der Freizeit, im Sport oder im Jugendzentrum, wo Bosniaken und Kroaten sich zu gemeinsamen Projekten zusammenfinden.

Niemand verbietet es den bosniakischen und kroatischen Schülerinnen und Schülern explizit, die ethnischen Trennlinien zu überwinden und in der Schule Kontakt miteinander zu haben, weder in Gornji Vakuf-Uskoplje, noch in Travnik oder in Vitez. Auch ethnisch motivierte Zwischenfälle, Beleidigungen oder tätliche Übergriffe sind selten. Doch kaum ein kroatischer Schüler der Mittelschule von Gornji Vakuf-Uskoplje verirrt sich in den ersten Stock, wo die Bosniaken unterrichtet werden. Und kaum ein Bosniake käme auf die Idee, sich im Erdgeschoss des Gebäudes oder in den Gängen aufzuhalten, wo sich die kroatischen Klassenzimmer befinden. Die Pausenglocke läutet zwar im ganzen Haus für alle gleichzeitig, doch auch im Schulhof bleiben Kroaten und Bosniaken meist unter sich.

Ob die ethnischen Gräben im schulischen Alltag überwunden werden, hängt auch davon ab, in welchem Maße die Eltern Kriegstraumata an ihre Kinder weitergeben und welches Verhältnis sie zur jeweils anderen ethnischen Gruppe persönlich haben. Oft sind die Eltern das Problem, nicht die Kinder und Jugendlichen. In Gornji Vakuf-Uskoplje soll es noch Einwohner geben, die noch nie die ehemalige Demarkationslinie überschritten haben, die also nicht wissen, wie es auf der anderen Seite ihres Ortes aussieht. Wie in Travnik oder Vitez bewegt sich auch hier ein Teil der Menschen, wenn irgendwie möglich, nur innerhalb der eigenen Ethnie, während andere durchaus Beziehungen zur jeweils anderen Bevölkerungsgruppe pflegen.

Solange Eltern ihren Kindern das Gefühl vermitteln, es sei nicht gut, sich mit Gleichaltrigen der anderen ethnischen Gruppe abzugeben, sich mit ihnen zu befreunden oder gar jemanden über die ethnischen Trennlinien hinweg zu heiraten, wird es kein wirkliches Miteinander geben. Begründet wird die ablehnende Haltung oft mit der unterschiedlichen Religion, die in Bosnien noch immer ein zentrales identitätsstiftendes Merkmal ist, und zwar unabhängig davon, ob man gläubig ist oder nicht. Viele verstehen die Konfession im Sinne einer kulturellen oder auch nationalen Zugehörigkeit. Die Bosniaken sind Muslime, die Kroaten römisch-katholische Christen. Mischehen gibt es heute in ganz Bosnien, im Gegensatz zur Vorkriegszeit, nur noch wenige.

Im kroatischen wie im bosniakischen Teil von Gornji Vakuf-Uskoplje kennen sich die Leute. Der soziale Druck ist groß, ganz zu schweigen von der Propaganda der ethnonationalen Parteien. Insgesamt zeigt sich wie in Vukovar auch hier, dass die junge Generation, die den Krieg nicht mehr am eigenen Leib erfahren hat, die ethnischen Trennlinien nicht leichter überwindet als ihre Eltern. Viele scheinen kein Interesse daran zu haben. Die getrennten Klassen in den Schulen sind für sie zu einer Selbstverständlichkeit geworden, und kaum einer oder eine stellt sich die Frage, warum sie denn nicht gemeinsam unterrichtet werden. Manche älteren Bewohner betonen, sie respektierten die Angehörigen der anderen Ethnie; sie seien bereit, mit ihnen wie vor dem Krieg zusammenzuleben, auch wenn sie nicht vergessen könnten, was die andere Seite ihnen damals angetan habe.

Wie überall in Bosnien hört man auch in Gornji Vakuf-Uskoplje von vielen Bewohnern, es seien die Politiker, welche die Menschen trennten. Dennoch werden die meisten von ihnen bei den nächsten landesweiten Wahlen dann doch wieder denselben ethnonationalen Parteien ihre Stimme geben, obwohl diese sie trennen und obwohl sie ihnen vorwerfen, korrupt zu sein und nichts dafür zu unternehmen, dass es der Bevölkerung besser geht. Offenbar fühlen sich gerade in den ethisch gemischten Orten in Zentralbosnien viele unter den Fittichen »ihrer« nationalen Partei am besten geschützt.

Es gibt aber noch einen anderen Grund für dieses Wahlverhalten. Die beiden wichtigsten ethnonationalen politischen Kräfte in der Föderation, die bosniakische Partei der Demokratischen Aktion (Stranka demokratske akcije, SDA) und die Kroatische Demokratische Gemeinschaft Bosnien und Herzegowina (Hrvatska demokratska zajednica Bosne i Hercegovine, HDZ BiH), beherrschen die politischen Institutionen. Sie verfügen über weitverzweigte wirtschaftliche Netzwerke. Sie kontrollieren den Zugang zu den begehrten Stellen in der öffentlichen Verwaltung, in den staatsnahen Betrieben und in den Schulen. Das ist angesichts der fehlenden Verdienstmöglichkeiten außerhalb des öffentlichen Sektors von eminenter Bedeutung. Wer eine der beiden Parteien wählt, unterstützt noch lange nicht deren Ethnopolitik und den Opfer- und Bedrohungsdiskurs. Viele erhoffen sich einfach eine Verbesserung ihrer materiellen Situation. Pragmatische Erwägungen sind oft wichtiger als die nationalen Bekenntnisse.

Allerdings ist auch in Gornji Vakuf-Uskoplje nicht alles so, wie man auf den ersten Blick vermuten könnte. So gibt es hier einen Kindergarten, der zu ungefähr gleichen Teilen von kroatischen und bosniakischen Kindern besucht wird, die hier ihre Zeit zusammen verbringen. Er ist 2017 eröffnet worden und ist bis heute der einzige Kindergarten in Gornji Vakuf-Uskoplje. Zuvor hatte es fünfzehn Jahre lang keinen offiziellen Ort gegeben, wohin Eltern ihre kleinen Kinder hätten bringen können. Der Kindergarten nennt sich »Zvončić« (Glöckchen) und befindet sich, ebenso wie die beiden Mittelschulen, im kroatischen Ortsteil. Tijana Barnjak, eine Kroatin, 1989 geboren, leitet ihn. Am Anfang seien die Eltern skeptisch gewesen, erzählt sie. Sie hätten Mühe gehabt mit der Vorstellung, dass ihr Kind mit Gleichaltrigen der anderen Ethnie den Tag verbringe. Doch mittlerweile sei der Andrang so groß, dass nicht mehr alle aufgenommen werden könnten. Der Grund dafür ist einfach. Der Kindergarten ist gut geführt und auch dank ausländischer Hilfe hervorragend ausgestattet. Und die Kinder fühlen sich hier offensichtlich wohl.

Es sei wichtig, sagt Barnjak, dass sich die Kinder unterschiedlicher ethnischer Zugehörigkeit besser kennenlernten. Sie sieht darin einen bedeutsamen Schritt auf dem Weg vom Nebeneinander zum Miteinander. An Weihnachten oder Ostern werde den bosniakischen Kindern zum Beispiel erklärt, was Christen an diesen Tagen feierten. Und an Bajram, dem Fest des Fastenbrechens, bringe man den kroatischen Kindern bei, was dieser muslimische Feiertag für die Gläubigen bedeute. Was vor dem Krieg selbstverständlich gewesen sei, müsse nun wieder neu gelernt werden. Es gebe Fortschritte, sagt Barnjak, die in der lokalen Mittelschule Schülerin gewesen war. Doch die nationalistische Indoktrination habe tiefe Spuren hinterlassen; das gegenseitige Misstrauen sei nach wie vor groß. Ihrer Meinung nach ist die Zeit noch nicht reif, um die beiden Mittelschulen zusammenzulegen. Wichtig sei vor allem, auch mit den Eltern zu arbeiten, von denen manche ihre kriegsbedingten Ängste und Vorbehalte gegenüber der anderen Ethnie an ihre Kinder weitergäben, bewusst oder unbewusst. Am Ende des Gesprächs beklagt auch sie, wie viele andere, die Abwanderung. »Die Leute gehen, und wir streiten über die Sprache und deren Bezeichnung.« Für die Politiker sei es leichter, sich an die nationale Agenda zu klammern, als das Land wirtschaftlich voranzubringen und die miserable soziale Lage zu verbessern.

Ebenfalls in Zentralbosnien liegt die Stadt Jajce. In der Fachmittelschule hat sich vor einigen Jahren etwas Bemerkenswertes ereignet. Laut den Ergebnissen der Volkszählung von 2013 hat die Stadt 27 258 Einwohner. Der Anteil der Bosniaken liegt bei 48,7 Prozent, derjenige der Kroaten bei 46,1 Prozent. Lebten vor dem Krieg noch 7582 Serben in Jajce (17,2 Prozent) sind es heute nur noch 501 (1,8 Prozent). Anders als in Travnik, Vitez oder Gornji Vakuf-Uskoplje werden Bosniaken und Kroaten in der lokalen Fachmittelschule in fast allen Fächern nach kroatischen Lehrplänen und in kroatischer Sprache gemeinsam unterrichtet – und dies, obschon die Bosniaken eine knappe Mehrheit im Ort bilden. Es ist allerdings die einzige, ethnisch nicht getrennte Bildungseinrichtung in Jajce. Im Juli 2016 beschlossen die lokalen Politiker der, wie sie sich ausdrückten, Diskriminierung der bosniakischen Schüler und Schülerinnen ein Ende zu setzen und im Gebäude der bestehenden Schule eine zweite für Bosniaken zu gründen, mit bosnischer Unterrichtsprache und bosnischem Lehrplan. Das sei der Wunsch vieler bosniakischer Eltern, hieß es. Getrennte Klassen stünden im Einklang mit der Verfassung der Föderation und mit verschiedenen Gesetzen, in denen das Recht der drei konstitutiven Völker, also der Bosniaken, der Serben und der Kroaten, auf Unterricht in der Muttersprache garantiert sei.

Doch dann geschah etwas, was wohl kaum jemand für möglich gehalten hätte. Der Beschluss, ethnisch getrennte Klassen einzuführen, stieß auch bei bosniakischen Schülern und Schülerinnen auf Ablehnung, die in fast allen Fächern in kroatischer Sprache und nach kroatischen Lehrplänen unterrichtet wurden und sich deshalb nach Meinung der lokalen Behörden eigentlich diskriminiert fühlen mussten. Sie wehrten sich, ebenso wie kroatische Schüler. Es kam zu Protestaktionen und Demonstrationen, die sich auf weitere bosnische Schulen ausweiteten. Das hatte es noch nie gegeben. »Wir lassen uns nicht auseinanderdividieren«, erklärten die protestierenden Schülerinnen und Schüler in Jajce. Die Sprache dürfe nicht als Rechtfertigung für die ethnische Trennung dienen. Sie alle sprächen mehr oder weniger die gleiche Sprache, wie immer man diese auch nenne. Sogar Lehrerinnen und Lehrer unterstützten die Schüler. Manche meinten sogar, und das gilt in Teilen Bosnien schon fast als ketzerisch, die ethnische Trennung in den Schulen könne nur durch die Vereinheitlichung der Lehrprogramme und Lehrbücher überwunden werden.

Der breite Widerstand überraschte die lokalen Politiker. Das Projekt wurde fallen gelassen. Die Gründung einer neuen bosniakischen Schule innerhalb der bestehenden Schule konnte verhindert werden. Doch war dies nur ein Teilerfolg; die Grundprobleme sind geblieben. Seit dem Scheitern des Projekts werden nicht mehr nur, wie das zuvor der Fall gewesen war, die Fächer Muttersprache und

Religion getrennt unterrichtet, sondern auch Geschichte und Geografie. Derselbe kroatische Geschichtslehrer, der zuvor Kroaten und Bosniaken gleichzeitig in der Klasse hatte, unterrichtet sie nun getrennt. Einer der Wortführer der Proteste, der 1999 geborene Nikolas Rimac, äußert sich bei einem Gespräch in der Schule zufrieden über das Erreichte; er spricht hervorragend Deutsch. Allerdings gebe es noch, so fügt er hinzu, »schwarze Flecken«. Damit meint er den getrennten Unterricht in den nationalen Fächern und das Fehlen moderner Schulbücher. »Wir sind alle Verlierer. Wir haben mit dem Krieg nichts zu tun, wir wollen die Vorurteile nicht weitergeben, das ist nicht unsere Welt.« Er sagt auch, wenn seine Eltern über die damalige Zeit sprächen, verlasse er den Raum, denn es sei dann immer davon die Rede, wie schlecht diejenigen gewesen seien, die nicht der eigenen ethnischen Gruppe angehört hätten. Rimac erzählt, dass sein Vater über seine Haltung nicht erfreut sei. Er werfe ihm vor, er sei kein echter Kroate mehr, wenn er so rede.

Vom Provisorium zum Dauerzustand

Das Gymnasium in Travnik und die beiden Mittelschulen in Vitez und Gornji Vakuf-Uskoplje gehören zu den »zwei Schulen unter einem Dach«, in denen die Schüler und Schülerinnen aller Jahrgänge in allen Fächern je nach Sprachzugehörigkeit getrennt unterrichtet werden. Das war vor dem Krieg anders. In Jugoslawien besuchten alle, unabhängig von ihrer ethnischen Zugehörigkeit, dieselben Klassen. Der Unterricht erfolgte nach einheitlichen Lehrplänen und in der serbokroatischen Standardsprache, auch im Fach Geschichte. Das habe allerdings, worauf Befürworter der getrennten Schulen gerne verweisen, nicht verhindert, dass Jugoslawien in blutigen Kriegen auseinanderbrach. Nach Angaben der OSZE-Mission in Sarajevo, die sich seit vielen Jahren um Reformen im Bildungswesen bemüht, gab es 2018 in der Föderation noch immer 56 Institutionen, die zu den »zwei Schulen unter einem Dach« gezählt werden, davon sind 46 Grundschulen. Insgesamt besuchen nur rund 5 Prozent der bosnischen Schülerinnen und Schüler solche Schulen. Doch diese Form der ethnischen Trennung ist in den Augen ihrer Gegner besonders verwerflich. Öffentliche Schulen, in denen Kinder und Jugendliche unterschiedlicher ethnischer Herkunft gemeinsam unterrichtet werden, gibt es in Bosnien-Herzegowina kaum noch – mit Ausnahme einer Stadt, von der noch die Rede sein wird.

Die »zwei Schulen unter einem Dach« sind in den ersten Jahren nach dem Bosnienkrieg entstanden, mit der Zustimmung und Unterstützung des OHR, das noch heute für die Umsetzung des zivilen Teils des Daytoner Friedensvertrags zuständig ist. Die Kinder von Flüchtlingen und Vertriebenen, die in Orte zurückkehrten, in denen sie vor dem Krieg in der Minderheit waren, sollten im selben Schulhaus wie die der Mehrheitsbevölkerung unterrichtet werden, aber in getrennten Klassen und nach unterschiedlichen Lehrplänen. Auf diese Weise sollten mehr Flüchtlinge und Vertriebene zur Rückkehr bewegt werden. Man sah darin einen wichtigen Schritt auf dem Weg zur Wiederherstellung des Vertrauens über die ethnischen Gräben hinweg und hoffte auf eine baldige Zusammenlegung der getrennten Klassen. Das Modell der »zwei Schulen unter einem Dach« galt in den ausgehenden neunziger Jahren als die beste Lösung für Orte, in denen Angehörige von zwei ethnischen Gemeinschaften lebten. Auch waren viele Kinder von Flüchtlingen nach ihrer Rückkehr zunächst in ungeeigneten Provisorien unter prekären Bedingungen unterrichtet worden. Doch die Hoffnungen zerschlugen sich bald. Die erwarteten Annäherungen blieben aus. Das liegt unter anderem daran, dass die ethnischen Trennlinien ein politisches und gesellschaftliches Phänomen sind, das weit über die Schulen hinausreicht. Was als Ansporn zur Rückkehr von Flüchtlingen und als eine Übergangslösung auf dem Weg zur Reintegration der Kinder gedacht war, wurde mancherorts zum Dauerzustand.

Viele Befürworter der ethnischen Trennung berufen sich auf die bosnische Verfassung. Sie ist ein Annex des Friedensabkommens von Dayton, das den Bosnienkrieg beendete. Allerdings steht darin nirgends, dass jede und jeder das Recht habe, in seiner Muttersprache unterrichtet zu werden. Festgeschrieben wird das Recht auf Bildung, und in der Verfassung der Föderation sind neben dem Recht auf Bildung auch das Recht auf die eigene Identität und die eigene Sprache sowie auf die Pflege der eigenen Kultur und der eigenen Traditionen verankert. Als offizielle Sprachen werden Bosnisch, die Sprache der Bosniaken, Serbisch und Kroatisch genannt.

Kroatische Befürworter feiern die ethnisch getrennten Schulen als »höchste Stufe der Verwirklichung der Menschenrechte und der nationalen Gleichberechtigung«. Sie seien Musterbeispiele gelebter Multikulturalität, obschon in ihnen und durch sie den Kindern unterschiedlicher ethnischer Herkunft der Kontakt untereinander erschwert oder gar verunmöglicht wird. Nicht die Trennung auf der Grundlage der aus ihrer Sicht unterschiedlichen Sprachen gilt für sie als diskriminierend, sondern der gemeinsame Unterricht in ethnisch durchmischten Klassen. Sie sehen im System der »zwei Schulen unter einem Dach« auch einen notwendigen Schutzwall gegen die drohende Assimilierung der bosnischen Kroaten, des kleinsten der drei konstitutiven Völker des Landes. Das Argument ist allerdings wenig stichhaltig, denn auch im Falle von gemeinsamen Klassen wäre es durchaus möglich, die nationalen Fächer getrennt zu unterrichten und so die eigene nationale Identität zu pflegen. Ob die Bevölkerung, in deren Namen ethnonationale Politiker das getrennte Schulmodell rechtfertigen, eine solche Haltung teilt, ist schwer abzuschätzen. Die Meinungen darüber gehen auseinander.

Und was sagen die Gegner der »zwei Schulen unter einem Dach«? Zu ihnen gehören unter anderem auch internationale Institutionen, etwa die OSZE-Mission in Sarajevo, das OHR sowie viele ausländische und einheimische Nichtregierungsorganisationen. Sie alle sprechen von einer Verletzung internationaler Konventionen, von Missachtung bosnischer Gesetze, von Diskriminierung. Die OSZE tritt zwar für das Recht auf den Gebrauch der Muttersprache und auf die Pflege der eigenen nationalen Identität ein, doch sie wehrt sich dagegen, unter Berufung auf die kulturellen Rechte das System der ethnischen Trennung zu rechtfertigen. Sie kritisiert die Politiker, welche die kulturellen und sprachlichen Unterschiede aus politischen Gründen überbetonen und forcieren. Sie wirft ihnen eine falsche Auslegung des Rechts auf die Pflege der eigenen Sprache und Kultur vor. Die OSZE-Mission in Sarajevo, die ethnonationale Politiker zu Bildungsreformen zu bewegen versucht, verlangt seit Jahren die Zusammenführung der »zwei Schulen unter einem Dach«, denn sie vertieften das Misstrauen zwischen den Ethnien, verfestigten Vorurteile und Stereotypen, schafften künstliche Trennlinien und erschwerten eine Aussöhnung.

Die Macht der regionalen Politiker

Trotz jahrelangen Bemühungen der OSZE-Mission, trotz unzähligen Appellen internationaler Organisationen, trotz zahlreichen Vereinbarungen bosnischer Erziehungsminister, trotz Gerichtsurteilen, welche die ethnische Trennung in Grund- und Mittelschulen als Diskriminierung werten oder für illegal erklären und die Schaffung multikultureller Schulen fordern, gehören die »zwei Schulen unter einem Dach« noch immer nicht der Vergangenheit an. Und daran wird sich so schnell nichts ändern. Die Gesetze oder Gerichtsurteile werden oft nicht umgesetzt. Auch die Aufforderungen, Schulen mit ethnisch getrennten Klassen administrativ und rechtlich zusammenzulegen und möglichst wenige Fächer getrennt zu unterrichten, stoßen an vielen Orten auf taube Ohren. Wenn die Kinder denselben Eingang benutzen, gilt das schon als großer Fortschritt. Von Lehrplänen mit einem gemeinsamen Kern ist man weit entfernt, obschon sich die Bildungsminister der Föderation und der Republika Srpska bereits vor bald zwei Jahrzehnten darauf verpflichtet hatten – in der erklärten Absicht, ein Gefühl der Zugehörigkeit zum Staat Bosnien-Herzegowina zu entwickeln. Dass dies notwendig ist, steht außer Frage. Die OSZE kann Bildungsreformen vorschlagen und unterstützen. Sie ist jedoch machtlos, wenn sich Politiker dagegen sträuben. Änderungen können nicht von außen aufgezwungen werden, sie müssen von innen kommen, und das ist nur mit dem Willen und der Unterstützung der lokalen Politiker möglich.

In den Verträgen von Dayton wurde die im Krieg mit militärischer Gewalt herbeigeführte ethnische Teilung mit wenigen Abstrichen faktisch sanktioniert. Auch in der Verfassung dominiert das ethnisch-nationale Prinzip. Der komplizierte Staatsaufbau erschwert die Entscheidungsprozesse und führt zu politischen Blockaden. Bosnien-Herzegowina besteht, wie gesagt, aus zwei Teilen, der Föderation Bosnien-Herzegowina und der Republika Srpska. Sie werden Entitäten genannt. In beiden Teilen sind die Bosniaken, die Serben und die Kroaten als konstitutive Nationen anerkannt. Die Föderation ist in zehn Verwaltungseinheiten unterteilt, die offiziell als Kantone bezeichnet werden; in vier davon dominieren die Bosniaken, in vier die Kroaten. Hinzu kommen zwei sogenannte gemischte Kantone, in denen weder die Bosniaken noch die Kroaten eine deutliche Bevölkerungsmehrheit bilden. Der eine ist der Kanton Zentralbosnien, zu dem Travnik, Vitez und Gornji Vakuf-Uskoplje gehören, der andere nennt sich Herzegowina-Neretva mit der Stadt Mostar als Zentrum.

Hinzu kommt der Distrikt Brčko, der einige Besonderheiten aufweist. Diese Region im Nordosten Bosniens an der Grenze zu Kroatien war im Krieg heftig umkämpft. Als die bosnischen Serben zu Beginn der neunziger Jahre die Kontrolle über die Stadt übernahmen, siedelten sie serbische Flüchtlinge an, um ihren Anspruch auf die Herrschaft in Brčko zu untermauern, obschon sie vor dem Krieg deutlich in der Minderheit gewesen waren. Der an dieser Stelle schmale, für die Serben aber strategisch wichtige Landkorridor verbindet die serbisch beherrschten Gebiete im Nordwesten Bosniens mit denjenigen im Osten und damit mit Serbien. Ohne Brčko wäre das Herrschaftsgebiet der bosnischen Serben in zwei Teile zerrissen worden. Die Kriegsparteien konnten sich in Dayton nicht darauf einigen, welchem Teil Bosniens diese Region zugeschlagen werden sollte. Da die Verhandlungen an dieser Frage zu scheitern drohten, wurde beschlossen, ein internationales Schiedsgericht solle zu einem späteren Zeitpunkt dieses Problem lösen. 2000 erhielt die ethnisch gemischte Region von Brčko dann einen speziellen Status. Sie wurde, so die offizielle Bezeichnung, zu einem Distrikt mit weitgehender Selbstverwaltung und eigener Bildungshoheit erklärt und unter die Aufsicht eines sogenannten Supervisors gestellt.

In Bosnien steht die ethnische Identität an erster Stelle, alles andere ist zweitrangig, zumindest in jenen Regionen, in denen die drei ethnonationalen Parteien den Ton angeben. Das ist, und das gilt es zu betonen, nicht überall der Fall, denn gerade in jüngster Zeit haben vor allem auf lokaler Ebene oppositionelle, nicht ethnisch-national definierte und gesamtbosnisch orientierte politische Kräfte bemerkenswerte Wahlerfolge erzielt. Wer sich nicht zu einer der drei konstitutiven und staatstragenden Ethnien bekennt, fällt in die Kategorie »Übrige«. Dazu zählen, wie gesagt, die Minderheiten, etwa Roma oder Juden, aber auch alle jene, die sich im staatsbürgerlichen Sinn als Bosnier und nicht als Bosniaken, Serben oder Kroaten definieren und sich damit bewusst einer ethnisch-nationalen Zuordnung entziehen.

Diese ethnisch-nationale Dreiteilung hat politische Folgen. So kann in der Republika Srpska nur ein Serbe, aber kein Bosniake und kein Kroate in das dreiköpfige Staatspräsidium, das oberste staatliche Gremium, gewählt werden, in der Föderation hingegen kein Serbe, sondern nur ein Bosniake oder ein Kroate. Zudem dürfen nur Angehörige der drei konstitutiven Völker dem Staatspräsidium angehören, nicht aber Vertreter von nationalen Minderheiten oder Bosnier im ethnischen Sinn. Auch der Zugang zum Haus der Völker, der zweiten Parlamentskammer, bleibt ihnen verwehrt. Sie werden also politisch benachteiligt und rutschen auch sonst im Dickicht des ethnischen Proporzes bei der Vergabe von Ämtern und Stellen in staatlichen Institutionen und in der öffentlichen Verwaltung oft durch alle Raster. Allerdings gibt es, und davon soll noch die Rede sein, gewichtige Ausnahmen. Die den Konfliktparteien in Dayton aufgezwungene Verfassung enthält also Paragrafen, die einen Teil der Bürgerinnen und Bürger von einigen politischen Ämtern ausschließt. Nach einem Urteil des Europäischen Gerichtshofs für Menschenrechte aus dem Jahre 2009 ist das ein Verstoß gegen das Prinzip der Gleichberechtigung und wird als diskriminierend gewertet. Doch die in Bosnien regierenden Parteien haben bisher nichts getan, diesen Zustand zu ändern. Es ist für sie bequem, sich hinter der Verfassung zu verschanzen.

Überspitzt könnte man formulieren: Die Bewohnerinnen und Bewohner Bosniens existieren nicht als Staatsbürger, sondern als Angehörige ethnisch-national definierter Gruppen, nicht als Individuen, sondern als Teil eines Kollektivs – zumindest im politischen Leben. Dabei handeln gerade diejenigen, die sich als Bosnier verstehen und sich nicht in ein ethnisches Korsett pressen lassen wollen, im Sinne der westlichen Hüter der Verträge von Dayton und deren Vorstellungen von einem gesamtbosnischen Patriotismus und einem staatsbürgerlichen Bewusstsein über die ethnischen Trennlinien hinweg.

Das ist nur die eine Seite. Nicht überall in Bosnien sind die ethnonationalen Parteien an der Macht, nicht alle wichtigen Posten sind von deren Politikern und Günstlingen besetzt. So wurde in Sarajevo nach der Niederlage der bosniakisch-nationalen SDA bei den Lokalwahlen im November 2020 eine junge Frau Bürgermeisterin, die keiner der drei ethnonationalen Parteien und auch keiner der drei konstitutiven Ethnien angehört. Das ist bemerkenswert. Sie bekennt sich vielmehr zur Kategorie »Übrige«. Und sie ist damit keineswegs allein, im Gegenteil. Im Kanton Sarajevo liegt der Anteil der »Übrigen«, also derjenigen, die einer Minderheit angehören oder sich nicht ethnisch-national definieren wollen, bei fast 9 Prozent (jener der Bosniaken bei rund 84 Prozent). In Sarajevo-Zentrum, einem der wichtigsten Stadtteile, liegt der Anteil bei über 14 Prozent (jener der Bosniaken bei 75,6 Prozent). Hier setzte sich bei den jüngsten Lokalwahlen ein bosnischer Serbe durch, der Mitglied einer multiethnisch und gesamtbosnisch orientierten Partei ist. Es scheint so zu sein, dass ein Teil der Wählerinnen und Wähler der Hauptstadt von den regierenden Parteien genug hat und auf unverbrauchte Kräfte setzt, von denen sie sich Veränderungen und einen funktionierenden Staat erhoffen. Die Fähigkeiten und die Kompetenz des einzelnen Politikers sind ihnen wichtiger als seine ethnisch-nationale Zugehörigkeit und das entsprechende politische Handeln.

Als schwer durchsetzbar erweisen sich Reformen in den Schulen. Das liegt auch am fragmentierten Bildungssystem. Zuständig für Bildung und damit auch für Schulbücher und Lehrpläne sind die Republika Srpska, die Föderation, die zehn Kantone sowie der Distrikt Brčko. Das heißt, es gibt zwölf Bildungsminister. Hinzu kommen eine für die Bildung zuständige Abteilung in der Verwaltung des Distrikts Brčko sowie – auf gesamtstaatlicher Ebene – eine Bildungsabteilung im Ministerium für zivile Angelegenheiten mit lediglich koordinativen Funktionen. Die Bildungsminister der zehn Kantone der Föderation können Reformen, etwa eine Zusammenlegung der »zwei Schulen unter einem Dach«, nach Belieben blockieren, wenn sie darin eine Gefährdung ihrer politischen Interessen oder eine Schwächung der eigenen Ethnie sehen.

Den in Travnik, Vitez und Gornji Vakuf-Uskoplje regierenden ethnonationalen Parteien fehlt der politische Wille, die von der OSZE sowie ausländischen und einheimischen zivilgesellschaftlichen Organisationen angestoßenen Reformprojekte umzusetzen; dazu gehören modernere Curricula, bessere Lehrbücher oder eine multiperspektivische Darstellungsweise historischer Ereignisse im Geschichtsunterricht. Ideologie scheint ihnen wichtiger zu sein als die Qualität des Unterrichts. Die ethnonationalen Politiker haben kein Interesse an Änderungen, denn die ethnische Trennung in den »zwei Schulen unter einem Dach« festigt ihre persönliche Macht; sie können ihrer Klientel Arbeitsplätze verschaffen und sich selbst auf diese Weise Wählerstimmen sichern. Die doppelte Besetzung der Stellen, vom Reinigungspersonal über die Lehrer bis hin zur Schulleitung und Administration, kommt ihnen auch entgegen. Es ist also kein Wunder, dass viele Direktoren, Lehrerinnen und andere

Beschäftigte in diesen Schulen Mitglieder der ethnonationalen Parteien sind oder sich in deren Dunstkreis bewegen. Die Kritik, mit diesen doppelten Besetzungen werde viel Geld verschwendet, das man besser für die Modernisierung der Ausstattung in den Schulen, der Lehrbücher und der Curricula einsetzen sollte, perlt an ihnen ab. Ebenso wenig scheint sie die Tatsache zu beunruhigen, dass die Zahl der Kinder zurückgeht, weil mittlerweile viele Familien abwandern. Ein Deutschlehrer an der Fachmittelschule von Jajce meinte im Gespräch im Oktober 2017, wenn es so weitergehe, »werden wir vielleicht eines Tages froh sein, wir hätten noch Schüler, die wir ethnisch trennen könnten«.

Die Kinder lernen also schon früh, dass sie einer der drei bosnischen Nationen angehören. In den Listen, in denen die Namen der Schüler eingetragen werden, steht die ethnische Zugehörigkeit an erster Stelle, erst dann folgt der Name. Die ethnische Trennung mache aus den Kindern kleine Nationalisten, schreibt der in Sarajevo geborene und in Belgrad lebende Sprachwissenschaftler Ranko Bugarski in seinem 2018 erschienenen Buch *Govorite li zajednički?* (»Sprechen Sie die gemeinsame Sprache?«). Und das geschehe im Namen der Verteidigung des Rechts auf Bildung in der Muttersprache. Die ethnische Trennung in den »zwei Schulen unter einem Dach« liege im Interesse derer, die an der Macht seien, denn sie erleichtere die politische Einflussnahme. Auch hier dient die Sprache, ähnlich wie in Vukovar, der Festigung der ethnisch-nationalen Identität und der Abgrenzung. Das ist ein entscheidender Grund, warum die Überwindung der ethnischen Trennung in den »zwei Schulen unter einem Dach« auf so große Schwierigkeiten stößt. Nenad Veličković, Schriftsteller und Professor an der Universität Sarajevo, sagte in einem Gespräch im Oktober 2018, die angeblich unterschiedlichen Sprachen seien lediglich ein Vorwand, um die Schülerinnen und Schüler durch den Inhalt der Lehrbücher politisch und ideologisch zu indoktrinieren. In Wirklichkeit gehe es nicht um drei verschiedene Sprachen, sondern um drei unterschiedliche Geschichtsbilder, die in der gleichen Sprache vermittelt würden.

Unsichtbare Trennlinien in Sarajevo

Die Grundschule Osman Nuri Hadžić in Dobrinja, einem Stadtteil im Westen von Sarajevo, befindet sich genau auf der Entitätslinie, der unsichtbaren Trennlinie zwischen der Föderation und der Republika Srpska. Im Krieg verlief hier die Frontlinie. Die damals zerstörte Schule wurde mit ausländischer Hilfe wiederaufgebaut. In vielen Medienberichten wird sie als gelungenes Beispiel für ein multiethnisches Zusammenleben gepriesen, weil hier bosniakische und serbische Kinder gemeinsam unterrichtet würden. Es sei eine Schule, die verbinde und nicht trenne. Das klingt vielversprechend und schön, doch die Realität sieht anders aus, wie sich bei einem Besuch der Schule im Oktober 2018 zeigte. In der Grundschule werden fast nur noch bosniakische Kinder unterrichtet, in bosnischer Sprache und nach bosnischen Lehrplänen. Hinzu kommen einige Kinder aus Familien, die einer Minderheit angehören. Nur wenige serbische Kinder gehen hier zur Schule, und sie stammen meist aus ethnisch gemischten Familien. Fast alle Serben, die nahe der Entitätsgrenze leben, schicken ihre Kinder inzwischen in serbische Schulen im serbischen Teil Sarajevos, der sich Ost-Sarajevo (Istočno Sarajevo) nennt und zum serbischen Landesteil gehört, also zur Republika Srpska. Die Grundschule Osman Nuri Hadžić ist faktisch zu einer bosniakischen Schule geworden. Anders als in früheren Jahren bewerben sich so gut wie keine serbischen Lehrkräfte mehr um eine Anstellung.

Die Region der bosnischen Hauptstadt ist seit dem Krieg geteilt, auch wenn man das auf den ersten Blick nicht merkt. Die unsichtbare Trennlinie befindet sich weit außerhalb des Zentrums. Ost-Sarajevo umfasst einige wenige Gebiete des Großraums der Hauptstadt, die auch im Krieg von extremistischen Serben beherrscht wurden. Andere hatten sie nach dem Friedensabkommen von Dayton an die Föderation abtreten müssen. Dazu kommen, anders als der Name Ost-Sarajevo nahelegt, ländliche Regionen und Orte in der Umgebung der Stadt, etwa Pale, wo die Führung der extremistischen Serben während des Krieges ihren Sitz hatte. Ost-Sarajevo zählt etwa 60 000 Einwohner, fast ausschließlich Serben. Rund 25 000 von ihnen leben im Stadtgebiet. Hier liegt ihr Anteil bei über 96 Prozent. Auf der anderen Seite der Entitätslinie, also in jenem Teil Sarajevos, der zur Föderation gehört, leben hingegen fast 300 000 Menschen, mehrheitlich Bosniaken. Nach dem Ende des Krieges hieß Ost-Sarajevo einige Jahre lang »Serbisch-Sarajevo«. Da das OHR diesen Namen als verfassungswidrig wertete, musste das Wort »serbisch« gestrichen werden.

Fährt man heute vom Zentrum der Stadt in jene Teile Ost-Sarajevos, die zum erweiterten Stadtgebiet gehören, so deuten nur das Schild »Willkommen in der Republika Srpska« und die kyrillischen Anschriften darauf hin, dass man die Entitätsgrenze überquert hat. In Stoßzeiten, wenn die Hauptstraße vom Zentrum der Stadt zum Flughafen verstopft ist, wählen Taxifahrer gern den Weg durch Ost-Sarajevo. Viele Serben, die hier leben, gehen nur dann in den anderen Teil der Stadt, wenn es sich nicht vermeiden lässt. Er fühle sich im bosniakischen Sarajevo unwohl, sagt ein junger Serbe. Ähnlich klingt es auch auf der anderen Seite. Sie hätten hier alles, was sie brauchten. Warum sollten sie nach Ost-Sarajevo gehen, zumal sie dort keine Freunde und Bekannte mehr hätten? Die Trennlinie zwischen den beiden Entitäten im Großraum Sarajevo ist zwar unsichtbar, existiert aber in den Köpfen der Menschen.

Zwar unterrichten in der Grundschule Osman Nuri Hadžić in Dobrinja noch einige nichtbosniakische Lehrer, doch man kann sie, wie die serbischen Schüler, an einer Hand abzählen. Gemeinsame Projekte mit serbischen Schulen jenseits der Entitätslinie gibt es kaum mehr. Die Lehrerin Smilja Mrđa, eine sechzigjährige Serbin, ist in Sarajevo zu einer Zeit aufgewachsen, als der jugoslawische Vielvölkerstaat noch existierte und die bosnische Hauptstadt tatsächlich multiethnisch war. Bei den Volkszählungen vor dem Krieg definierte sie sich, wie sie im Gespräch stolz sagt, als Jugoslawin im ethnischen Sinn, nicht als Serbin. Ihr war die gesamtbosnische Identität wichtiger als die ethnisch-nationale Zugehörigkeit. Heute unterrichtet sie – als Serbin – das Fach bosnische Geschichte, und zwar nach dem bosnischen Lehrplan. Dass eine Serbin bosniakischen Kinder und Jugendliche bosnische Geschichte lehrt, ist im heutigen Bosnien-Herzegowina ungewöhnlich. Für sie sei das kein Problem, sagt Smilja Mrđa. Die Eltern der bosniakischen Kinder seien mit ihr zufrieden und hielten sie für eine gute Lehrerin. Es gebe keine Beschwerden. Sie habe im Krieg im belagerten Sarajevo ausgeharrt. Sie wisse genau, was sich damals in der Stadt abgespielt habe. Es falle ihr deshalb auch nicht schwer, von einer Belagerung Sarajevos zu sprechen und das von bosnischen Serben an bosniakischen Männern und Jugendlichen verübte Massaker von Srebrenica im Juli 1995 als Genozid zu bezeichnen, wie das im neuen bosnischen Lehrplan für Geschichte vorgesehen sei. Jede Seite habe ihre Wahrheit, jede Seite sehe sich immer nur als Opfer, klagt sie. Wer auf der einen Seite als Held gelte, werde auf der anderen Seite als Verbrecher angesehen. Das sei gar nicht gut. Mrđa sieht ihre Aufgabe im Geschichtsunterricht darin, verschiedene Sichtweisen nebeneinanderzustellen und auf jede einzugehen.

Bemerkenswert ist, dass die Unterrichtssprache in der Schule Osman Nuri Hadžić offiziell nicht als Bosnisch bezeichnet wird, wie man erwarten könnte, sondern als b/h/s; die drei Buchstaben stehen für Bosnisch, Kroatisch, Serbisch *(bosanski, hrvatski, srpski).* Diese Regelung gilt für den ganzen Kanton Sarajevo. Überall sonst in Bosnien-Herzegowina wird die Sprache, in der unterrichtet wird, als Bosnisch, Kroatisch oder Serbisch bezeichnet. Nur wenn Eltern ausdrücklich verlangen, dass ihr Kind in einer der drei offiziellen Sprachen unterrichtet werde, wird das in den Schuldokumenten vermerkt. Auf den Unterricht hat dies allerdings kaum Auswirkungen, denn alle lernen aus denselben Schulbüchern und in derselben Sprache. In den Schulen von Sarajevo ist die Unterrichtssprache Bosnisch, auch wenn sie sich b/h/s nennt. Die Kinder von Kroaten, die heute in Sarajevo leben, besuchen die kroatische Schule; wie in Travnik heißt sie Katholisches Schulzentrum. In dieselbe Schule gehen auch Kinder von Serben, die in den Teilen der Hauptstadt leben, die zur Föderation gehören.

Die Bezeichnung b/h/s für die im Unterricht verwendete Sprache wurde nach dem Bosnienkrieg eingeführt. Man wollte sich nicht auf eine der drei Sprachen oder Sprachvarianten festlegen und die Tradition der multiethnischen Stadt aufrechterhalten. Dass sich daran über Jahre nichts änderte, ist nach Meinung von Nenad Veličković allerdings nicht Ausdruck einer multiethnischen Gesinnung oder ein Zeichen der Toleranz und der Bereitschaft, den ethnisch definierten Nationalismus zu überwinden. Der Grund liege vielmehr in der Trägheit der Bürokratie. Doch das könnte sich ändern. Schon seit Jahren gibt es Bemühungen, die an die serbokroatische Standardsprache erinnernde »anationale« Bezeichnung b/h/s abzuschaffen. Die Begründung lautet, b/h/s verweise auf eine Sprache, die es nicht gebe und die in der bosnischen Verfassung nicht existiere. Auch im Kanton Sarajevo soll deshalb künftig die Sprache, in der unterrichtet wird, Bosnisch, Serbisch oder Kroatisch genannt werden. Mitte 2020 hieß sie allerdings noch immer b/h/s.

Drei Wahrheiten

Der Unterricht nach drei verschiedenen Lehrplänen hat vor allem im Fach Geschichte weitreichende Auswirkungen. Schon die Bezeichnung ist unterschiedlich; die Kroaten nennen das Fach *povijest* (Geschichte), die Serben *istorija* und die Bosniaken *historija*. Doch gravierend sind die inhaltlichen Unterschiede. In Bosnien ist entsprechend den drei konstitutiven Völkern alles dreifach. Kritiker sprechen von der »Tyrannei der Zahl drei«. Im Bemühen um Abgrenzung gerät auch die Interpretation umstrittener historischer Ereignisse in den Sog dieser Verdreifachung. Jede der drei Nationen vermittelt in den Schulen die eigene Sichtweise, jede hat ihre »historische Wahrheit«; jede Seite pflegt ein eigenes Opfernarrativ. Zwar gab und gibt es viele Versuche, die Schulbücher zu verbessern, zu entpolitisieren, nationale Stereotypen aufzubrechen, Ereignisse aus verschiedenen Perspektiven zu beleuchten und Fakten von Mythen zu trennen. Einzelne Geschichtslehrer bemühen sich um eine ausgewogenere Darstellung. Doch die Fortschritte werden von vielen Kritikern des Bildungssystems als ungenügend angesehen.

Allerdings scheint das Interesse der Schülerinnen und Schüler an der jüngsten Geschichte, ähnlich wie in Belgrad und in Zagreb, auch in Bosnien-Herzegowina gering zu sein. »Das interessiert uns nicht. Wir haben damit nichts zu tun. Wir haben andere Probleme«, lauten üblicherweise die Antworten. Damit stellt sich die Frage, ob im Geschichtsunterricht tatsächlich kleine Nationalisten herangezogen werden. Die auffallende Gleichgültigkeit gegenüber der Geschichte der Kriege der neunziger Jahre könnte auch ein Ausdruck davon sein, dass die ethnisch eingefärbten, einseitigen Darstellungen in den Köpfen der Schülerinnen und Schüler wenig bewirken. Sie gehen zum einen Ohr rein, zum anderen wieder raus. Die Bedeutung des Geschichtsunterrichts sollte also auch nicht überschätzt werden.

Im Jahr 2018 beschloss der Kanton Sarajevo, den Genozid von Srebrenica, die Belagerung von Sarajevo und die ethnisch motivierten Vertreibungen in den öffentlichen Schulen zu behandeln. Andere Kantone folgten. Die Reaktion der Republika Srpska war heftig. Die Bosniaken hätten sich nicht an die Beschlüsse von 2002 gehalten. Die Bildungsminister hatten damals auf Empfehlung der OSZE entschieden, die Kriege der neunziger Jahre im Geschichtsunterricht nicht zu behandeln. Der frühere Präsident der Republika Srpska und heutige serbische Vertreter im Staatspräsidium, Milorad Dodik, meldete sich persönlich zu Wort und erklärte einmal mehr, in Srebrenica habe es keinen Völkermord und in Sarajevo keine Belagerung gegeben. Er werde deshalb niemals zulassen, dass in der Republika Srpska in öffentlichen Schulen, in denen neben serbischen auch bosniakische Kinder unterrichtet werden, Lehrbücher aus der Föderation zugelassen würden, die solche und andere Lügen über das serbische Volk verbreiteten. Fakten und Gerichtsurteile interessieren den Politiker nicht. Dodik ist ein gutes Beispiel dafür, mit welcher Anmaßung sich Politiker in historische Debatten einmischen und für sich das Recht in Anspruch nehmen, darüber befinden zu können, wie historische Ereignisse zu interpretieren sind.

Doch auch im serbischen Landesteil gehört die jüngste Vergangenheit inzwischen zum Pflichtstoff im Fach Geschichte. Unterrichtet wird nach einem neuen Lehrbuch. Thematisiert werden der Zerfall Jugoslawiens, der Krieg, die Entstehung der Republika Srpska und deren Entwicklung nach dem Ende des Bosnienkrieges sowie das Friedensabkommen von Dayton. Der Bildungsminister Dane Malešević erklärte angesichts dieser Neuerung, es sei notwendig, auf den Beschluss Sarajevos zu reagieren und den serbischen Schülern »unsere Wahrheit und unsere Sicht des Krieges« beizubringen. Die serbischen Schülerinnen und Schüler lernen in den entscheidenden Punkten exakt das Gegenteil von dem, was den anderen beigebracht wird. Was für die Bosniaken und die bosnischen Kroaten eine »serbische Aggression« gegen Bosnien-Herzegowina ist, bezeichnen die bosnischen Serben als »Vaterländischen Verteidigungskrieg« *(odbrambeno-otadžbinski rat)*. Die Terminologie ist fast identisch mit der in Kroatien, wo der Krieg gegen Serbien von 1991 bis 1995 »Vaterländischer Krieg« *(domovinski rat)* genannt wird.

Serbien und die Republika Srpska wollen auch die Lehrpläne in den nationalen Fächern vereinheitlichen. Es sollen künftig dieselben Lehrbücher verwendet werden. Die Bemühungen werden mit der bedrohten nationalen Identität, die es zu bewahren gelte, und dem Schutz der Interessen der bosnischen Serben begründet. Malešević erklärte im Juli 2018 wörtlich: »Das serbische Volk muss dieselbe Sprache, dieselbe Geschichte und dieselbe Geografie lernen, unabhängig davon, wo die Serben leben. Denn es handelt sich um dasselbe Volk, das dieselbe Geschichte hat, dieselbe Sprache spricht. Es ist deshalb selbstverständlich, dass die Kinder in den Grundschulen nach demselben Curriculum unterrichtet werden.« Dass die bosnischen Serben seit Jahrhunderten zusammen mit den Bosniaken und den bosnischen Kroaten in Bosnien-Herzegowina leben und diesen in ihrer Mentalität und auch in der Sprache näherstehen als den Serben in Serbien, wird einfach ignoriert. Viele Bosniaken sehen in den Bemühungen um eine Vereinheitlichung der Lehrpläne den Versuch, eine homogene serbische Identität über die Landesgrenzen hinaus zu schaffen, die nichts mit Bosnien-Herzegowina, dessen Geschichte, Kultur und Tradition zu tun hat. Sie betrachten die kulturelle Abnabelung als Vorstufe zur staatlichen Vereinigung mit Serbien und damit zur Zerschlagung von Bosnien-Herzegowina.

In diesem Zusammenhang ist auch die Tatsache zu sehen, dass Serbien und die Republika Srpska am 15. September 2020 erstmals überhaupt einen gemeinsamen Feiertag begangen haben, der die Einheit des serbischen Volkes über die staatlichen Grenzen hinweg symbolisieren soll. Er wird mit allem Pathos »Tag der serbischen Einheit, der Freiheit und der Nationalfahne« genannt. Es ist wohl kein Zufall, dass zur selben Zeit in nationalistischen Kreisen der Begriff *srpski svet* (»serbische Welt«), in Anlehnung an die Bezeichnung *russkij mir* (»russische Welt«), auftauchte. Auf diesen schwammigen Begriff, der in Russland unterschiedlich interpretiert wird, bezog sich Präsident Wladimir Putin, als er die Annexion der zur Ukraine gehörenden Halbinsel Krim im Jahr 2014 rechtfertigte. In einer Rede am 18. März vor den Abgeordneten der beiden Parlamentskammern sprach er vom »Streben der russischen Welt, des historischen Russland nach Wiederherstellung seiner Einheit« und davon, dass das russische Volk seit dem Zerfall der Sowjetunion geteilt sei. In ähnlicher Weise hatten zu Beginn der neunziger Jahre, als Jugoslawien auseinanderbrach, serbische Nationalisten die Schaffung eines möglichst viele Serben umfassenden Staates zu begründen versucht.

Ebenso diffus und vage ist der Begriff »serbische Welt«, der nach Belieben gedeutet werden kann, etwa im Sinne einer sprachlichen, einer kulturellen, einer konfessionellen, einer ethnischen, einer politischen und sogar einer staatlichen Einheit. Der serbische Innenminister Aleksandar Vulin sagte in einem Interview mit der serbischen Zeitung *Večernje Novosti* am 1. Mai 2021: »Ich bin überzeugt davon, dass die Schaffung einer serbischen Welt die nationale

Frage der Serben lösen, die Bildung eines großalbanischen Staates verhindern und den Serben garantieren wird, dass sich ein Genozid am serbischen Volk nie mehr wiederholt. Vor allem aber wird ein dauerhafter Frieden auf dem Balkan gewährleistet.« Der Prozess der Vereinigung habe begonnen und könne nicht mehr aufgehalten werden. Solche Äußerungen stoßen nicht nur in Kroatien und in Bosnien auf Unverständnis, sondern auch in liberalen Kreisen Serbiens. Die Rede ist von einem Versuch, der Idee eines großserbischen Staates neues Leben einzuhauchen und die nationale serbische Frage im Sinne einer staatlich-territorialen Vereinigung neu zu stellen. Der Begriff »serbische Welt« erscheint auch regierungskritischen Intellektuellen in Serbien lediglich als eine neue Bezeichnung für das durch die Kriege der neunziger Jahre völlig diskreditierte großserbische Projekt.

Gemeinsame Klassen, aber geteilte Wandtafeln in Brčko

Es geht auch anders, als Kinder und Jugendliche auf der Grundlage der Sprache und damit der ethnischen Zugehörigkeit zu trennen. Das zeigt das Beispiel Brčko. Laut den Ergebnissen der jüngsten Volkszählung von 2013 hat der Distrikt 83 516 Einwohner. Der Anteil der Bosniaken liegt bei 42,4 Prozent, derjenige der Serben bei 34,6 Prozent und derjenige der Kroaten bei 20,7 Prozent. Die Kinder von Bosniaken, Kroaten und Serben werden gemeinsam unterrichtet. Doch das war nicht immer so. Nach dem Krieg, der hier mit großer Brutalität geführt worden war, wurden auch in Brčko die Schulen ethnisch getrennt. Unterrichtet wurde nach drei nationalen Lehrplänen, oft in ethnisch getrennten Schichten; am Vormittag saßen die Serben auf den Schulbänken, am Nachmittag die Bosniaken. Man wollte auf diese Weise ethnisch motivierte Konflikte in den Schulen verhindern. Die politische Lage war damals noch sehr angespannt, zumal auch die Statusfrage noch nicht geklärt war. Doch 2001, ein Jahr nach der Konstituierung des Distrikts, sprach der Supervisor, also der Repräsentant der sogenannten internationalen Staatengemeinschaft in Brčko, der Amerikaner Henry L. Clarke, ein Machtwort und verordnete per Dekret multiethnische Schulen. Die bestehenden Klassen wurden aufgelöst und neue gebildet, die ethnisch gemischt sein mussten. Alle nationalen Symbole, ob bosniakische, serbische oder kroatische, verschwanden aus den Korridoren und den Klassenzimmern. Und das Lehrpersonal hatte in jeder Schule und für jede Klasse multiethnisch zu sein.

Das war zu der Zeit in dem ethnisch gespaltenen Land geradezu revolutionär. Die Maßnahmen stießen denn auch zu Beginn vor allem in den Reihen der serbischen Nationalisten auf heftigen Widerstand. Es kam zu Demonstrationen und Protestaktionen. Doch Clarke ließ sich davon nicht beeindrucken. Hätte er nachgegeben, wäre heute wohl auch in Brčko, wie in anderen ethnisch gemischten Gebieten, die Segregation in den Schulen der Normalzustand. Anderseits kann man sich aber auch die Frage stellen, ob es in der Föderation noch immer ethnisch getrennte Schulen gäbe, wenn der Hohe Repräsentant der Staatengemeinschaft seine weitreichenden Vollmachten genutzt und die Zusammenlegung der »zwei Schulen unter einem Dach« dekretiert hätte. Vor allem in den ersten zehn Jahren nach dem Krieg hatte er häufig von seinen Befugnissen Gebrauch gemacht; er enthob renitente, aber gewählte lokale Politiker ihrer Ämter, erklärte Gesetze für ungültig und erließ andere.

Der Entschlossenheit und Beharrlichkeit des Supervisors ist es zu verdanken, dass im Distrikt Brčko Kinder und Jugendliche gemeinsam unterrichtet werden, mit Ausnahme der Fächer Religion, zum Teil Muttersprache und Geschichte. Die Kinder sitzen zwar zusammen in derselben Klasse, doch sie lernen aus verschiedenen Lehrbüchern, aus bosnischen, bosnisch-serbischen oder bosnisch-kroatischen. Welches sie verwenden, hängt von der Sprache und damit der ethnisch-nationalen Zugehörigkeit ab. Die in den nationalen Fächern verwendeten Lehrbücher haben einen gemeinsamen Kern. Zudem kann der Lehrer über 30 Prozent des Pflichtstoffs frei verfügen. Er hat also Spielraum. Von jedem Geschichtslehrer, ob Bosniake, Serbe oder Kroate, wird erwartet, dass er auch mit den anderen »nationalen« Lehrbüchern vertraut ist, mehr noch; es wird von ihm erwartet, dass er im Unterricht die verschiedenen Sichtweisen darlegt. Ob jeder Lehrer das tatsächlich im Unterricht tut, ist eine andere Frage. Die Situation wird dadurch entschärft, dass in den Schulen von Brčko die Kriege der neunziger Jahre nicht behandelt werden. Das schaffe nur neue Probleme, denn die Sichtweisen der Historiker gingen weit auseinander, lautet die offizielle Begründung. Der Pflichtstoff endet mit dem Zerfall der jugoslawischen Föderation.

In den multiethnischen Schulen von Brčko sind nur die Wandtafeln geteilt, zumindest in den ersten beiden Klassen. Auf der einen Hälfte wird jedes Wort in lateinischen Buchstaben geschrieben, auf der anderen Hälfte in kyrillischen. Ab der dritten Klasse wird eine Woche lang die lateinische Schrift verwendet, dann eine Woche lang die kyrillische. Jedes Kind lernt also, wie das in Bosnien-Herzegowina auch vor dem Krieg der Fall war, beide Schriften. Die Schüler haben auf allen Stufen, ebenso wie die Lehrer, das Recht, die lateinische oder die kyrillische Schrift zu verwenden.

Wenn in einer Schulklasse bosniakische und serbische Schülerinnen und Schüler sitzen, ist die Lehrerin oder der Lehrer verpflichtet, Wörter in Bosnisch und in Serbisch an die Wandtafel zu schreiben, falls sich diese in den beiden Sprachen unterscheiden, also etwa *zrak* und *vazduh* (Luft) oder *kat* und *sprat* (Stockwerk). Hat die Klasse auch kroatische Schüler, was in der Stadt Brčko allerdings nicht oft der Fall ist, denn die Kroaten leben vorwiegend in einigen umliegenden Dörfern, muss auch noch die kroatische Version hinzugefügt werden, falls das Wort nicht mit dem entsprechenden bosnischen oder serbischen Ausdruck identisch ist. Und an dieser Stelle soll nochmals betont werden, dass viele Begriffe in allen drei Sprachen identisch sind und dass jeder Schüler auch jene Wörter, die anders sind, in der Regel ohne Probleme versteht. Es gibt keinerlei Schwierigkeiten bei der Verständigung.

Die Berücksichtigung der Sprachvarianten entsprechend der ethnischen Zugehörigkeit der Schülerinnen und Schüler ist in allen

Klassen der Grundschule Vorschrift; daran haben sich auch jene Lehrerinnen und Lehrer zu halten, die naturwissenschaftliche Fächer unterrichten. Das gilt auch dann, wenn die sprachlichen Unterschiede gering sind. Schreibt ein serbischer Lehrer in einer Klasse mit serbischen, bosniakischen und kroatischen Schülern zum Beispiel das Wort *kafa* (Kaffee) an die Wandtafel, müsste er streng genommen auch die bosnische und die kroatische Variante hinzufügen, also *kahva* und *kava*. Doch wird das wohl kaum ein Lehrer tun, will er sich nicht lächerlich machen. Wird die Regel allerdings nicht eingehalten, kann es durchaus geschehen, dass sich Eltern diskriminiert fühlen und sich bei der Schulleitung beschweren. Wie der Schulalltag in sprachlicher Hinsicht aussieht, ob alle Varianten an die Wandtafel geschrieben werden oder nicht, hängt wohl von der Schulleitung und den einzelnen Lehrerinnen und Lehrern ab.

Auch in Brčko müssen die Eltern bei der Einschulung entscheiden, in welcher Sprache und in welcher Schrift ihr Kind unterrichtet werden soll. Die Kinder werden also auch hier, wie überall in Bosnien, in ethnische Schubladen gesteckt. Ihnen wird schon früh beigebracht, dass sie Teil einer ethnischen Gruppe sind und dass andere Kinder einer anderen Ethnie angehören. Die Zeugnisse und Diplome werden später in der von den Eltern gewählten Sprache und Schrift ausgestellt. Schüler und Lehrerinnen dürfen während des Unterrichts die Sprache verwenden, die sie wollen. Das bedeutet, dass die Lehrer nicht in jedem Fall dieselbe Sprache oder Sprachvariante sprechen wie ihre Schülerinnen.

Die Anhänger der geteilten Wandtafeln und der Verwendung aller Sprachvarianten sind der Meinung, dass auf diese Weise das in der bosnischen Verfassung und im Statut des Distrikts Brčko verankerte Prinzip der Gleichberechtigung der drei Sprachen und der zwei Schriften mustergültig umgesetzt werde. Jeder könne so seine ethnisch-nationale, sprachliche und kulturelle Identität bewahren, bei gleichzeitiger Respektierung der Identität der anderen. Auch werde auf diese Weise, so glauben sie, ein Gefühl der Zugehörigkeit zum bosnischen Staat entwickelt.

»Gipfel der Demokratie«

Zora Pajkanović ist Direktorin der Wirtschaftsmittelschule von Brčko, in der Serben, Bosniaken und Kroaten unterrichtet werden. Sie ist Serbin und Lehrerin für serbische Sprache. Die Direktorin sieht die kyrillische Schrift in Gefahr. In Brčko werde viel über die Gleichberechtigung der beiden Alphabete geredet, doch die Praxis sehe anders aus. Wenn sie ein amtliches Formular ausfüllen solle, klagt sie, sei dieses meist nur in lateinischen Buchstaben geschrieben. Zwar sind in Brčko alle Ämter und Institutionen in allen drei Sprachen sowie in lateinischer und kyrillischer Schrift angeschrieben. In der Stadt sieht man allerdings nur selten kyrillische Aufschriften oder Werbetafeln. Das kyrillische Alphabet ist, ebenso wie in Vukovar, auf dem Rückzug. Das lässt sich wohl auch durch administrative Maßnahmen nicht aufhalten. Vor allem in den oberen Klassen verwenden auch viele serbische Schülerinnen und Schüler die lateinische Schrift. Sie versprechen sich davon Vorteile. Es ist das Alphabet, das in den westlichen Ländern benutzt wird, wohin es auch hier viele vor allem junge Menschen zieht, Bosniaken, Serben und Kroaten. Die lateinischen Buchstaben werden sogar von manchen serbischen Lehrern bevorzugt. Ein Serbe, der mit lateinischen Buchstaben schreibt, ist aus der Sicht serbischer Nationalisten jedoch kein richtiger Serbe mehr. Für sie ist die kyrillische Schrift ein Grundpfeiler der serbischen nationalen Identität, der nicht ins Wanken geraten darf.

Wie in Travnik, Vitez oder in Gornji Vakuf-Uskoplje erhält man auch in Brčko auf die Frage nach dem interethnischen Zusammenleben unterschiedliche Antworten. Meist wird es als konfliktfrei beschrieben. Die einen sagen, die Schüler hätten außerhalb der Schule mehr Kontakte über die ethnischen Grenzen hinweg als anderswo in Bosnien, und ethnisch gemischte Bekanntschaften oder Freundschaften seien vor allem in der Stadt Brčko üblich. Andere sagen, dass sich doch viele in der Freizeit, wenn immer möglich, lieber innerhalb der eigenen ethnischen Gruppe bewegen; das gilt vor allem für die umliegenden Dörfer. Dennoch herrscht ein weitgehender

Konsens darüber, dass Schüler und Schülerinnen in Brčko ethnische Trennlinien leichter überwinden als ihre Altersgenossen in den »zwei Schulen unter einem Dach«.

Es hat sich aber auch gezeigt, dass mit gemeinsamen Klassen allein nicht alles über Nacht anders geworden ist. Notwendig wäre ein gesellschaftliches und politisches Umfeld, in dem ein multiethnisches Zusammenleben gefördert wird. Doch das ist auch in Brčko nicht immer der Fall, im Gegenteil. Die Jugendlichen waren in den letzten Jahren wieder verstärkt nationalistischer Propaganda der auch hier regierenden ethnonationalen Parteien ausgesetzt.

Das Schulsystem in Brčko ist nicht ohne Mängel. Der Distrikt schwebt nicht über den Problemen, die Bosnien zu schaffen machen. Der Leiter der Abteilung für Bildung in der Regierung des Distrikts, Senad Osmanović, bezeichnet die geteilten Wandtafeln als »Gipfel der Demokratie«. Er gehört der bosniakisch-nationalen Partei der Demokratischen Aktion an. Diese Einschätzung teilen nicht alle, vor allem diejenigen nicht, die sich außerhalb des Dunstkreises der tonangebenden ethnonationalen Parteien bewegen. Das Bildungssystem in Brčko sei zwar deutlich besser als das in der Föderation oder das in der Republika Srpska, aber keineswegs ideal. Das ethnisch-nationale Prinzip dominiere auch hier; die Segregation sei nicht durchgehend beseitigt. Ein Lehrer für bosnische Sprache und Literatur erklärt im Gespräch, er behandle im Unterricht nicht nur bosniakische Schriftsteller, sondern auch bosnisch-serbische und bosnisch-kroatische, aber auch solche aus Kroatien und Serbien; das sei für ihn selbstverständlich. Doch er beklagt sich über den zunehmenden politischen Druck. Man erwarte von ihm, dass er im Unterricht bosniakischen Patriotismus verbreite, also beispielsweise mehr Gewicht auf die Literatur der Bosniaken als auf die der anderen lege. Auch in Brčko versuchten ethnonationale Politiker, sagt der Lehrer, die Schulen für politische Zwecke zu instrumentalisieren. Die meisten von denen, die das Bildungssystem in Brčko kritisch sehen, sind sich dennoch darin einig, dass das lokale Schulsystem mit den ethnisch gemischten Klassen, in denen jeder die

Sprachvariante verwenden darf, die er will, Vorbild für die Reform des Systems der »zwei Schulen unter einem Dach« sein könne.

Welche Bedeutung der ethnischen und nationalen Zuordnung auch in Brčko beigemessen wird, zeigt ein Brief an die Behörden des Distrikts vom 25. Januar 2017. Absender sind besorgte kroatische Eltern, deren Kinder im Dorf Gornje Skakave die zweite Klasse der Grundschule besuchen. Sie sehen die nationalen Interessen des kroatischen Volkes bedroht. Geschehen war Folgendes: Eine neue Lehrerin hatte ihre Arbeit in der Dorfschule aufgenommen. Sie war Bosniakin, nicht Kroatin. Zwar betonen die Eltern im Brief, sie hätten nichts gegen die Lehrerin persönlich. Doch sei sie ungeeignet, die acht Kinder der zweiten Klasse zu unterrichten, da sie Bosniakin und damit Muslimin sei. Alle Kinder seien aber katholische Kroaten, die nach christlichen Grundsätzen erzogen würden. Auch lebten sie in einer Umgebung, in der Kroatisch gesprochen werde. Die neue Lehrerin spreche aber Bosnisch. Das sei deshalb beunruhigend, weil die Kinder gerade in diesem Alter das »Bewusstsein ihrer nationalen und konfessionellen Zugehörigkeit« entwickelten. Die Kinder müssten in der Schule bereits die Fremdsprachen Englisch und Deutsch lernen. Es sei deshalb eine Zumutung, dass nun auch noch Bosnisch hinzukomme.

Die kroatischen Eltern behandeln also Bosnisch, das sie alle ohne jegliche Probleme verstehen, als Fremdsprache. Aus ihrer Sicht dürfen kroatische Kinder nur von Kroatinnen und Kroaten in kroatischer Sprache unterrichtet werden. Diese Meinung ist in Bosnien-Herzegowina weit verbreitet. Auch viele serbische oder bosniakische Eltern, vor allem in ländlichen Gebieten und außerhalb von Brčko, können sich nicht vorstellen, dass ihr Kind von einem Lehrer unterrichtet wird, der einer der beiden anderen Ethnien angehört und damit in ihrer Sicht eine fremde Sprache spricht, einer anderen Religion, ja sogar einer anderen Kultur angehört, die oft noch als fremd hingestellt wird. Sie sehen darin eine Verwischung der ethnischen Trennlinien und damit eine Gefahr für die eigene nationale Identität.

»Die Sprache ist die Seele des Volkes«

Nationale Identität und ethnische Abgrenzung

Der Zerfall des jugoslawischen Vielvölkerstaates bedeutete auch das definitive Ende der gemeinsamen serbokroatischen oder, so die Bezeichnung in Kroatien, kroatoserbischen Standardsprache mit ihren Varianten, dem Serbischen und dem Kroatischen. Es gibt Unterschiede zwischen den beiden Sprachen; sie sind aber geringer als diejenigen zwischen den kroatischen Dialekten. Sie betreffen vor allem die Lexik, auch die Grammatik, etwa die Bildung des Infinitivs und des Futurs, sowie die Aussprache. Der bedeutendste phonetische Unterschied ist, und davon wird noch die Rede sein, derjenige zwischen der (kroatischen) ijekavischen und der (serbischen) ekavischen Aussprache. Hinzu kommt, dass die Serben im Allgemeinen das kyrillische Alphabet verwenden, die Kroaten das lateinische.

Die serbokroatische Sprache war bei der Gründung Jugoslawiens nach dem Ersten Weltkrieg ein grundlegendes Element, das Serben, Kroaten, bosnische Muslime und Montenegriner bei allen Differenzen miteinander verband. Mit der Bildung der neuen Staaten und neuer nationaler Identitäten auf den Trümmern Jugoslawiens wurde auch die serbokroatische Sprache in ihre Komponenten zerschlagen. Es entstanden zunächst drei Sprachen: Kroatisch, Serbisch und Bosnisch, die Sprache der Bosniaken. Als 2006 auch Montenegro seine Unabhängigkeit proklamierte, kam noch Montenegrinisch hinzu. Jede dieser vier Sprachen oder der Varianten derselben Sprache wurde im jeweiligen Land zu einem zentralen Merkmal der nationalen Identität. Da sich die Sprachen, trotz den erwähnten Unterschieden, sehr ähnlich sind, musste die Eigenständigkeit der eigenen nationalen Sprache betont werden; man bemühte sich um Abgrenzung. Die Aufmerksamkeit konzentrierte sich auf das Trennende, nicht mehr auf das Gemeinsame.

Kompliziert war die Lage in Bosnien-Herzegowina, wo das Serbokroatische ebenfalls Amtssprache war. Als konstitutiv und damit staatsbildend galten auch in jugoslawischer Zeit die bosnischen Serben, die bosnischen Kroaten und die Muslime, die sich, wie schon ausgeführt, am 27. September 1993 an der »Bosniakischen Versammlung« in Bosniaken umbenannten. Mit dem Auseinanderbrechen Jugoslawiens wurde auch in Bosnien die gemeinsame Standardsprache zerschlagen. Die bosnischen Serben nannten ihre Sprache nun Serbisch, die bosnischen Kroaten Kroatisch. Den Bosniaken blieb nichts anderes übrig, als ihrer Sprache ebenfalls einen Namen zu geben. An der »Bosniakischen Versammlung« wurde nun beschlossen, die Sprache »Bosnisch« zu nennen. Diese Bezeichnung fand später Eingang in die bosnische Verfassung und ist inzwischen international anerkannt.

Doch vor allem die bosnischen Serben lehnten den Begriff ab. Ihr Anteil an der Gesamtbevölkerung lag laut den Ergebnissen der Volkszählung von 1991 bei 31,2 Prozent, derjenige der Kroaten bei 17,3 Prozent; die Muslime (Bosniaken) bildeten mit 43,7 Prozent die größte Bevölkerungsgruppe. Viele bosnische Serben witterten hinter der an den Staatsnamen gekoppelten Bezeichnung »Bosniaken« den politischen Alleinanspruch der Muslime auf ganz Bosnien-Herzegowina. Das Land gehöre aber, so sagten sie, auch den in Bosnien-Herzegowina lebenden Serben und Kroaten. In der Verfassung der Republika Srpska wird denn auch, anders als im Grundgesetz des Gesamtstaates, die Bezeichnung »Sprache des bosniakischen Volkes« verwendet, analog zu den beiden Bezeichnungen »Sprache des serbischen Volkes« und »Sprache des kroatischen Volkes«. An diese Sprachregelung halten sich auch manche bosnische Kroaten, etwa die Direktoren der »zwei Schulen unter einem Dach«, mit denen ich 2018 in Zentralbosnien sprach. Die Benennung der eigenen Sprache ist im bosnischen Kontext alles andere als eine Lappalie. Es geht nicht um linguistische Spitzfindigkeiten und semantische Haarspaltereien, sondern um nationale Identitäten und damit um Politik.

Die Kodifizierung der bosnischen Sprache und die Abgrenzung vom Serbischen und Kroatischen erwiesen sich als schwierig. Gerade in Bosnien-Herzegowina mit seiner traditionellen Sprachtoleranz, wo Muslime (Bosniaken), Orthodoxe (Serben) und Katholiken (Kroaten) seit Jahrhunderten zusammenlebten, wurden in jugoslawischer Zeit viele Sprachelemente der serbischen und der kroatischen Variante nebeneinander verwendet. Hinzu kamen spezifisch bosnische Wörter und Ausdrücke. Sie ließen sich nicht immer eindeutig einer der Ethnien zuordnen. Eine eigenständige bosnische Sprache existierte zu jener Zeit nicht. Es gab viele Überlappungen, Mischformen hatten sich herausgebildet. Welche lexikalische Variante sollte also in die bosnische Schriftsprache aufgenommen werden, und wie sollte man das begründen? Auch ist das bosnische Kroatisch nicht immer identisch mit dem in Kroatien gesprochenen Kroatisch. Ebenso unterscheidet sich das bosnische Serbisch vom Serbischen, wie es jenseits der Grenze in Serbien gesprochen wird.

In Montenegro stieß allein schon die Einführung einer montenegrinischen Sprache auf Widerstand, und zwar nicht nur bei denjenigen, die sich ethnisch als Serben definierten. Als überaus schwierig erwies sich auch die Kodifizierung. Wie sollte das Montenegrinische vom Serbischen abgegrenzt werden, wenn es kaum Unterschiede gibt? Die Anhänger einer eigenständigen montenegrinischen Sprache führten deshalb sogar zwei neue Grapheme ein, die weder das Serbische noch das Bosnische oder das Kroatische kennen. Die Wahl der Sprachbezeichnung ist in Montenegro ebenso wie die der ethnisch-nationalen Zugehörigkeit in erster Linie, wenn nicht ausschließlich, eine politische Entscheidung.

Sprache und Politik

Wie eng Sprache, Nation, nationale Identität und Politik miteinander verflochten sind, lässt sich am Beispiel Kroatiens gut veranschaulichen. Nach der Proklamation des unabhängigen kroatischen Staates am 25. Juni 1991 machten sich national gesinnte Linguisten mit Feuereifer daran, die kroatische Sprache von allen serbischen Elementen beziehungsweise von dem, was sie für Serbisch hielten, zu reinigen. Sie sollte »rekroatisiert« werden. »Rückkehr zu den kroatischen Wurzeln«, lautete die Losung. Der Bildung des kroatischen Nationalstaates, die als politische Befreiung von der serbischen Vorherrschaft im sozialistischen Jugoslawien verstanden wurde, sollte die sprachliche Emanzipation folgen. Da sich die beiden Sprachen aber sehr ähnlich sind, mussten Unterschiede gesucht oder gar erfunden werden. In der Folge tauchten Wörter auf, die selbst in kroatischen Ohren merkwürdig, fremd oder veraltet klangen. Bei allem Verständnis für die Notwendigkeit der Abgrenzung vom Serbischen im Zuge der Staatsbildung gingen solche Wiederbelebungen von zum Teil historisch belasteten Wörtern manchen Kroaten zu weit.

Zur selben Zeit, als in Kroatien Serbismen, wirkliche und vermeintliche, aus der kroatischen Sprache eliminiert wurden und Sprachpuristen ihr Unwesen trieben, machten sich bosnisch-serbische Nationalisten daran, kroatische Formen und Wörter aus der in Bosnien-Herzegowina gesprochenen serbischen Sprache zu entfernen. Die bosnischen Serben verwenden wie die meisten in Kroatien lebenden Serben und die Montenegriner die phonetische Variante, die in Kroatien und nicht in Serbien gesprochen wird, also die ijekavische, nicht die ekavische. Die einen schreiben und sagen, um nur ein Beispiel zu nennen, *rijeka* (Fluss), die anderen *reka*. Das konnten die extremistischen Serben nicht auf sich beruhen lassen, die Teile des bosnischen Territoriums Serbien angliedern wollten. Die sprachliche Verbindung mit dem kroatischen Kriegsgegner musste gekappt werden. Das Parlament der Republika Srpska erklärte deshalb im Herbst 1993 – mitten im Krieg – die in Serbien gesprochene ekavische Form auch für die bosnischen Serben für bindend. Die sprachliche Angleichung sollte der politischen Vereinigung vorangehen. Doch schnitt man sich mit diesem willkürlichen Spracherlass von der eigenen sprachlichen und kulturellen Tradition ab, ganz zu schweigen davon, dass die Umstellung vielen schwer fiel, auch den Sprechern der Fernsehsender, die über Nacht die ekavische Variante zu verwenden hatten. Schnell regte sich Widerstand, und das großserbische Projekt der sprachlichen Vereinigung versandete bald wieder.

Bereits in den sechziger Jahren, lange vor der Proklamation der staatlichen Unabhängigkeit, hatte es in Kroatien Bemühungen gegeben, die Eigenständigkeit der Sprache hervorzuheben. Ein Beispiel dafür ist die »Erklärung über die Bezeichnung und die Stellung der kroatischen Schriftsprache« vom März 1967. Sie wurde von vielen einflussreichen kroatischen Intellektuellen unterzeichnet. Die wichtigsten kulturellen Institutionen unterstützten sie. Die kommunistische Führung in Zagreb hingegen stufte die aufsehenerregende Erklärung als politisch schädlich ein. Darin werden Bemühungen in Belgrad um die Ausweitung des »Gebrauchs einer einheitlichen Staatssprache« – gemeint ist die serbische Variante des Serbokroatischen – und die zunehmenden Tendenzen zur Verdrängung der kroatischen Sprachvariante angeprangert. Verlangt wird die Gleichberechtigung der vier slawischen Idiome Slowenisch, Kroatisch, Serbisch und Mazedonisch. Es sei das Recht jedes Volkes, der eigenen Sprache einen eigenen Namen zu geben. Das heißt; die in Kroatien verwendete Standardsprache solle Kroatisch genannt und in den Schulen, den Medien und im öffentlichen Leben verwendet werden. Es geht den Unterzeichnern angesichts der Dominanz der serbischen Variante des Serbokroatischen um eine Aufwertung der kroatischen Sprache und dadurch, wie schon damals betont wurde, nun die Stärkung der nationalen Identität. Damit wurde die gemeinsame Schriftsprache mit den beiden Varianten, der serbokroatischen und der kroatoserbischen, auf die sich Linguisten und Schriftsteller 1954 geeinigt hatten, infrage gestellt. Die Sprache wurde wieder zum politischen Kampffeld.

Weiter als diese Erklärung von 1967 ging vier Jahre später die kroatische Nationalbewegung. Die Exponenten des sogenannten »Kroatischen Frühlings«, Reformer innerhalb des Bundes der Kommunisten Kroatiens, Intellektuelle und Studenten, verlangten weitreichende Reformen, die an den Grundpfeilern der Staatsordnung rüttelten, etwa eine gerechtere Verteilung der Deviseneinnahmen, mehr Autonomie für die Teilrepublik Kroatien innerhalb Jugoslawiens, politische und wirtschaftliche Dezentralisierung auf allen Ebenen und Demokratisierung des politischen Lebens. Forderungen nach einer Liberalisierung des politischen Systems gingen mit dem Ruf nach nationaler Emanzipation einher. Die Nationalbewegung erreichte im November 1971 mit den Studentenstreiks in Zagreb und den Aufrufen zum Generalstreik ihren Höhepunkt. Tito sah den Zusammenhalt der jugoslawischen Föderation in Gefahr und intervenierte. Die Führungsfiguren des reformorientierten, national-kroatischen Flügels des Bundes der Kommunisten Kroatiens wurden mit der Begründung entmachtet, die Bewegung sei nationalistisch, separatistisch und konterrevolutionär. Hunderte Exponenten des »Kroatischen Frühlings« verloren ihre Stelle oder wurden zu teilweise hohen Gefängnisstrafen verurteilt. Das war das Ende der nationalen Bewegung, die von vielen Kroaten unterstützt wurde, nicht aber von den in Kroatien lebenden Serben. Anders als am Vorabend des Zerfalls Jugoslawiens zu Beginn der neunziger Jahre ging es den meisten Anhängern des »Kroatischen Frühlings« Anfang der siebziger Jahre noch immer um politische und wirtschaftliche Reformen innerhalb der jugoslawischen Föderation.

Doch nur wenige Jahre später, in der neuen jugoslawischen Verfassung von 1974, erhielten die Teilrepubliken im Zuge einer allgemeinen Dezentralisierung mehr Kompetenzen. Über die Sprache heißt es in Artikel 246: »Die Sprachen der Nationen und Nationalitäten und ihre Schriften sind auf dem Territorium Jugoslawiens gleichberechtigt. In der Sozialistischen Föderativen Republik Jugoslawien sind die Sprachen der Nationen im offiziellen Gebrauch.« Weder Serbisch noch Kroatisch werden erwähnt, ebenso wenig wie Serbokroatisch oder Kroatoserbisch. Anders lautet der entsprechende Paragraf in der zur selben Zeit in Zagreb verabschiedeten kroatischen Verfassung: »In der Sozialistischen Republik Kroatien ist die kroatische Schriftsprache im öffentlichen Gebrauch, die standardisierte Form der Volkssprache der Kroaten und der Serben in Kroatien, die sich Kroatisch oder Serbisch nennt.« Die Sprache wird auch Kroatisch genannt, die Begriffe »Serbokroatisch« oder »Kroatoserbisch« fehlen. Einzig in der ebenfalls 1974 verabschiedeten Verfassung der Sozialistischen Republik Serbien wird festgehalten, Amtssprache sei das Serbokroatische. Zu Beginn der neunziger Jahre, als die kroatische Sprache im Zuge der Nationsbildung zur Staatssprache erklärt wurde, kam also eine sprachliche Entwicklung zum Abschluss, die bereits in den sechziger Jahren begonnen hatte.

Sprachliche Verdreifachung in Bosnien

Die Zerschlagung der einst gemeinsamen serbokroatischen Standardsprache hatte vor allem in Bosnien gravierende Folgen. Ein Beispiel dafür ist die ethnische Trennung in den »zwei Schulen unter einem Dach«, davon war bereits die Rede. Doch es gibt noch weitere Auswirkungen, die man unter dem Begriff »Verdreifachung« zusammenfassen kann. Da Bosnisch, Serbisch und Kroatisch gleichberechtigte Amtssprachen sind, müssen alle offiziellen Dokumente, vor allem diejenigen, die veröffentlicht werden, in allen drei Sprachen verfasst werden. Das führt dazu, dass jedes offizielle Papier in drei Fassungen existiert, die mit kleinen Abweichungen identisch sind. An diese Regelung halten sich auch die im Land tätigen internationalen Institutionen und Organisationen, etwa das Büro des Hohen Repräsentanten (OHR) oder die OSZE. Sie sind nicht bereit, diese fragwürdige Praxis der Verdreifachung zu ändern und beispielsweise ihre Texte abwechslungsweise in einer der drei Sprachen zu veröffentlichen. Warum lassen sie zu, dass Dokumente »übersetzt« werden, die jeder vollständig und ohne Mühe versteht? Durch diese Praxis werden nicht nur die ethnischen Gräben zementiert. Es wird auch viel Geld verschwendet. Indem das OHR und die OSZE unter Berufung auf die Verfassung alle ihre Texte in allen drei offiziellen Sprachen veröffentlichen, unterstützen sie die Praxis der sprachlich begründeten Segregation, die sie eigentlich bekämpfen, und damit auch die ethnonationalen Politiker, deren nationalistischen Diskurs sie ablehnen. Sie stärken damit ein politisches System, das auf ethnischer Abgrenzung beruht.

Auch in den Parlamenten auf verschiedener Ebene werden die offiziellen Dokumente und Unterlagen meist in allen drei Sprachen verfasst. Ist das nicht der Fall, kann ein Abgeordneter, wenn ihm danach zumute ist, den Gesetzgebungsprozess verzögern, indem er erklärt, er verstehe den Text nicht, denn er sei nicht in seiner Muttersprache geschrieben. Die oft alles andere als eindeutigen sprachlichen Gegebenheiten stellen auch die »Übersetzer« vor knifflige Aufgaben. Es ist nicht immer klar, was der bosnischen, der serbischen oder der kroatischen Sprachnorm entspricht. Solche Schwierigkeiten haben auch Verlage oder Redaktionen, die Bücher veröffentlichen oder Zeitschriften und Zeitungen herausgeben. Ist tatsächlich jedes Wort, das ein bosniakischer, ein serbischer oder ein kroatischer Autor verwendet, Bosnisch, Serbisch oder Kroatisch? Muss es geändert werden, wenn das nicht der Fall ist und es in der entsprechenden Standardsprache eine Alternative gibt? Und was geschieht, wenn ein Autor in seinem Text Wörter und Formen verwendet, die nach Meinung des Lektors oder des Redakteurs nicht oder nicht eindeutig einer der drei Standardsprachen zugeordnet werden können? Was also ist, so lautet die ketzerische Frage, Bosnisch, was Serbisch und was Kroatisch? Man kann die Bezeichnung der Sprache mit einem Federstrich über Nacht ändern, nicht aber den Sprachgebrauch.

Die Verdreifachung hat auch zur Folge, dass auf Formularen oder Aufschriften von Produkten oft dreimal dasselbe steht, da die entsprechenden Begriffe in den drei Sprachen identisch sind, etwa die Worte »Rauchen tötet« auf Zigarettenpackungen: »Pušenje ubija« (Bosnisch), »Pušenje ubija« (Kroatisch), »Pušenje ubija« (Serbisch), diesmal wenigstens in kyrillischer Schrift. Auch an den Bankautomaten kann der Kunde wählen, ob er in Bosnisch, Serbisch oder Kroatisch sein Geld beziehen will.

Als 2017 in weiten Teilen Sarajevos über Monate immer wieder das Wasser abgestellt wurde, tauchte in sozialen Medien ein Fragebogen auf, dessen Verfasser sich über die sprachliche Verdreifachung lustig machte. Die Frage lautete: »In welcher Sprache wünschen Sie, über Wasserreduktionen informiert zu werden?« Kurz zuvor hatten die Eltern der Grundschüler des Kantons Sarajevo einen Fragebogen erhalten. Darin sollten sie im entsprechenden Feld ankreuzen, in welcher der drei offiziellen Landessprachen ihr Kind unterrichtet werden möchte, in Bosnisch, in Kroatisch oder in Serbisch. Die bisherige Bezeichnung der Unterrichtssprache, nämlich b/h/s *(bosanski, hrvatski, srpski)*, sollte, wie geschildert, abgeschafft werden. Dieses Vorhaben stieß auf Kritik; Eltern wehrten sich dagegen. In Anspielung auf den Fragebogen über die Trennung der Sprachen heißt es in dem in sozialen Medien verbreiteten Text: Da die Bürger der Hauptstadt an die Rationierung des Wassers gewöhnt seien und die Regierung von Sarajevo nichts Wichtigeres zu tun habe, als den Bürgern immer neue Abgrenzungen aufzuzwingen, verlange man gemäß der Verfassung, dass die Bürger selbst wählen könnten, in welcher der drei Landessprachen sie die Mitteilung über die Wasserabschaltung erhalten wollten. Dann werden die drei Sprachen genannt, die angekreuzt werden können: Bosnisch, Kroatisch, Serbisch. Das Wort für Wasserabschaltung ist in allen drei

Sprachen dasselbe, nämlich »redukcija vode«. Am Schluss steht der Satz: »Auf diesem Weg erkläre ich mein Einverständnis, dass die Mitteilungen über die Reduktion der Wassermenge ausschließlich in der Sprache verfasst sind, die ich oben angekreuzt habe. In Bosnien kursieren überall Witze über die sprachliche Verdreifachung, die oft zu absurden und grotesken Situationen führt. Geändert hat sich an dieser Praxis bisher jedoch kaum etwas.

Eine gemeinsame Sprache

Vor allem in intellektuellen Kreisen regte sich gegen die penetrante sprachliche Verdreifachung Widerstand. Ende März 2017 stellten Sprachwissenschaftler aus Bosnien, Kroatien, Serbien und Montenegro in Sarajevo eine »Erklärung über die gemeinsame Sprache« vor. Allein schon der Titel war in den Augen der Nationalisten eine üble Provokation. Vorausgegangen waren vier Konferenzen, eine in Sarajevo, eine in Split, eine in Belgrad und eine in Podgorica, der Hauptstadt Montenegros. Die Teilnehmer setzten sich mit der Wechselwirkung von Sprache und Nationalismus auseinander. Die Erklärung wurde in den Monaten nach ihrer Veröffentlichung von Tausenden Personen unterzeichnet. Sie hält fest, dass es sich bei den vier Sprachen Bosnisch, Serbisch, Kroatisch und Montenegrinisch um standardisierte Varianten derselben Sprache handle und nicht, wie in nationalistischen Kreisen behauptet werde, um vier voneinander unabhängige Sprachen. Es gebe nur unterschiedliche Bezeichnungen für dieselbe Sprache. Der polyzentrischen Standardsprache, deren vier Varianten als gleichberechtigt bezeichnet werden, wird bewusst kein Name gegeben. Es wird vielmehr betont, jedes Volk habe das Recht, seine Variante so zu nennen, wie es wolle. Das gelte auch für jeden Einzelnen.

Die Existenz einer bosnischen, einer kroatischen, einer serbischen und einer montenegrinischen Sprache wird keineswegs geleugnet, ebenso wenig wie die Zugehörigkeit der Sprechenden zu vier unterschiedlichen Ethnien und Staaten. Es geht in der Erklärung nicht darum, eine neue, die heutigen Staatsgrenzen sprengende Sprache und Identität zu propagieren. Es soll keine gemeinsame Standardsprache nach dem Muster des Serbokroatischen geschaffen werden, wie Kritiker unterstellen. Die Erklärung richtet sich vielmehr gegen die Auswüchse einer übertriebenen sprachlichen Abgrenzung. Das erklärte Ziel der Initiatoren ist die Beseitigung jeglicher Form sprachlicher Segregation und Diskriminierung in Schulen und in der staatlichen Administration. Der Praxis des »unnötigen, sinnlosen und teuren Übersetzens« bei den Behörden, bei den Gerichten und in den Medien müsse ein Ende gesetzt werden. Ebenso müsse die ethnische Trennung in den »zwei Schulen unter einem Dach« abgeschafft werden. Und die Erfindung von sprachlichen Unterschieden müsse aufhören. Bosniaken und Kroaten sollten gemeinsam in einer Klasse sitzen und das Recht haben, die Sprachvariante ihrer Wahl zu verwenden, ohne vom Lehrer korrigiert zu werden, wenn dieser eine andere spricht.

Gefordert wird ein vernünftiger, angemessener und unverkrampfter Umgang mit der Sprache und ihren Varianten. Die Bevölkerung müsse darüber aufgeklärt werden, dass die Behauptung, es existierten vier getrennte Sprachen, falsch sei und den politischen Zwecken derjenigen diene, die das behaupteten. Die ethnonationale Elite missbrauche die Sprache als Vorwand zur ethnischen Trennung der Kinder in den »zwei Schulen unter einem Dach«, und zwar in der Absicht, sie zu indoktrinieren. Diese Politik habe dazu geführt, dass die Verwendung unterschiedlicher sprachlicher Formen und Begriffe zum Kriterium der ethnisch-nationalen Zugehörigkeit geworden sei, ja sogar der politischen Loyalität. Die Sprache müsse von den politischen Fesseln befreit und in den Dienst der Versöhnung gestellt werden.

Die offiziellen Reaktionen auf die Erklärung waren vor allem in Kroatien überaus negativ, wo man in Sprachfragen besonders empfindlich ist. Sie wurde als ein gegen die kroatische Sprache und damit auch gegen die kroatische Nation gerichtetes politisches Pamphlet angesehen. Die Rede war von »gewaltsamen sprachlichen

Homogenisierungsbemühungen«. Wer von einer gemeinsamen Sprache mit vier Varianten spreche, verkenne die Realitäten und wolle eine neue jugoslawische Identität herstellen oder ein neues Jugoslawien schaffen.

Kroatien war der einzige Nachfolgestaat Jugoslawiens, in dem hochrangige Politiker ihre Empörung öffentlich zum Ausdruck brachten. Regierungschef Andrej Plenković von der nationalkonservativen Kroatischen Demokratischen Gemeinschaft (HDZ) sagte, die Erklärung sei es nicht wert, auch nur ein Wort über sie zu verlieren. Präsidentin Kolinda Grabar-Kitarović sprach wortreich von einer marginalen Angelegenheit, über die man nicht diskutieren müsse. Die einstige gemeinsame Sprache, das Serbokroatische, sei ein politisches Projekt gewesen, das mit dem Ende Jugoslawiens untergegangen sei. Eine neue gemeinsame Sprache werde es nie mehr geben. Sogar der Zagreber Erzbischof, Kardinal Josip Bozanić, meldete sich zu Wort. Er sprach, ohne die Erklärung explizit zu erwähnen, von einem Versuch der »Zersetzung kroatischer Werte« und von Vorbereitungen für »politische und militärische Eroberungszüge«. Eine Erklärung für seine drastische Äußerung blieb er schuldig.

»Ein schändlicher und sinnloser Krieg«

Wohin die Politisierung der Sprache führen kann, zeigt ein heftiger, emotional aufgeladener Streit um die Bezeichnung der Sprache der Bosniaken. Die Kontroverse mag Außenstehenden bizarr erscheinen, sie hat aber im bosnischen Kontext eine eminent politische Bedeutung. Wie bereits erwähnt, verwenden die bosnischen Serben offiziell anstelle des Begriffs »Bosnisch«, den sie ablehnen, die Bezeichnung »Sprache des bosniakischen Volkes« oder aber, analog zu »Serbisch« und »Kroatisch«, den Begriff »Bosniakisch«. Die Bosniaken sehen darin eine politische Provokation, eine Leugnung ihrer sprachlichen, kulturellen und nationalen Identität.

Die Kontroverse hatte schwerwiegende Folgen. Betroffen waren bosniakische Kinder in den Orten in der Republika Srpska, in die vertriebene oder geflohene Bosniaken nach dem Krieg zurückgekehrt waren. Schauplatz des Geschehens waren die Schulhäuser in den Dörfern Kravica, Konjević Polje und Nova Kasaba im Osten des serbischen Landesteils, und zwar in der Region von Srebrenica. In Kravica leben heute praktisch nur Serben, in Konjević Polje fast nur Bosniaken, in Nova Kasaba nur Bosniaken, in Srebrenica Bosniaken und Serben. In Konjević Polje werden nur bosniakische Kinder unterrichtet, in Kravica nur serbische. Die beiden Orte liegen zwölf Kilometer voneinander entfernt. In Nova Kasaba werden ebenfalls nur bosniakische Kinder unterrichtet. In dieser ostbosnischen Region unweit der Grenze zu Serbien sind also nicht nur, wie in den »zwei Schulen unter einem Dach«, die Klassen getrennt, sondern auch die Schulhäuser, die sich außerdem in verschiedenen Dörfern befinden. Damit wird den Kindern in der Schule der Kontakt mit den Altersgenossen der jeweils anderen ethnischen Gruppe praktisch unmöglich gemacht. Bosniakische und serbische Kinder kennen sich kaum.

Die bosniakische Schule in Konjević Polje gehört administrativ zur serbischen Grundschule in Kravica. Für beide ist dieselbe Direktorin zuständig, Olivera Beatović, eine Serbin. In beiden Schulen arbeiten dieselben Lehrer. Das Zentrum von Konjević Polje, falls dieser Ausdruck überhaupt passend ist, bildet eine Straßenkreuzung mit einer Tankstelle. In der Nähe stehen noch immer als stumme Zeugen des Krieges die von Sträuchern überwucherten Überreste zerschossener Häuser. Auffällig ist die neue, weiß gestrichene serbisch-orthodoxe Kirche. Sie wurde wenige Jahre nach dem Krieg errichtet, um nationale Präsenz zu markieren. Die Botschaft war eindeutig; Konjević Polje ist nun ein serbisches Dorf, auch wenn die Bosniaken hier einst – wie heute wieder – die Mehrheit bildeten. Es ist bezeichnend, dass das Gotteshaus auf dem Grund und Boden einer im Krieg geflohenen bosniakischen Familie gebaut wurde. Als diese 2000 zurückkehrte, stand vor ihrem Haus auf ihrem Grundstück die orthodoxe Kirche. Sie wollte sich damit nicht abfinden und verlangte auf gerichtlichem Weg die Entfernung des Gotteshauses und die Rückgabe ihres Landes. Nach einem jahrelangen Rechtsstreit über zahlreiche Instanzen gab schließlich der Europäische Gerichtshof für Menschenrechte 2019 den Klägern recht. Die serbischen Behörden wurden aufgefordert, dafür zu sorgen, dass die illegal errichtete Kirche an einen anderen Ort versetzt wird.

Für ein besseres Verständnis der Kontroverse um die Sprache der Bosniaken sind die Geschehnisse in den neunziger Jahren aufschlussreich. Im gesamten Grenzgebiet zu Serbien, einer Region, die für die serbischen Nationalisten von strategischer Bedeutung war, hatte der Krieg mit besonderer Heftigkeit und Grausamkeit gewütet. In Srebrenica verübten bosnisch-serbische Truppen ein Massaker, das später vom Internationalen Gerichtshof, dem höchsten Uno-Rechtsprechungsorgan, und vom Haager Uno-Kriegsverbrechertribunal für das ehemalige Jugoslawien als Genozid gewertet wurde. Das heißt, die Täter mussten in der Absicht gehandelt haben, eine ethnische Gruppe ganz oder teilweise zu vernichten.

In den Tagen nach der Einnahme der bosniakischen Enklave von Srebrenica durch bosnische Serben unter dem Kommando von Ratko Mladić am 11. Juli 1995 wurden rund 8000 bosniakische Männer und Jugendliche getötet – und dies, obschon die Enklave, in der sich auch viele bosniakische Flüchtlinge aus der ganzen Region aufhielten, im Frühjahr 1993 zur Uno-Schutzzone erklärt worden war. Blauhelme wurden in der Enklave stationiert; sie waren allerdings nur leicht bewaffnet. Trotz der Anwesenheit von Uno-Schutztruppen bestimmte das serbische Militär, wann und unter welchen Bedingungen die dringend benötigten Hilfsgüter nach Srebrenica gebracht werden konnten. Als die bosnisch-serbischen Truppen die Enklave stürmten, erhielten die dort stationierten Blauhelme von niemandem Unterstützung. Sie mussten dem Geschehen hilflos zusehen.

Mladić hatte am Tag der Einnahme von Srebrenica dem bosnisch-serbischen Fernsehen gesagt, er schenke die Stadt dem serbischen Volk. Endlich sei der Augenblick gekommen, sich an den »Türken« zu rächen. Serbische Nationalisten nannten in den neunziger Jahren die Bosniaken verächtlich »Türken«, obschon die Bosniaken Slawen sind, wie die Serben, die Kroaten, die Slowenen, die Montenegriner oder die slawischen Mazedonier. Extremistische Serben stellten den Kampf gegen die bosnischen Muslime in eine Reihe mit den serbischen Aufständen gegen die Herrschaft der Osmanen im 19. Jahrhundert, ja sie inszenierten sich als Verteidiger christlicher europäischer Werte gegen den vordringenden Islam. Mladić hatte in seiner Äußerung das Massaker in aller Öffentlichkeit vor laufenden Fernsehkameras angekündigt. Doch diejenigen, welche die Enklave hätten schützen sollen, hörten nicht hin. Spätestens in diesem Moment hätten in den westlichen Hauptstädten, bei der Führung der Uno-Mission in Bosnien, den vielen westlichen Friedensvermittlern und den zahlreichen Hilfsorganisationen, die sich damals in Bosnien aufhielten, die Alarmglocken schrillen müssen. Doch sie schrillten nicht.

Inzwischen wird auch von offizieller serbischer Seite eingeräumt, dass in Srebrenica bosnisch-serbische Militärangehörige Gefangene getötet hätten und Verbrechen begangen worden seien. Allerdings werden dabei das Ausmaß und die Tragweite des Massakers immer heruntergespielt. Von einem Genozid, so wird man nicht müde zu sagen, könne keine Rede sein. Es seien vielmehr die Serben, die im Zweiten Weltkrieg im kroatischen Ustaša-Staat Opfer eines Genozids geworden seien. Milorad Dodik, der serbische Vertreter im Staatspräsidium von Bosnien-Herzegowina, verkündet unermüdlich, die Republika Srpska werde die Sichtweise des Haager Uno-Tribunals, wonach es sich beim Verbrechen in Srebrenica um einen Völkermord gehandelt habe, niemals akzeptieren. Extreme Stimmen sprechen sogar von einem »fabrizierten Mythos«, der zum Ziel habe, die Serben zu kriminalisieren, und bezeichnen die Eroberung der bosniakischen Enklave als eine »hervorragend ausgeführte militärische Operation« zur »Befreiung« des serbischen Volkes von Srebrenica. Es gibt keine Anzeichen dafür, dass sich die offizielle Haltung Serbiens und der Republika Srpska in absehbarer Zeit ändern könnte.

Wenn Politiker in Belgrad bosnisch-serbische Kriegsverbrechen einräumen, versuchen sie, diese mit dem Hinweis auf die Untaten der anderen Kriegsparteien zu relativieren. Fakten werden ignoriert, Opferzahlen aufgebauscht. Im bosnischen »Bürgerkrieg«, so die übliche Sprachregelung in nationalistischen Kreisen, hätten alle Kriegsparteien Verbrechen begangen. Verwiesen wird etwa auf Sarajevo, wo während des Krieges Tausende Serben getötet worden seien. Bosniakische Truppen seien für zahlreiche Massaker in der Stadt verantwortlich gewesen. Sie hätten auf die eigenen Landsleute geschossen, um den Westen zu einer Intervention zu bewegen.

Extreme Nationalisten behaupten gar, Sarajevo sei nicht von bosnisch-serbischen Truppen belagert und beschossen worden. Bosniaken hätten die Stadt von innen belagert, was auch immer das bedeuten soll. Aus ihrer Sicht waren die Muslime die Aggressoren, nicht die bosnischen Serben, die sich nur verteidigt hätten. Sie leugnen den Völkermord in Srebrenica und sprechen – unfähig, fremdes Leid auch nur zur Kenntnis zu nehmen – in einer Verkehrung der Tatsachen von einem Genozid an den Serben von Sarajevo. Dass in der belagerten Stadt während des Krieges rund 11 500 Personen, mehrheitlich Bosniaken, ihr Leben verloren, wollen sie nicht wahrhaben. Ebenso wird verschwiegen, dass auch serbische Zivilisten, die in Sarajevo geblieben waren, Opfer der Beschießung durch bosnisch-serbische Truppen wurden. Auch sie hatten sich für die Erhaltung des multiethnischen bosnischen Staates eingesetzt. Die Serben, die von den Hügeln herab die Hauptstadt beschossen und sich als »Befreier« bezeichneten, nannten die in der Stadt ausharrenden Serben »Verräter« und »Izetbegović-Serben«. Alija Izetbegović war damals Präsident von Bosnien-Herzegowina. Umgekehrt waren für die Serben in der Stadt die Serben oben auf den Hügeln »Aggressoren« und »Faschisten«. Dass vor allem in der Anfangsphase des Krieges in Sarajevo Serben von extremistischen Bosniaken umgebracht wurden, ist eine Tatsache. Darüber sprechen wiederum nationalistische Bosniaken heute nicht gerne. Das Leid der Serben von Sarajevo ist für sie kaum ein Thema.

Nach Ansicht serbischer Nationalisten sind die Bosniaken von Srebrenica an ihrem Unglück sogar selbst schuld. Das ist an Zynismus kaum zu überbieten. Es wäre, so behaupten sie, nicht dazu gekommen, hätten bosniakische Truppen im Winter 1992/93 nicht Verbrechen an serbischen Zivilisten in umliegenden Dörfern begangen. Tatsächlich hatten in jener Zeit Bosniaken serbische Orte überfallen. Wie viele serbische Zivilisten bei diesen Raubzügen getötet wurden, darüber gehen die Meinungen – wie das in solchen Fällen üblich ist – weit auseinander. Westliche Nichtregierungsorganisationen vermuten, es seien Hunderte gewesen; auf serbischer Seite werden Zahlen von mehreren Tausend genannt. Bei einem dieser Angriffe unter der Führung von Naser Orić, dem Kommandanten der bosniakischen Regierungstruppen in Srebrenica, wurden im Dorf Kravica vierzig bis fünfzig serbische Bewohner getötet. Viele Häuser wurden geplündert und in Brand gesteckt. Der Überfall wurde ausgerechnet am Tag des orthodoxen Weihnachtsfests, am 7. Januar 1993, unternommen. Westliche Medien berichteten damals kaum darüber, und wer es dennoch tat, geriet in den Verdacht, für den »serbischen Aggressor« Partei zu ergreifen. Es trifft zu, dass auch bosniakische Truppen in Ostbosnien Verbrechen an serbischen Zivilisten begingen, über welche die bosniakischen Schülerinnen und Schüler im Geschichtsunterricht nichts erfahren. Erschreckend aber ist, dass noch heute viele Serben mit dem Hinweis, auch Bosniaken hätten Serben getötet, sogar die Ermordung von über 8000 bosniakischen Männern und Jugendlichen in Srebrenica verharmlosen.

Der Bosniake Emir Suljagić, der die Belagerung von Srebrenica überlebt hat, beschreibt in seinen 2005 in Zagreb erschienenen Erinnerungen *Razglednica iz groba* (Ansichtskarte aus dem Grab), unter welch menschenunwürdigen Umständen die von der Außenwelt abgeschnittenen, verzweifelten, erschöpften und sich selbst überlassenen Bewohner von Srebrenica gelebt und gelitten hatten. Unverblümt schildert er, wie sich die Menschen in der Enklave im Lauf der Zeit veränderten. Schon in den ersten Monaten nach Ausbruch des Krieges kam der Hunger. »In dieser Zeit sind wir immer tiefer und tiefer gefallen, und bis zum Winter gab es nichts mehr, was wir für ein Stückchen Brot nicht zu tun imstande gewesen wären.« Die Angriffe auf serbische Dörfer im Winter 1992/93 beschreibt er als militärische Aktionen zur Beschaffung von Nahrungsmitteln. Nur so hätten die Bewohner den strengen Winter überleben können. Den Soldaten seien die hungrigen Zivilisten gefolgt, die alles mit sich genommen hätten, was von Nutzen gewesen sei. Meldungen darüber, dass bei den militärischen Operationen serbische Zivilisten getötet worden seien, hätten nur Schadenfreude und Häme ausgelöst, aber kein Bedauern und kein Mitgefühl für die Opfer. Suljagić war Dolmetscher für die Uno-Truppen in der Enklave. Dieser Umstand rettete ihm das Leben. Als bosnisch-serbische Truppen die Uno-Schutzzone Srebrenica einnahmen, wurde er evakuiert.

Für das Massaker in Kravica und andere von Bosniaken in der Region von Srebrenica begangene Verbrechen hat das Uno-Kriegsverbrechertribunal in Den Haag niemanden zur Rechenschaft gezogen. Naser Orić, der Kommandant der bosniakischen Truppen in Srebrenica, wurde freigesprochen. In Serbien wird zwar von offizieller Seite der Begriff »Genozid« zur Charakterisierung der in Srebrenica begangenen Verbrechen abgelehnt; aber es gibt in Belgrad kritische Stimmen, die jegliche Relativierung, Verharmlosung und Aufrechnung von Toten zurückweisen. Sie setzen sich dafür ein, dass sich der serbische Staat und die serbische Gesellschaft mit den von Serben begangenen Verbrechen in Srebrenica und auch anderswo ernsthaft auseinandersetzen. Einige fordern sogar, dass Serbien den Genozid als solchen anerkenne und den 11. Juli, den Tag der Einnahme der Enklave durch bosnisch-serbische Truppen, die mit einem Massenmord endete, zu einem Gedenktag erkläre.

Ein von Dorfbewohnern errichtetes Mahnmal zum Gedenken an die serbischen Opfer von Kravica befindet sich an der Durchgangsstraße, die etwas außerhalb des Ortes verläuft. Als ich das Dorf 2005 besuchte, war die Ermordung von mehr als tausend gefangenen Bosniaken in einem Gebäude am Rande von Kravica kein Thema. Sie hatten nach der Einnahme von Srebrenica versucht, durch die Wälder zu entkommen, waren aber von serbischen Truppen aufgegriffen und hierhergebracht worden. Die Bewohner, mit denen ich sprach, beklagten die eigenen Toten. Die heutige Gedenkstätte mit dem großen Kreuz aus schwarzem Stein erinnert nicht nur an die gefallenen Soldaten und zivilen Opfer des »Vaterländischen Verteidigungskrieges« von 1992 bis 1995, sondern auch an alle serbischen Opfer des Zweiten Weltkriegs, die aus dieser Gegend stammten. In der Inschrift werden Zahlen genannt: Im Bosnienkrieg seien 3267 Serben aus der Region ums Leben gekommen, im Zweiten Weltkrieg 6469. Die Bosniaken hingegen ehren ihre Toten in der großen Gedenkstätte in Potočari unweit von Srebrenica. Dort sind die bisher identifizierten Opfer des Völkermords begraben.

In der Region von Srebrenica ist, wie in Vukovar, ein gemeinsames Gedenken an die Opfer beider Seiten undenkbar. Allerdings treffen sich auf lokaler Ebene auch in Bosnien immer wieder Veteranen, die im Krieg auf verschiedenen Seiten gekämpft haben. Sie wollen ein Zeichen der Versöhnung setzen. Zwar haben serbische Politiker im Laufe der Jahre Worte des Bedauerns gefunden, auch um Verzeihung für die Verbrechen gebeten, die in Srebrenica begangen wurden; doch über solche symbolischen, zu nichts verpflichtenden Gesten hinaus ist auf politischer Ebene kaum etwas geschehen. Ein bosniakischer Politiker sagte mir bei meinem Besuch 2005 in Srebrenica: »Die Serben werden immer auf unsere Gedenkstätten spucken und wir auf die ihren.« Nach einem Moment des Innehaltens fügte er hinzu, man müsse ein gemeinsames Mahnmal errichten mit der Botschaft: »Wir alle haben hier einen schändlichen und sinnlosen Krieg geführt, die Opfer liegen alle in derselben Erde begraben.«

Nach Kriegsende kehrten manche aus Srebrenica und den umliegenden Dörfern vertriebene oder geflüchtete Bosniaken in ihre Häuser zurück. Nach all dem, was geschehen war, konnten sie sich nur schwer damit abfinden, dass ausgerechnet die Region, in der bosnische Serben das größte Kriegsverbrechen auf europäischem Boden seit dem Zweiten Weltkrieg verübt hatten, an den Friedensverhandlungen in Dayton dem serbischen Landesteil zugeschlagen wurde und nicht der Föderation. In Srebrenica ist zudem ein bosnischer Serbe Bürgermeister, der den Völkermord leugnet. Solche Hintergründe sind von Bedeutung, will man die Heftigkeit und die Emotionalität verstehen, mit der um die Bezeichnung der Sprache der Bosniaken gestritten wird.

Bosnisch oder Bosniakisch

Begonnen hatte der Streit damit, dass das Erziehungsministerium der Republika Srpska 2013 verfügte, in den Zeugnissen der Kinder von bosniakischen Rückkehrern, welche die Schule in Konjević Polje besuchten, den Begriff »bosnische Sprache« durch »bosniakische Sprache« zu ersetzen. Für die Eltern war das ein Affront. Sie fühlten sich diskriminiert und protestierten. Nachdem Verhandlungen mit den serbischen Behörden ergebnislos verlaufen waren, wurde zu Beginn des Schuljahres 2013/14 der Unterricht in Konjević Polje boykottiert. Schüler und Eltern fuhren nach Sarajevo, wo sie vor dem Sitz des Hohen Repräsentanten (OHR) gegen die Diskriminierung ihrer Kinder in den Schulen protestierten. Sie forderten die Beibehaltung der Bezeichnung »bosnische Sprache« und das Recht auf Unterricht in den nationalen Fächern Muttersprache, Geschichte und Geografie nach Lehrplänen der Föderation. Sie errichteten eine Zeltstadt. Vier Monate lang dauerten die Proteste. Die Kinder gingen in der ganzen Zeit nicht in die Schule.

Von der OSZE hätten sie keine Unterstützung erhalten, sagte Muhizin Omerović, der Vertreter der Eltern, als ich ihn im Oktober 2017 in Srebrenica für ein Gespräch aufsuchte. Er hatte zusammen mit seiner Familie aus Konjević Polje fliehen müssen, nachdem der Ort im Januar 1993 in die Hände der bosnisch-serbischen Truppen gefallen war. Er hatte, wie andere bosniakischen Flüchtlinge auch, im nahen Srebrenica Zuflucht gesucht. Omerović gehört zu den

Überlebenden des Genozids. Nach dem Krieg kehrte er nach Konjević Polje zurück. Er empfing mich in einem leeren Zimmer des neuen Gebäudes, in dem die Gemeindeverwaltung untergebracht ist. Er sei hier für die Logistik zuständig, sagte er. Worauf sich das bezog, blieb unklar. Neben der Gemeindeverwaltung steht das »Haus der guten Töne«. Es ist eine Musikschule, die dank ausländischer Unterstützung sehr gut ausgestattet ist. Hier singen, tanzen oder üben bosniakische und serbische Kinder gemeinsam. Sie kommen aus Srebrenica, Bratunac, Konjević Polje, Kravica und anderen Dörfern hierher. Das ist der einzige Ort weit und breit, wo die ethnische Zugehörigkeit keine Rolle spielt.

Die Bosniaken hätten das Recht, ihre Sprache Bosnisch zu nennen, sagt Omerović. Das stehe auch so in der bosnischen Verfassung, und es sei die offizielle und international anerkannte Bezeichnung. Die Sprache sei die »Seele des Volkes«. Wer den Begriff »Bosnisch« ablehne und die Sprache »Bosniakisch« oder »Sprache des bosniakischen Volkes« nenne, missachte die historische und kulturelle Tradition der bosnischen Muslime und leugne die Identität der Bosniaken. Dann beschwert er sich darüber, dass in den serbischen Schulbüchern die Bosniaken praktisch nicht vorkämen. »Wir existieren für die Republika Srpska nicht.« Zudem sei die Schule in Konjević Polje, in der die bosniakischen Kinder nach serbischen Lehrplänen unterrichtet würden, in einem erbärmlichen Zustand. Es gebe keine Bibliothek, keine Computer, nicht einmal zu jeder Zeit Trinkwasser. Die Grundschule in Kravica, in die nur serbische Kindern gingen, sei jedoch im Gegensatz dazu viel besser ausgestattet. Als ich kurz darauf die Schule in Konjević Polje aufsuchte, bestätigte sich der Befund. Das Schulhaus, die Korridore und die Klassenzimmer wirkten heruntergekommen. Es war ein deprimierender Anblick. Den Russischunterricht in der sechsten Klasse verfolgte ein einziger Schüler. Normalerweise seien es zwei, sagte die Lehrerin. Russisch ist überall in der Republika Srpska nach Englisch die zweite Fremdsprache. Der Schüler saß verloren mitten im kahlen Klassenzimmer an einem abgewetzten Tisch. Es gab eine Wandtafel und ein Stück Kreide, sonst nichts. An der Wand hing ein großes Plakat mit der Aufschrift: »Moja BiH, ponosni smo na domovinu« (»Mein Bosnien-Herzegowina, wir sind stolz auf die Heimat«).

Als die Proteste in Sarajevo nach vier Monaten beendet wurden, schickten die meisten bosniakischen Eltern ihre Kinder nicht mehr nach Konjević Polje in die Schule, sondern nach Nova Kasaba, einem nur von Bosniaken bewohnten Ort, rund fünf Kilometer von Konjević Polje entfernt. Der Auszug der Schüler stieß auf heftigen Widerstand der serbischen Behörden, welche die Grundschule in Nova Kasaba als illegal bezeichneten. Beide Seiten deckten sich in der Folge gegenseitig mit zahlreichen Klagen ein. Geändert hat sich dadurch nichts. Omerović sagt, 119 Schülerinnen und Schüler hätten die Schule in Konjević Polje verlassen, nur 22 seien geblieben und würden nach serbischen Lehrplänen unterrichtet, auch in den nationalen Fächern. Das renovierte Gebäude in Nova Kasaba, das als Schulhaus für die erste bis neunte Klasse dient, stellte die Islamische Glaubensgemeinschaft von Bosnien-Herzegowina zur Verfügung. Die Unterrichtssprache ist hier in allen Fächern Bosnisch, die Lehrpläne sind identisch mit denjenigen des Kantons Sarajevo, woher auch die Schulbücher stammen. Zweite Fremdsprache ist hier, wie überall in der Föderation, Deutsch, nicht Russisch, wie in Konjević Polje oder in Kravica.

Neben dem Eingang des neuen Schulhauses in Nova Kasaba ist eine Tafel angebracht. Darauf steht in arabischer Sprache: »Bildungszentrum. Stiftung des verstorbenen Abdallah al-Mutlaq al-Museilem. Der Staat Kuweit.« Es ist die einzige Schule in dem kleinen Ort. Sie ist für bosnische Verhältnisse gut ausgestattet. Doch sie platzt aus allen Nähten; es fehlt an Räumlichkeiten. Die Lehrerinnen und Lehrer halten sich in den Pausen und in den Stunden, in denen sie nicht unterrichten, in den Gängen oder draußen auf. Ihnen steht kein eigener Raum zur Verfügung. Dennoch kann man sich gut vorstellen, dass das Lernen hier angenehmer ist als in der maroden Schule in Konjević Polje. Die Heizung funktioniert, ebenso die Versorgung mit fließendem warmem Wasser. Angesichts der prekären Platzverhältnisse können nicht mehr alle Kinder aufgenommen werden. Bei meinem Besuch im Oktober 2017 waren sechzehn Lehrerinnen und Lehrer in der Grundschule beschäftigt. Die meisten kamen aus der bosnischen Hauptstadt. Sie lebten unter der Woche gemeinsam in einem Haus in Nova Kasaba, das Wochenende verbrachten sie meist in der Stadt. Die Schule befindet sich zwar in der Republika Srpska, sie ist aber faktisch eine Außenstelle einer Grundschule in Sarajevo, die auch die Löhne der Lehrerinnen und Lehrer bezahlt; sie werden als deren Angestellte geführt. Die Kinder werden jeden Tag aus den umliegenden Dörfern mit Bussen nach Nova Kasaba gebracht; der Transport ist gratis, ebenso eine kleine Mahlzeit.

Zu all dem habe ich im Oktober 2017 die Direktorin der Grundschule in Kravica, Olivera Beatović, befragt. Sie ist, wie erwähnt, auch für die Zweigstelle in Konjević Polje zuständig. Der Unterricht in der Schule in Nova Kasaba sei gesetzeswidrig, erklärte sie. Sie verwies auf jenen Paragrafen der Verfassung der Republika Srpska, in dem festgehalten wird, dass sich die Sprache der Bosniaken »Sprache des bosniakischen Volkes« nenne. Sie sei verpflichtet, sich an diese Sprachregelung zu halten, was immer sie persönlich darüber denke. Andernfalls werde sie entlassen. Sie sagte, nicht 22, sondern rund 50 Kinder seien in der bosniakischen Schule von Konjević Polje geblieben, 117 hätten den Unterrichtsort gewechselt. Sie gehe davon aus, dass diese Kinder nicht mehr zurückkehren würden. Beatović betonte, dass von der sechsten bis zur neunten Klasse der Grundschule in Konjević Polje die Bosniaken in den nationalen Fächern, also in Geschichte, Geografie, Sprache und Religion, getrennt von den anderen unterrichtet würden. Die dazu notwendigen Lehrbücher stammten aus der Föderation. Als die Schulleitung Lehrkräfte für die nationalen Fächer gesucht habe, hätten sich keine Bosniaken gemeldet.

Während seit Jahren erbittert über die Bezeichnung der Sprache der Bosniaken gestritten wird, geht die Zahl der Schülerinnen und

Schüler auch in dieser Region von Jahr zu Jahr zurück. Das ist das eigentliche Problem, nicht der Name der Sprache. Die Direktorin räumte ein, dass das auch ihr zu schaffen mache. Die Dörfer entvölkern sich. Viele Bewohner, Serben wie Bosniaken, ziehen weg. Es gibt hier kaum Arbeit und keine wirtschaftlichen Perspektiven.

»Mir ist der andere Teil der Stadt völlig fremd«

Verfestigte Segregation von Albanern und Serben in Mitrovica

Angefangen hatte alles mit der Aufhebung der Autonomie Kosovos und der Vojvodina durch Belgrad Ende März 1989. Die serbische Führung unter Präsident Slobodan Milošević hatte damit eines ihrer wichtigsten politischen Ziele erreicht, die Wiederherstellung der Einheit des serbischen Staates innerhalb Jugoslawiens. Doch mit der Zerstörung der sorgfältig austarierten Machtbalance ebnete Belgrad den Weg zum Zerfall der jugoslawischen Föderation. Milošević behauptete allerdings in jener Zeit, diese erhalten und verteidigen zu wollen. Kosovo verlor damit, ebenso wie die zweite autonome Provinz Vojvodina, die in der Verfassung von 1974 gewährten weitgehenden legislativen und exekutiven Rechte. Mit der Aufhebung der Autonomie wurde in Kosovo eine serbische Direktverwaltung eingeführt. Im Juli 1990 wurde das bereits entmachtete Parlament Kosovos aufgelöst und die Regierung ebenso. Die Albaner wurden aus dem politischen Leben verdrängt. Die Serben übernahmen die staatlichen und kulturellen Institutionen. Zehntausende albanische Beschäftigte im öffentlichen Dienst wie in zahlreichen staatlichen oder staatsnahen Betrieben, etwa im Bergwerkkombinat Trepča in Mitrovica, von dem noch die Rede sein wird, verloren ihre Arbeit. Viele hatten sich geweigert, eine Loyalitätserklärung gegenüber Serbien abzugeben.

Die Kosovo-Albaner errichteten parallele Institutionen. Sie proklamierten die »Republik Kosovo«, wählten ein eigenes Parlament und einen eigenen Präsidenten. Bis zum Ausbruch des Krieges mit Serbien 1998 existierten in Kosovo de facto zwei Staaten nebeneinander oder, genauer gesagt, übereinander; ein serbischer an der Oberfläche, der über alle Machtmittel verfügte und diese auch rücksichtslos einsetzte, und ein albanischer im Untergrund. Die Albaner boykottierten den serbischen Staat und leisteten passiven Widerstand gegen die serbische Administration, bis etwa Mitte der neunziger Jahre. Ihr Parallelstaat im Untergrund verfügte nicht nur über eigene politische Institutionen, sondern auch über ein eigenes Steuersystem, eine eigene Gesundheitsversorgung und ein eigenes Bildungssystem. Albaner und Serben gingen nach 1989 völlig getrennte Wege, und auch im Alltag gab es kaum noch Berührungspunkte. Seit der Gründung Jugoslawiens 1918 war es meist so gewesen, dass in Kosovo die Macht entweder in den Händen der Serben lag, gegen welche die albanische Mehrheit aufbegehrte, was im Laufe der Geschichte viel öfter der Fall war, oder aber dass die Albaner das politische Leben dominierten, und die in Kosovo lebenden Serben fühlten sich unterdrückt und diskriminiert.

Im Zuge der Aufhebung der Autonomie wurden in allen Bildungseinrichtungen Kosovos, von der Grundschule bis zur Universität, einheitliche serbische Lehrpläne eingeführt. Serbokroatisch – so hieß die Sprache damals noch – wurde zur alleinigen Amtssprache Kosovos erklärt. Diese Maßnahmen lösten Proteste aus. Die Albaner empfanden die neuen Unterrichtsprogramme, vor allem in den nationalen Fächern wie Geschichte, Literatur und Sprache, als serbisch-nationalistisch. Im Vordergrund stand die serbische Geschichte, die serbische Literatur, die serbische Kultur und damit die serbische Sichtweise. Für die Aufnahme in die Mittelschulen mussten Prüfungen in serbischer Sprache abgelegt werden. Lehrer, die sich gegen die Serbisierung wehrten und nicht bereit waren, nach den von Belgrad verordneten Lehrplänen zu unterrichten, wurden entlassen. Die albanischen Schüler blieben dem Unterricht fern. Mittelschüler und Studenten mussten in Privathäusern unterrichtet werden. Die Zustände waren katastrophal. Es fehlte an Räumen, an Schulmaterial, an allem. Die Schüler saßen oft am Boden, oder sie mussten sich zu fünft oder zu sechst die viel zu schmalen Bänke teilen. Unterrichtet wurden sie in albanischer Sprache von ihren früheren Lehrern, die ihre Stelle verloren hatten. Die Mittelschüler erhielten Abschlussdiplome mit einem Stempel der »Republik Kosovo», die aber fast nirgends anerkannt wurden.

Zugemauerte Gänge

Etwas anders war damals die Situation in den Grundschulen, in denen die albanischen Kinder weiterhin in albanischer Sprache unterrichtet wurden, oft in denselben Schulhäusern wie die serbischen, allerdings in separaten Klassen, mancherorts in ethnisch getrennten Schichten. Wo die Möglichkeit bestand, mussten albanische und serbische Kinder das Gebäude durch separate Eingänge betreten. Es gab zwei Schulleiter, zwei Verwaltungen, zwei Namen. Die Platzverhältnisse für die Albaner waren fast immer prekär. Überall wurde streng darauf geachtet, dass die albanischen und die serbischen Kinder keine Gelegenheit hatten, sich zu treffen. In einigen Schulen wurden in den Korridoren sogar Mauern gebaut, um die Schülerinnen und Schüler daran zu hindern, in den anderen Teil des Gebäudes zu gelangen. Mauern wurden zum Sinnbild für die tiefe Kluft zwischen der albanischen Mehrheit und der serbischen Minderheit.

Ein Beispiel dafür war die Grundschule Dardania in Prishtinë (serbisch: Priština), der Hauptstadt Kosovos, die ich 1996 besuchte. Dardania hieß das Viertel, in dem sich das Schulhaus befindet. Der Name ist die Bezeichnung für eine historische Region, die auch das Gebiet des heutigen Kosovo umfasste. Die Serben nannten die Schule allerdings Miloš Crnjanski, nach einem serbischen Dichter, der von 1893 bis 1977 gelebt hat. Neben den zwei Namen gab es auch zwei separate Eingänge; den einen benutzten die albanischen Schülerinnern und Schüler, die deutlich in der Mehrzahl waren, den anderen die serbischen. Die Schulglocke läutete zu verschiedenen Zeiten. Doch die ethnische Trennung ging noch weiter. Die serbische Schulleitung ließ 1992 die Korridore zumauern. Das Schulhaus war damit in zwei ethnische Territorien aufgeteilt. Das Ziel war, jeglichen Kontakt zwischen den albanischen und den serbischen Kindern zu unterbinden, in den Klassenzimmern, in den Gängen, im Schulhof. Die einzige Turnhalle durften die albanischen Kinder nur dann benutzen, wenn die serbischen Schüler in ihren Klassenzimmern saßen, und umgekehrt. Die Turnstunden waren so eingeteilt, dass sich Serben und Albaner auf dem Weg zur Turnhalle und zurück nicht begegneten.

Von Schulzimmern konnte auf der albanischen Seite kaum gesprochen werden. Zu dritt und zu viert drängten sich die Kinder auf schmalen Holzbänken zusammen. In vielen Räumen gab es nicht einmal eine Wandtafel. Ein kosovo-albanischer Lehrer, der bei meinem Besuch 1996 im Schulhaus unterrichtete, sagte, 2300 albanische Kinder besuchten die Grundschule Dardania; ihnen stünden lediglich 40 Prozent der Gesamtfläche zur Verfügung. Der Unterricht müsse deshalb in vier Schichten abgehalten werden. Der Lehrer führte mich durch den albanischen Teil der Schule und zeigte mir die improvisierten Schulzimmer in Gängen und Büros. Die Serben hätten, so klagte er, die Steine für den Mauerbau in den Korridoren aus den Wänden der für die Albaner bestimmten Klassenzimmer herausgeschlagen, um Geld zu sparen. Einige Räume seien deshalb unbenutzbar.

Ich möchte wissen, warum die Serben die Korridore zugemauert haben. Sie seien dazu gezwungen worden, sagte ein serbischer Lehrer, nachdem er mir zuvor ausführlich erklärt hatte, er spreche grundsätzlich nicht mit westlichen Journalisten. Diese stünden ohnehin auf der Seite der Albaner und verbreiteten nur Lügen über die Serben. Sie hätten keine Ahnung von der tausendjährigen Geschichte des serbischen Volkes. Dann sprach er trotzdem mit mir, und er redete viel. Als er aus den Tiefen der Geschichte wieder auftauchte, meinte er, es sei ihnen nichts anderes übriggeblieben, als Mauern zu errichten. Sie hätten die Kinder schützen müssen. Die von den Separatisten aufgehetzten albanischen Schüler hätten die serbischen Kinder immer wieder beschimpft, bespuckt, sogar tätlich angegriffen. Die Behauptung der Albaner, die Serben hätten den größten Teil des Schulhauses für sich behalten, bezeichnete er als Lüge. Den 630 serbischen Schülern stünden lediglich 30 Prozent der Fläche zur Verfügung und nicht 60 oder 70 Prozent, wie auf der anderen Seite behauptet werde. Und schließlich seien es die Albaner gewesen, so ereiferte er sich, die begonnen hätten, sich von den Serben zu trennen und »geistige Mauern« zu errichten. »Die Albaner müssen Serbien als ihren Staat anerkennen. Erst dann werden wir die Mauern wieder einreißen.«

Armend Hamiti war zu Beginn der neunziger Jahre Schüler in der Dardania-Schule. Er spricht, was heute unter jüngeren Kosovo-Albanern nicht mehr üblich ist, fließend Serbisch. Vier Jahre lang, so erzählt er im September 2019 bei einem Treffen in Prishtinë, habe er mit den Mauern in den Korridoren gelebt, von der fünften bis zur achten Klasse. Er fährt mit mir in das Schulhaus und zeigt, wo sich die Mauern befanden. Die Serben hätten den besten Teil des Gebäudes, nämlich den südlichen, für sich genommen, erklärt er. Die Klassenzimmer seien dort heller gewesen und im Winter auch wärmer; die Heizanlage habe sich auf ihrer Seite befunden. Es habe im Haus zwei Eingänge gegeben, einen für die Albaner und einen für die Serben. Die Turnhalle sei entweder von den einen oder von den andern benutzt worden, nie gemeinsam. Auf dem Weg zur Turnhalle hätten die albanischen Kinder »fremdes Territorium« durchqueren müssen. Das sei nur in Begleitung eines Lehrers erlaubt gewesen. Hamiti erinnert sich nur an drei Schichten, in denen sie unterrichtet wurden. Sie hätten viel zu wenig Platz gehabt, zumal noch zwei Klassen albanischer Schüler einer anderen, von den Serben übernommenen Grundschule im Zentrum der Stadt hinzugekommen seien. Die serbischen Kinder hätten mehr Schulzimmer zur Verfügung gehabt, obschon die Anzahl der albanischen Schüler weit höher gewesen sei. Auch hätten die albanischen Schüler Serbisch lernen müssen, die serbischen aber nicht Albanisch.

Wir betreten den Innenhof des Schulhauses. Sie hätten sich in der Pause immer nur hier aufgehalten, auch die serbischen Kinder, erklärt Hamiti. Es habe auch eine Möglichkeit gegeben, sich etwas zu essen zu kaufen. Zumindest vormittags, wenn die albanischen Kinder der ersten Schicht zur selben Zeit wie die serbischen unterrichtet worden seien, hätten sie sich hier treffen können. Die Lehrer hätten aber dafür gesorgt, dass es nicht dazu gekommen sei. »Wir waren immer unter Aufsicht.« Das Ziel des Mauerbaus in den Korridoren habe darin bestanden, sagt er, jeglichen Kontakt zwischen den Schülern zu unterbinden. Doch trotz der strikten ethnischen Trennung innerhalb des Schulhauses habe er immer Kontakt mit seinen serbischen Altersgenossen gehabt. »Sie waren meine Freunde, sie waren Nachbarn, und nach der Schule haben wir weiterhin zusammen Fußball gespielt.« Die Mittelschule besuchte Hamiti, wie Zehntausende anderer junger Kosovo-Albaner zu jener Zeit, in einem Privathaus; andere wurden in Kellern oder Garagen unterrichtet.

Politisierter Geschichtsunterricht

Auch mehr als zwanzig Jahre nach dem Krieg von 1998/1999, der mit dem Einmarsch der von der Nato geführten Kosovo-Schutztruppe Kfor und dem Abzug der serbischen Verwaltung endete, und dreizehn Jahre nach der Proklamierung der staatlichen Unabhängigkeit am 17. Februar 2008 ist Kosovo noch weitgehend ethnisch geteilt. Es gibt einige gemischte Dörfer, vor allem im Osten des Landes. Dabei handelt es sich meist um Orte, die vom Krieg verschont geblieben waren. Dort ist es weiterhin üblich, dass sich Serben und Albaner, wie das früher auch sonst in Kosovo unter Nachbarn der Fall war, an christlich-orthodoxen und muslimischen Festtagen gegenseitig einladen. Die Serben, deren Anteil an der Gesamtbevölkerung heute bei rund 7 Prozent liegt, leben vor allem im Nordzipfel Kosovos, einem weitgehend kompakten serbischen Siedlungsgebiet, und weiter südlich in kleineren Enklaven. In Prishtinë gibt es kaum noch Serben, ganz im Gegensatz zu den neunziger Jahren.

Viele Serben im Norden Kosovos, wo der politische und wirtschaftliche Einfluss Serbiens groß ist, wollen sich nicht damit abfinden, dass sie als Minderheit in einem unabhängigen Staat Kosovo leben sollen. Ihre Loyalität gilt Serbien. Sie klammern sich weiterhin an die Hoffnung, dass Belgrad an seinem territorialen Anspruch auf Kosovo festhalte und der serbisch besiedelte Nordzipfel im Zuge eines Gebietsaustauschs eines Tages doch noch Serbien angeschlossen werde. Etwas anders ist die Situation für die Serben, die südlicher in isolierten Enklaven mitten im albanischen Siedlungsgebiet leben. Unter ihnen ist die Bereitschaft größer, sich mit dem unabhängigen Staat Kosovo abzufinden. Es bleibt ihnen schließlich nichts anderes übrig.

Die Kontroversen zwischen Albanern und Serben beginnen bereits bei der Bezeichnung. Die Serben verwenden offiziell nie den Begriff »Kosovo«, sondern nur den Doppelnamen »Kosovo und Metohija«. Das empfinden die Albaner als Affront. »Metohija« ist die serbische Bezeichnung für den Westteil Kosovos, in dem sich bedeutende orthodoxe Klöster aus der Blütezeit des mittelalterlichen serbischen Reiches befinden. Das Wort geht auf das griechisch-byzantinische *metochion* zurück, was Klostergut oder klösterliches Anwesen bedeutet; es weist auf die einst umfangreichen Besitzungen der serbisch-orthodoxen Klöster in der Region hin. Für die Albaner kommt in dieser Bezeichnung der Anspruch Serbiens auf territoriale Herrschaft über ganz Kosovo zum Ausdruck. »Kosovo und Metohija« ist für sie also weit mehr als die Bezeichnung eines bestimmten Territoriums. In ihrem Empfinden ist der Doppelname mit serbischer Dominanz und Repression verbunden. Sie nennen den Westen Kosovos Rrafshi i Dukagjinit nach der mittelalterlichen Herrscherdynastie der Dukagjin.

Albanische und serbische Kinder werden in Kosovo getrennt unterrichtet, die einen nach kosovo-albanischen, die anderen nach serbischen Lehrplänen. Die einen verwenden kosovo-albanische Lehrbücher, die anderen solche aus Serbien. Wenn Kinder ausnahmsweise in einem Ort ins selbe Schulhaus gehen, sitzen die einen am Vormittag in den Klassenzimmern, die anderen am Nachmittag. Überschneidungen gibt es keine. Wenn die einen kommen, sind die anderen schon weg.

Vor allem bei der Darstellung der jüngsten Geschichte klaffen die offizielle serbische und kosovo-albanische Sichtweise weit auseinander. Sie sind unvereinbar wie die der Kroaten und Serben in Kroatien und die der Bosniaken, der bosnischen Serben und der bosnischen Kroaten in Bosnien-Herzegowina. Auch in Kosovo werden in vielen Lehrbüchern alte Feindbilder und Stereotypen kultiviert. Sie sind noch immer ethnozentrisch, aber seit einiger Zeit meist etwas abgemildert und gemäßigter in der Sprache. Im Vordergrund stehen die eigenen Opfer und die Kriegsverbrechen, welche die andere Seite begangen hat. Beschrieben wird hüben wie drüben eine Geschichte von Konflikten und Gewalt, die weit in die Geschichte zurückreicht. Es ist viel die Rede von ethnischen Spannungen, kulturellen und politischen Gegensätzen, von Unterschieden aller Art. Bilaterale Treffen, gemeinsame Erklärungen serbischer und albanischer Politiker über eine friedliche Lösung der Probleme oder Vereinbarungen zwischen Kosovo-Albanern und der serbischen Regierung in Belgrad, was es alles in der Vergangenheit auch gab, sind in den Geschichtsbüchern auf beiden Seiten kein Thema.

Der zehntägige Streik von rund 1200 albanischen Arbeitern im Bergbaukomplex Trepča in Mitrovica vom Februar 1989 wird in den kosovo-albanischen Schulbüchern als Ausdruck des Wunsches nach staatlicher Unabhängigkeit interpretiert. Doch protestierten die albanischen Bergarbeiter, die sich in den unterirdischen Stollen verschanzt hatten, gegen die Pläne Belgrads, die Autonomie Kosovos aufzuheben. Sie forderten die Bewahrung des gleichberechtigten Status von Kosovo innerhalb der jugoslawischen Föderation. Sie trugen Tito-Bilder mit sich, schwenkten jugoslawische Fahnen und riefen Parolen wie »Brüderlichkeit und Einheit«. Wie die meisten Beschäftigten der Schuh- und Gummifabrik Borovo in Vukovar waren auch die streikenden kosovo-albanischen Arbeiter von Trepča damals jugoslawisch orientiert.

In den serbischen Geschichtsbüchern wird der Bergarbeiterstreik in der Regel nicht erwähnt. Auch über die Aufhebung der Autonomie oder die serbische Unterdrückungspolitik der neunziger Jahre, die zum bewaffneten Widerstand der Albaner führte, erfahren die serbischen Schülerinnen und Schüler nichts. Verantwortlich für die Eskalation sind in serbischer Perspektive und offizieller Sprachregelung allein die Provokationen der bewaffneten albanischen Extremisten, also der Befreiungsarmee Kosovos (UÇK). Was die Gründe dafür sind, dass die gemäßigten Kräfte unter den Albanern an Rückhalt verloren und der gewaltlose Widerstand in einen bewaffneten überging, darüber wird nichts gesagt. Umso mehr erfahren die serbischen Schülerinnen und Schüler vom Terror der UÇK gegen die serbische Zivilbevölkerung. Dass serbische Sicherheitskräfte albanische Zivilisten aus ihren Häusern vertrieben und töteten, wird verschwiegen oder als notwendige Aktionen gegen albanische Terroristen zum Schutz der serbischen Zivilbevölkerung gerechtfertigt. Was für die einen Terroristen und Verbrecher sind, sind für die anderen Helden und Befreier.

Die in Kosovo verwendeten serbischen Schulbücher erwähnen zwar, dass das Uno-Tribunal serbische Offiziere und Politiker angeklagt hat. Doch es wird nicht gesagt, was ihnen genau vorgeworfen wird. Ausführlich wird hingegen die ohne Uno-Mandat erfolgte Nato-Intervention behandelt, die im März 1999 begann und im Juni desselben Jahres endete. Bei den Luftangriffen auf militärische Ziele und Einrichtungen der Infrastruktur in Kosovo, im serbischen Kernland, in der Vojvodina und in Montenegro kamen rund 750 Personen ums Leben, über 450 von ihnen waren Zivilisten, die Opfer fehlgeleiteter Bomben wurden. Die Nato sprach von »Kollateralschäden«. Die serbische Seite nennt deutlich höhere Zahlen. In den Schulbüchern wird Serbien ausschließlich als unschuldiges Opfer der Nato behandelt, die in völkerrechtswidriger Weise einen souveränen Staat angegriffen habe. Es wird aber kaum etwas über die Gründe für diese militärische Intervention gesagt.

Die Verbrechen, die Kämpfer der UÇK in den Monaten nach dem Einmarsch der Nato-Truppen im Juni 1999 und dem Abzug der serbischen Sicherheitskräfte begangen hatten, sind auf serbischer Seite ein wichtiges Thema. Während dieses Machtvakuums im Sommer und Herbst 1999, als die Uno-Mission (UNMIK) erst im Aufbau war, töteten albanische Extremisten Hunderte Serben und auch Angehörige anderer Minderheiten, ebenso wie zahlreiche politische Gegner im eigenen Lager. Kein einziger Kosovo-Albaner ist bisher für die damals begangenen Verbrechen zur Rechenschaft gezogen worden. In den kosovo-albanischen Geschichtsbüchern findet sich darüber nichts.

Die wenigen Anklagen des Uno-Tribunals in Den Haag gegen ehemalige Angehörige der UÇK werden in den kosovo-albanischen Lehrmitteln allenfalls kurz erwähnt, nicht aber näher erläutert oder in einen Kontext gestellt. Die Meinung, eine juristische Aufarbeitung sei auch gar nicht notwendig, denn die Kosovo-Albaner hätten sich gegen die serbischen Unterdrücker zur Wehr setzen müssen und hätten keine Kriegsverbrechen begangen, ist weit verbreitet. Die Ermittlungen des Uno-Tribunals gelten als Versuch, den »gerechtfertigten Freiheitskampf« der Kosovo-Albaner gegen die serbischen Unterdrücker zu kriminalisieren und Opfer und Täter gleichzusetzen. Es sind die gleichen Formulierungen, deren sich auch kroatische Nationalisten bedienen, wenn es darum geht, von Kroaten im »Vaterländischen Krieg« begangene Verbrechen zu relativieren.

Auch in Kosovo dient der Geschichtsunterricht vor allem politischen Zwecken. Im Vordergrund steht die Vermittlung der staatlichen Sichtweise. Jede Seite hat ihre »historische Wahrheit«. Was die einen lernen, ist die Kehrseite von dem, was den anderen beigebracht wird. Eine Reform des Bildungswesens, etwa eine Annäherung der Lehrpläne oder eine multiperspektivische Darstellungsweise in den Geschichtsbüchern, erweist sich auch in Kosovo als äußerst schwierig. Die kosovo-serbischen Kinder und Jugendlichen erfahren kaum etwas über die Geschichte, Sprache und Kultur der Kosovo-Albaner, die albanischen Schüler kaum etwas über die Geschichte, Sprache und Kultur der serbischen Minderheit. Der kosovo-albanische Politologe Shkëlzen Gashi, der die serbischen und die kosovarischen Lehrbücher für Geschichte, vor allem die Darstellung der Ereignisse der neunziger Jahre und des Krieges von 1998/1999 miteinander verglichen hat, kommt zu einem düsteren Ergebnis. In serbischen Büchern werden nur Verbrechen erwähnt, die von Kosovo-Albanern begangen wurden, in kosovo-albanischen nur solche, die Serben verübten. Das jeweilige Geschichtsbild, das auf kosovarischer und serbischer Seite an die junge Generation weitergegeben wird, ist verzerrt und verfälscht. Es ist in keiner Weise dazu angetan, zu vermitteln und Brücken zwischen den beiden Völkern zu bauen. Allerdings gibt es in Kosovo Organisationen der Zivilgesellschaft, die sich um eine differenzierte Sichtweise und um eine ernsthafte juristische und politische Aufarbeitung der von beiden Seiten begangenen Verbrechen bemühen.

Im Februar 2021 haben die aus der UÇK hervorgegangenen Parteien, die seit Kriegsende die Politik Kosovos dominierten, die Parlamentswahlen verloren. Die Opposition kam an die Macht. Doch auch die neue Regierung scheint – ebenso wie die serbische Führung in Belgrad – nicht gewillt zu sein, rhetorisch abzurüsten und mit leiseren Tönen in pragmatischer Weise den Weg zu einer Vertrauensbasis zu ebnen. Das aber wäre die Voraussetzung für eine Normalisierung der Beziehungen zwischen Serbien und Kosovo und damit auch für eine weitere Integration in die EU. Führende kosovo-albanische Politiker kündigten sogleich nach der Übernahme der Amtsgeschäfte an, die neue Regierung werde beim Internationalen Gerichtshof in Den Haag gegen Serbien eine Völkermordklage einreichen. Serbien könne nur dann ein »zivilisiertes europäisches Land« werden, wenn es sich von seinen »genozidalen

Wurzeln« löse und die »historische Wahrheit« anerkenne. Die Erfolgsaussichten sind allerdings sehr gering, wie die Genozidklagen Bosniens und Kroatiens gegen Serbien und die Klage Serbiens gegen Kroatien gezeigt haben. Sie wurden alle zurückgewiesen. Auch hat das Uno-Kriegsverbrechertribunal für das ehemalige Jugoslawien die in Kosovo von Serben begangenen Verbrechen nicht als Genozid, sondern als Verbrechen gegen die Menschlichkeit gewertet. Was immer die neue Führung Kosovos mit der Genozid-Klage erreichen will, diese wird den Prozess der politischen Normalisierung weiter erschweren. Auf der anderen Seite verlangt Belgrad, die Albaner müssten sich endlich eingestehen, dass sie schwere Verbrechen an Serben verübt hätten. Serbien habe in Kosovo keinen Genozid begangen. Vielmehr seien die Serben, wie sich Außenminister Nikola Selaković im April 2021 ausdrückte, die Opfer der Bildung des »sogenannten Staates der Kosovo-Albaner« geworden, eines Projekts, das »auf der gefährlichen Idee eines ethnisch reinen Territoriums« beruhe.

Die Brücke von Mitrovica

War zu Beginn der neunziger Jahre das Schulhaus Dardania mit seinen zugemauerten Gängen ein Symbol der ethnischen Trennung und des Konflikts zwischen der serbischen Minderheit und der kosovo-albanischen Mehrheit, so ist es heute in noch größerem Maße die Stadt im Norden Kosovos, die sich auf Albanisch Mitrovicë und auf Serbisch Mitrovica nennt. Von 1982 bis 1991 hieß sie offiziell Titova Mitrovica, nach Tito; zuvor hatte der Name Kosovska Mitrovica gelautet. Diesen Namen erhielt die Stadt in den frühen neunziger Jahren wieder. Viele Serben verwenden ihn heute noch, nicht aber die Kosovo-Albaner; für sie heißt die Stadt Mitrovicë.

Nördlich des Flusses Ibar, der die Stadt durchfließt, leben vorwiegend Serben, im südlichen Teil fast nur Albaner. Im Zentrum der Stadt gibt es eine Brücke, die in jugoslawischer Zeit die beiden Seiten verband. Heute trennt sie sie. Nach dem Krieg von 1998/1999 wurde die Brücke von Kfor-Truppen zum Schutz der serbischen Bevölkerung gesperrt. Im flächenmäßig kleineren Nordteil leben schätzungsweise 20 000 bis 25 000 Kosovo-Serben. Hinzu kommt eine kleinere Zahl von Albanern, Bosniaken, Roma sowie Goranern, also Muslime slawischer Herkunft, die einen serbisch-mazedonischen Übergangsdialekt sprechen. Genaue Zahlen gibt es nicht, denn die Kosovo-Serben boykottierten die letzte Volkszählung von 2011. Die Zahl der Einwohner im Südteil liegt bei 34 000, im ganzen Gemeindegebiet sind es 70 000 bis 80 000; In Süd-Mitrovica bezeichneten sich lediglich 14 Bewohner als Serben und 23 als Goraner.

Die mit EU-Geldern renovierte und noch immer von Nato-Soldaten bewachte Brücke im Zentrum der Stadt steht im Mittelpunkt vieler Berichte ausländischer Journalisten; sie scheint diese magisch anzuziehen. Sie besuchen die Stadt, um über die ethnische Trennung zu schreiben, und für ihr Thema bietet sich die Brücke geradezu an. An ihrem nördlichen Ende versperren Betonklötze die Zufahrt für Autos. Nur Fußgänger und Radfahrer dürfen die Brücke überqueren. Doch auch hier ist nicht alles so, wie es auf den ersten Blick den Anschein hat. Bei näherem Hinsehen wird das Bild differenzierter. Einige Hundert Meter flussabwärts, am Rande des eigentlichen Stadtzentrums, verbindet eine zweite Brücke die beiden Teile der Stadt. Über diese Brücke, die in manchen Berichten nicht einmal erwähnt wird, fließt der Verkehr rege und ungehindert ohne jegliche Kontrolle von der einen zur anderen Seite. Autos mit kosovarischen Nummernschildern fahren in den serbischen Norden, solche mit serbischen Kennzeichen in den albanischen Süden. Es gibt noch einen dritten Übergang. In der Nähe der Brücke ganz im Zentrum der Stadt, einige Dutzend Meter flussaufwärts, verbindet ein Holzsteg für Fußgänger die beiden Teile. Er führt zu drei Hochhäusern in Nord-Mitrovica, in denen mehrheitlich Albaner wohnen. Wer also von einem Ufer zum anderen will, kann das problemlos tun, auch mit dem eigenen Fahrzeug. Niemand hindert ihn daran.

Nichts deutet darauf hin, dass Nord-Mitrovica zu Kosovo gehört. Man hat vielmehr den Eindruck, in einer Kleinstadt in Serbien zu sein. Überall wehen serbische Fahnen. Alles ist in Kyrillisch angeschrieben. Im Umlauf ist der serbische Dinar, auch wenn man überall mit Euro bezahlen kann, der offiziellen Währung im Süden der Stadt und in ganz Kosovo, mit Ausnahme der serbischen Enklaven. Auch viele russische Fahnen sind zu sehen. An einer Hauswand fällt ein überdimensioniertes Graffiti auf. Der Text, umgeben von zwei Fahnen, lautet: »Kosovo ist Serbien, die Krim ist Russland«. Auf der rot-blau-weißen serbischen Fahne sind die Umrisse Kosovos eingezeichnet, auf der weiß-blau-roten russischen Fahne die der von Moskau annektierten Halbinsel Krim.

Viele Straßen sind nach serbischen Königen benannt. Die wichtigste Kreuzung im Zentrum der Stadt wird von einer mächtigen, sieben Meter hohen bronzenen Statue des serbischen Fürsten und Heerführers Lazar Hrebeljanović beherrscht, der am 28. Juni 1389 zusammen mit seinen Verbündeten die Schlacht auf dem Amselfeld gegen die osmanischen Truppen unter Führung von Murad I. verlor. In den serbischen Heldenlegenden wurde die serbische Niederlage zu einem Sieg umgedeutet. Lazar habe sich, unmittelbar vor der Schlacht von einem Boten des Himmels vor die Wahl zwischen einem irdischen und einem himmlischen Königreich gestellt, für Letzteres entschieden und sich so für die Christenheit geopfert. Er war bereit, so die Legende, zu sterben, um Serbien zu retten. Das serbische Volk wird in seinen Heldenepen, aus denen Nationalisten noch im 20. Jahrhundert gerne zitieren, zu einem »himmlischen Volk« überhöht, das unbesiegbar sei, auch wenn es die ganze Welt gegen sich habe. Lazar, der in der Schlacht fiel, wurde schon bald darauf von der serbisch-orthodoxen Kirche heiliggesprochen. Mit seinem überlangen, weit ausgestreckten linken Zeigefinger weist er nach Süden über den Fluss Ibar in Richtung Amselfeld und in die mehrheitlich albanischen Siedlungsgebiete. Die Botschaft lautet: »Kosovo ist serbisch.« Der Bürgermeister von Nord-Mitrovica sagte am 27. Juni 2016, einen Tag vor der Einweihung, das Denkmal solle die Serben an ihre Wurzeln erinnern – daran, wie lange sie hier schon lebten und welche Verpflichtungen sie gegenüber den kommenden Generationen hätten.

Im Hotel North City werden Ansichtskarten mit Fotos serbisch-orthodoxer Kirchen und Klöster mit der Aufschrift »Kosovo und Metohija ist das serbische Jerusalem« verkauft. An der Spitze derjenigen, die den Kosovo-Mythos pflegen und am territorialen Anspruch Serbiens auf Kosovo eisern festhalten, steht die serbisch-orthodoxe Kirche. Am 24. März 2019 an der staatlichen Gedenkfeier zum 20. Jahrestag der Nato-Luftangriffe auf Serbien rief Patriarch Irinej, der 2020 an Covid-19 verstarb, einmal mehr zur serbischen Einheit auf, um die Heiligtümer in Kosovo und Metohija, dem »heiligen Land«, mit allen erlaubten Mitteln zu verteidigen, und fügte hinzu, dass er die Anwendung anderer Mittel nicht ausschließe, ohne zu präzisieren, was er damit meinte. Kosovo, das »serbische Jerusalem«, ist in der Sicht der orthodoxen Kirche das historische und spirituelle Kernland Serbiens und darf niemals aufgegeben werden.

Auf einer Anhöhe im Norden von Mitrovica thront, weithin sichtbar, die neue orthodoxe Kirche, die dem Heiligen Dimitrije geweiht ist, dem Schutzpatron des serbischen Teils der Stadt. In der Buchhandlung Zavičaj (Heimat) in der Nähe der von der Nato bewachten Brücke im Zentrum der Stadt kann man alles Mögliche kaufen, nur keine Bücher. Daneben schlafen streunende Hunde, zusammengerollt in Kartonschachteln. Einige Meter vor der Brücke endet die von zahlreichen Cafés gesäumte und vor allem abends sehr belebte Fußgängerzone. An den Seiten der Brücke sind unter den beiden geschwungenen Bögen Bänke angebracht, auf die man sich setzen kann. Der Ibar gleicht an diesem frühen Abend im September 2019 einem Rinnsal. Abfälle und Plastiksäcke schwimmen auf dem Wasser und stauen sich zu kleinen Inseln. Wenn es regnet und der Wasserspiegel steigt, werden sie weggeschwemmt. Die vielen Enten, die sich im schmutzig-trüben Wasser tummeln, scheint der Unrat nicht zu stören.

Ich sitze auf einer der Brückenbänke und beobachte die vorbeigehenden Passanten. Wer die Berichte im Kopf hat, in denen die ethnische Trennung in Mitrovica wieder und wieder in den düstersten Farben geschildert wird, dürfte überrascht sein. An diesem Tag überqueren relativ viele Menschen die Brücke. Die einen gehen vom Norden in den Süden, die andern vom Süden in den Norden. Keiner wird kontrolliert, weder von der Polizei noch von den wenigen Kfor-Soldaten mit ihren dunklen Sonnenbrillen, die gelangweilt in ihrem Fahrzeug sitzen oder daneben herumstehen. Männer, Frauen und Kinder gehen vorüber, von der einen auf die andere Seite, ältere und jüngere, die einen alleine, die anderen zu zweit oder in Gruppen. Zu ihnen gehören auch albanische Kinder, die im Nordteil wohnen, aber im Süden in die Schule gehen. Ein Fahrradfahrer fährt über die Brücke. Alles ist ruhig, alles wirkt beschaulich, provinziell. Plötzlich zerreißt ein wütendes Gebell die Stille. Streunende Hunde, die sonst auf beiden Seiten meist träge am Boden liegen, sind auf der albanischen Südseite in helle Aufregung geraten. Sie springen mit wütendem Gebell gegen ein gepanzertes Kfor-Fahrzeug, das sich gerade in Bewegung setzt. Es dauert nicht lange, und die Hunde auf der Nordseite der Brücke stimmen in das Gebell ein. Ebenso plötzlich, wie das Bellen begonnen hat, hört es auf beiden Seiten wieder auf, wie auf Kommando.

Wo der Kontakt aufhört

Tatjana Lazarević ist die Chefredakteurin von *Kossev*, einem Internetportal im Norden der Stadt, das über ganz Kosovo berichtet. Es existiert seit 2014 und wird von westlichen Staaten und Nichtregierungsorganisationen unterstützt. Sie hätten in den ersten Jahren viele Probleme gehabt, Pneus von Fahrzeugen seien durchstochen worden, auch habe es Übergriffe auf Mitarbeiter gegeben. »Die Behörden ignorieren uns, wenn Material an Journalisten versendet wird. Wir sind nicht auf ihren Listen.« Die von Belgrad gesteuerte Partei Srpska lista (Serbische Liste) kontrolliere in Nord-Mitrovica das politische und gesellschaftliche Leben. Tatsächlich sah man zwei Wochen vor den kosovarischen Parlamentswahlen vom 8. Oktober 2019 nur Plakate dieser Partei. Wenig überraschend gewann sie dann auch alle der serbischen Minderheit zustehenden Sitze im Parlament Kosovos. Den herrschenden Politikern und dem organisierten Verbrechen gehöre der Staat, klagt Lazarević. Die junge Generation sei gettoisiert und nationalistisch indoktriniert, auf beiden Seiten. Die Jugend habe keine Ahnung über das Leben in jugoslawischer Zeit in der ungeteilten Stadt Mitrovica, als die Brücke im Zentrum Albaner und Serben nicht getrennt, sondern verbunden habe. Die junge Generation, die den Krieg nicht am eigenen Leib erlebt habe, wachse in ethnisch getrennten Welten auf, in denen das Motto gelte: »Wir und die anderen«. Was den serbischen Norden und den albanischen Süden gleichermaßen betreffe, sei die Abwanderung.

Die meisten jungen Serben gehen nicht auf die andere Seite des Flusses, wenn es nicht unbedingt sein muss. Fragt man sie nach den Gründen, sagen die einen, sie hätten Angst, es sei ein Risiko, das sie nicht eingehen wollten. Es gebe noch zu viel Hass, auf beiden Seiten. Oft wird auf ethnisch motivierte Zwischenfälle verwiesen. Auch wenn sich solche kaum noch ereignen, werden sie von nationalistischen Medien aufgebauscht und von Politikern auf beiden Seiten propagandistisch ausgeschlachtet. Andere sagen, sie blieben im serbischen Teil, weil sie auf der anderen Seite niemanden kennten und die Sprache nicht verstünden. Es bestehe keine Notwendigkeit, die Brücke zu überqueren. Ein Serbe sagt: »Mir ist der andere Teil der Stadt völlig fremd. Was soll ich da drüben?« Dasselbe erklären auch junge Albaner, wenn sie gefragt werden, ob sie in den serbischen Norden gehen. Viele junge Serben haben noch nie mit einem Albaner aus Süd-Mitrovica gesprochen und viele junge Albaner noch nie mit einem Serben aus Nord-Mitrovica. Sie kennen einander nicht, und doch – oder gerade deshalb – sind die Vorurteile auf beiden Seiten groß. Die meisten Serben und die meisten Albaner scheinen jedoch kein Interesse daran zu haben, an dieser Situation etwas zu ändern.

Diese jungen Menschen sind in getrennten Welten, in einer ethnisch geteilten Stadt aufgewachsen. Ihr Leben lang waren sie der serbischen und albanischen Propaganda ausgesetzt. Den jungen Serben wurde eingehämmert, Kosovo sei Serbien, und wer sich mit der Unabhängigkeit Kosovos abfinde, verrate Serbien. Die Schulen, die sie besuchten, trugen nichts dazu bei, Misstrauen abzubauen, im Gegenteil; sie vertieften die ethnischen Gräben noch. Die von Kfor-Soldaten bewachte Brücke im Zentrum von Mitrovica ist für sie tatsächlich zu einer ethnischen Barriere geworden. Somit fehlen die wichtigsten Voraussetzungen für eine Annäherung oder gar Aussöhnung, nämlich der Wunsch, den andern kennenzulernen, sich mit dessen Geschichte und Kultur auseinanderzusetzen, sowie die Bereitschaft, auch Kriegsverbrechen zur Kenntnis zu nehmen, die im Namen des eigenen Volkes begangen wurden. Auch wenn die Brücke eines Tages wieder für Fahrzeuge geöffnet werden sollte, heißt das noch lange nicht, dass sich die beiden Teile dann wieder näherkommen werden. Doch eines verbindet die jungen Serben im Norden und die jungen Albaner im Süden, ob sie die Brücke überqueren oder auf der eigenen Seite bleiben: Viele haben genug von der nationalistischen Propaganda, der Korruption, der Armut und der politischen Ungewissheit. Sie sehen für sich keine Perspektiven mehr. Sie wollen weg, aber nicht auf die andere Seite des Flusses, sondern weiter, nach Deutschland oder in ein anderes westliches Land.

Es gibt aber durchaus auch junge Serben, welche die Brücke überqueren. Zwei Motive stehen dabei im Vordergrund. Die einen kaufen auf der anderen Seite Waren, die im Süden billiger sind als in Nord-Mitrovica oder die es in den Läden im serbischen Teil nicht gibt. Dabei bevorzugen sie Geschäfte, die sich in der Nähe des Flusses befinden, damit sie nicht zu tief ins »fremde Territorium« vordringen müssen. Das Gleiche gilt für Albaner, wenn sie nach Nord-Mitrovica kommen. Doch das sind nur kurze Ausflüge. Andere Serben wiederum arbeiten in staatlichen Behörden Kosovos oder bei einer der vom Westen unterstützten Nichtregierungsorganisationen, in denen ebenfalls Wert auf ethnische Quoten gelegt wird.

Sie treffen sich zwar mit Albanern in gemeinsamen Sitzungen und arbeiten zusammen an Projekten. Doch die meisten gehen nie allein mit Albanern in ein Café oder in ein Restaurant, nicht nach den Sitzungen und schon gar nicht am Abend zu einem gemeinsamen Essen. Serben, welche die Brücke überquerten, fühlten sich, so bestätigt auch Lazarević, im albanischen Teil unwohl. Sie seien froh, wenn sie wieder auf ihrer Seite seien. So sitzen Albaner und Serben zwar am selben Tisch oder im selben Büro und reden vom Abbau des Misstrauens, vom Aufbau demokratischer Strukturen, von der Notwendigkeit der Aufarbeitung des Krieges, von Annäherung und Versöhnung. Doch dann steht jeder wieder auf und geht auf seine Seite der Stadt.

Dennoch sagt die Chefredakteurin, vieles wäre im täglichen Umgang normal, wenn sich die Politiker nicht immer einmischten und die Medien nicht ständig nationale Emotionen schürten. Sie nennt ein Beispiel: Ihre jungen Mitarbeiter hätten sich über einen Bericht der BBC geärgert. Darin sei von zwei jungen Frauen die Rede, einer Serbin und einer Albanerin. Sie hätten sich in der Mitte der Brücke getroffen, denn keine von ihnen habe es gewagt, in den andern Teil der Stadt zu gehen. Im Beitrag werde suggeriert, so hätten sich ihre Mitarbeiter beklagt, dass dies so üblich sei und ein Treffen in einem der beiden Teile der Stadt nicht möglich sei. Doch eine solche Betrachtungsweise sei zu einfach, die Realität sei komplexer. Lazarević hofft trotz allem, dass der Tag kommen werde, an dem es nicht mehr wichtig sei, ob man Albaner oder Serbe sei.

Die Galerija Aquarius ist ein unabhängiges, privates Kulturzentrum in Nord-Mitrovica. Es ist ein Café, in dem Lesungen und Konzerte stattfinden, Theater gespielt wird, Malkurse gegeben werden. Bilder werden ausgestellt und Filme gezeigt. Zugleich ist es auch eine Bibliothek. Es ist ein gemütlicher Ort, wo man Bier, Wein, Kaffee oder Tee trinken, ein Buch lesen oder mit andern diskutieren kann. Hierher kommen auch Albaner, die sich nicht scheuen, bis ins Zentrum von Nord-Mitrovica vorzudringen. Das Aquarius ist nicht leicht zu finden. Der schmale Weg führt an der Rückseite von großen Wohnhäusern entlang. Sie liegen an der Straße, die von der Lazar-Statue bis zur zentralen Brücke führt. Auf der Hinterseite wirken die Wohnhäuser heruntergekommen. Bei manchen fehlen die Eingangstüren, Kabel hängen lose an den Wänden. Alles ist feucht und riecht nach Moder und Schimmel. Überall liegt Abfall herum, wie auch in anderen Teilen von Nord-Mitrovica. Es ist düster, und es stinkt. Während auf der Vorderseite der Häuser die Fassaden einigermaßen intakt sind und überall entlang der Hauptstraße serbische Fahnen im Winde wehen, sind auf der Rückseite die Spuren des Verfalls unübersehbar.

Öffnet man die Türe zum Aquarius, fühlt man sich wie in einer anderen Welt. Die Besucher werden herzlich empfangen. Immer wieder kommen Gäste in das Lokal, mit denen man sich über das Leben in der getrennten Stadt, über Politik oder Kultur unterhalten kann. Als ich das Café im September 2019 besuchte, unterhielt ich mich mit einer Serbin. Sie meinte, die Menschen auf beiden Seiten seien noch immer vom Krieg traumatisiert. Serben und Albaner sähen sich beide als Opfer; sie hätten immer nur ihre Seite im Blick. Viele Serben in Nord-Mitrovica machten sich wegen der immer noch ungelösten Frage des künftigen politischen Status von Kosovo große Sorgen. Die Serben seien eine kleine Minderheit, und es sei verständlich, dass sie Angst vor dem Verlust ihrer Sprache, ihrer Kultur und ihrer nationalen Identität hätten. Die Frau ist in Priština aufgewachsen und hat zehn Jahre in den USA gelebt. Sie sagt, die Sprache sei das größte Hindernis für eine serbisch-albanische Annäherung. Die jungen Serben sprächen kein Albanisch und die jungen Albaner kein Serbisch. Und nicht alle sprächen Englisch. Tatsächlich liegen die Dinge hier ganz anders als bei den slawischen Sprachen Kroatisch und Serbisch. Albanisch, das einen eigenen Zweig des Indogermanischen bildet, und Serbisch sind zwei völlig unterschiedliche Sprachen. Eine Verständigung, ohne die jeweils andere Sprache gelernt zu haben, ist nicht möglich.

Auch meine Gesprächspartnerin sagt, viele junge Serben hätten noch nie in ihrem Leben mit einem Albaner und viele junge Albaner noch nie mit einem Serben geredet. Nur wenige Serben brächten den Mut auf, die ethnischen Barrieren im eigenen Kopf zu überwinden und die andere Seite zu besuchen. Der soziale Druck, dies nicht zu tun, sei stark. Wie sie betont, gehört sie zu den wenigen, die sich in Süd-Mitrovica mit Albanern treffen, mit ihnen einen Kaffee trinken oder in einem Restaurant essen. Zugleich sagt sie, und das ist bezeichnend, sie erlaubte es ihrem Sohn, hätte sie einen und wäre er fünfzehn Jahre alt, nicht, auf die albanische Seite zu gehen. Das sei für Jugendliche und junge Männer zu gefährlich. Abschließend sagt sie, Austausch und Handel zwischen Serben und Kosovo-Albanern funktionierten im Alltag problemlos, wie das auch in früheren Zeiten der Fall gewesen sei. Auf dieser Ebene bestünden zahlreiche Kontakte. Doch das sei keine echte Kommunikation. Ihrer Meinung nach hat sich die ethnische Trennung vertieft. Bekanntschaften oder Freundschaften zwischen Albanern und Serben seien selten. Die Aussicht, dass sich in absehbarer Zeit daran etwas ändere, schätzt sie als gering ein. Solange der politische Status in der Schwebe bleibt, Belgrad die serbische Minderheit als Hebel zur Einflussnahme in Kosovo missbraucht, Politiker auf beiden Seiten noch immer in Kategorien wie »Nation« oder »Territorium« denken und Kompromisse ablehnen, werden sich auch die Beziehungen zwischen Serbien und Kosovo nicht normalisieren.

Der Ort, wo Albaner und Serben miteinander Handel treiben, ist eine Straße in der Bošnjačka Mahala (Albanisch: Lagja e Boshnjakëve), einem multiethnischen Stadtteil, wo Serben, Albaner, Bosniaken und Roma leben. Die Mahala liegt im Osten von Nord-Mitrovica. Die Straße ist gesäumt von Läden aller Art, von Cafés und Restaurants. Einige gehören Serben, die meisten Albanern. Überall auf den Gehwegen stapeln sich Waren. Viele Leute sind mit Einkaufstaschen unterwegs, die einen sprechen Albanisch, die anderen Serbisch. Entlang der Straße wird gekauft und verkauft, es wird gehandelt und getauscht. Die ethnische Zugehörigkeit spielt hier offenbar keine Rolle. Albaner kaufen bei Serben und Serben bei Albanern. Auch die viel beschworene Sprachbarriere scheint kein

Hindernis zu sein. Vom albanischen Südteil der Stadt gelangt man über die für den Autoverkehr freigegebene Brücke direkt in die Bošnjačka Mahala. Als Erstes fallen die vielen albanischen Fahnen auf, die über die ganze Breite der Straße gespannt sind – und das im eigentlich serbischen Nord-Mitrovica. Einige Hundert Meter weiter nördlich hängen serbische Fahnen entlang der Straße, ein untrügliches Zeichen dafür, dass man sich nun definitiv im serbischen Teil der Stadt befindet. Auch hier markieren, wie das im westlichen Balkan oft der Fall ist, Landesfahnen das eigene Territorium oder dasjenige, das man für sich beansprucht.

Das ETC ist ein großes Einkaufszentrum im Osten von Süd-Mitrovica, unweit der Brücke, die in die Bošjnačka Mahala führt. Hierher kommen auch Serben, um Waren zu kaufen, die es in Nord-Mitrovica nicht gibt oder die hier billiger sind. Im Restaurant des ETC treffe ich einen 28-jährigen Albaner. Er spricht gut Serbisch, was ungewöhnlich ist. Er arbeitet mit Serben zusammen im Zollamt, das sich im Südteil von Mitrovica befindet, und dort hat er Serbisch gelernt. Er sagt: »Wir haben keine Probleme miteinander.« Die Frage, ob er denn auch in den Nordteil gehe, beantwortet er mit einem Ja. Allerdings betont er, nur über diese Brücke, nicht über die von Nato-Soldaten bewachte im Zentrum der Stadt, und auch nur bis zur Stelle, wo die albanischen Fahnen enden und auf beiden Seiten der Straße serbische Fahnen hängen. Weiter gehe er nie, denn das sei zu riskant. Das sagt derselbe junge Mann, der zuvor erklärte, er habe an seinem Arbeitsplatz mit seinen serbischen Kollegen keine Probleme. Die Haltung ist bezeichnend. In seinem vertrauten Umfeld, in diesem Fall am Arbeitsplatz, verkehrt er unbeschwert mit Serben, zumindest sagt er das. Das Gebiet jenseits der albanischen Fahnen aber, in dem er noch nie war und wo ja auch Serben leben, womöglich sogar einige von denen, mit denen er jeden Tag arbeitet, würde er nie betreten. Es scheint für ihn eine fremde Welt zu sein, die er nicht kennenlernen will.

Anders der kosovo-albanische Taxifahrer, der mich von Prishtinë nach Nord-Mitrovica brachte. Er fuhr über die Brücke in die Bošnjačka Mahala, unter den albanischen und an den serbischen Fahnen vorbei, bis zum Hotel, das weiter im Innern von Nord-Mitrovica in der Nähe der Lazar-Statue liegt. Auch wenn in vielen ausländischen Artikeln über Mitrovica steht, die albanischen Taxifahrer brächten ihre Passagiere nur bis zur Bošnjačka Mahala, wo diese in ein serbisches Taxi umsteigen müssten, trifft das offenbar nicht immer zu. Er habe keine Probleme, auch viel weiter in den Nordteil hineinzufahren, meint der junge Taxifahrer. Keine Probleme haben auch jene Albaner, die in Nord-Mitrovica auf den wenigen Baustellen arbeiten, die es dort gibt. Sie sind froh, überhaupt etwas zu verdienen. Zwar ist viel die Rede von ethnischer Trennung, doch in Nord-Mitrovica werden meist kosovo-albanische Bauunternehmen engagiert. Die Erklärung ist einfach; sie sind billiger als die serbischen. Und so spielt die ethnische Zugehörigkeit einmal mehr keine Rolle. Pragmatismus verdrängt die Ideologie, auf beiden Seiten. Sogar an der Errichtung der überdimensionierten, dem serbischen Fürsten Lazar gewidmeten Statue mit dem langen Zeigefinger soll eine albanische Firma beteiligt gewesen sein.

Interessant sind auch verschiedene Projekte, in denen Albaner und Serben zusammenkommen. Sie wollen die ethnischen Trennlinien sprengen, so etwa die Rock-Schule von Mitrovica mit ihren ethnisch gemischten Bands. Das Ziel dieser Musikschule besteht darin, Menschen von beiden Seiten zusammenzubringen nach dem Motto: Politik trennt, Musik verbindet. Organisationen der Zivilgesellschaft, die in der Stadt aktiv sind, bemühen sich, die ethnischen Barrieren durch gemeinsame Aktivitäten aufzubrechen. Es gibt sehr viele Beispiele solcher Projekte. Auch wenn die Trennlinien unübersehbar sind, ja sich sogar, wie viele sagen, eher verfestigen, so ist auch hier das Alltagsleben jenseits der schrillen nationalistischen Rhetorik überraschend facettenreich und lässt sich nicht einfach in ein Schwarz-Weiß-Schema pressen.

Wenn sogar der Fußball trennt

Nach der Aufhebung der Autonomie Kosovos 1989 wurde der Fußballclub Trepča in Mitrovica nach ethnischen Kriterien auseinandergerissen. Der Bergbaukomplex, nach dem der Club benannt wurde, hatte in den achtziger Jahren, also in jugoslawischer Zeit, mehr als 20 000 Beschäftigte. Er brachte Mitrovica, ähnlich wie die Schuh- und Gummifabrik Borovo Vukovar, einen gewissen Wohlstand, zumindest im Vergleich zu anderen Gegenden Kosovos. Allerdings war auch die Umweltverschmutzung gravierend. Fast jede Familie lebte damals, direkt oder indirekt, von Trepča. Titos Losung von der »Brüderlichkeit und Einheit« der Nationen und Völker Jugoslawiens war hier mehr als nur ein Schlagwort. In den Minen arbeiteten Serben, Albaner, Bosniaken und Roma. Gemeinsam bauten sie tief unter Tage Bodenschätze ab, Blei, Zink, Kupfer, Nickel, Silber und Gold. Ältere Serben in Nord-Mitrovica schwärmen noch heute von jener Zeit, als ganz Mitrovica noch Kosovska Mitrovica oder Titova Mitrovica hieß und Trepča der Stolz der ganzen Region war, und von der Zeit, als sie noch in einem angesehenen und respektierten Staat lebten. Die bedrückende Gegenwart und die fehlenden Perspektiven lassen die Menschen leicht die frühere Zeit verklären.

Für die Albaner ist das Bergwerk zum Symbol des Kampfes für die Befreiung Kosovos von der serbischen Herrschaft geworden. Der Streik von rund 1200 Minenarbeitern im Februar 1989 war am Vorabend des Zerfalls von Jugoslawien die erste große Protestaktion gegen die zunehmende serbische Repression. Allerdings, und das soll nochmals betont werden, forderten die Streikenden damals nicht die Loslösung Kosovos von Serbien, sondern die Gleichberechtigung Kosovos innerhalb der jugoslawischen Föderation. Mit dem Streik zerbrach der fast schon legendäre Zusammenhalt der Kumpels. Während albanische Bergarbeiter protestierten, unterstützten ihre serbischen Kollegen die Kosovo-Politik Belgrads. Der Streik markiert das Ende des multiethnischen Trepča.

Seit dem Krieg 1998/1999 ist nicht nur Mitrovica, sondern auch

Trepča geteilt. Es sind heute faktisch zwei Firmen, Trepča-Nord und Trepça-Süd. Die eine ist serbisch, die andere albanisch. Die eine hat einen serbischen Direktor, die andere einen albanischen. In der einen arbeiten Serben, in der anderen Albaner. Die meisten Minen, Förderanlagen und verarbeitenden Betriebe befinden sich im Süden. Dennoch ist Trepča-Nord mit seinen – laut serbischen Angaben – 1200 Arbeitsplätzen der wichtigste Industriebetrieb im serbisch besiedelten Nordzipfel und damit von großer wirtschaftlicher Bedeutung. Die Produktion liegt dennoch auf beiden Seiten weit unter derjenigen in den achtziger Jahren. Zwar gibt es noch immer Hoffnung, dass durch Investitionen und eine umfassende Modernisierung mehr Arbeitsplätze geschaffen werden könnten. Doch Pläne zur Sanierung des gesamten Industriekomplexes zerschlagen sich immer wieder an den unvereinbaren Vorstellungen der Kosovo-Albaner und der Kosovo-Serben über die Zukunft von Trepča und an der Frage, wem das Unternehmen gehört. Beide beanspruchen es für sich. Kosovo-serbische Politiker werfen der kosovarischen Regierung vor, sie wolle Trepča ganz übernehmen, um so den von Serben besiedelten Nordteil Kosovos auch politisch zu beherrschen; denselben Vorwurf hört man auch von der serbischen Regierung. Von einer Wiedervereinigung von Trepča und damit einer möglichen Überwindung der ethnischen Trennung in Mitrovica, ist man weit entfernt. Zu unterschiedlich sind die wirtschaftlichen Interessen, zu groß die politischen Differenzen.

Der 1932 gegründete Fußballclub Trepča nannte sich in jugoslawischer Zeit mit vollem Namen Fudbalski klub Trepča Kosovska Mitrovica. In der Mannschaft spielten Albaner, Serben und Bosniaken. Multiethnisch waren auch die Fans. Seine erfolgreichste Zeit hatte der Club in den siebziger Jahren. 1977 stieg er in die höchste jugoslawische Liga auf, doch nach nur einer Saison auch wieder ab. Trotzdem stand die Mannschaft 1978 im Cupfinale gegen Rijeka. Sie verlor das Spiel, wenn auch nur knapp und erst in der Verlängerung. Der Streik der Bergarbeiter im Februar 1989 bedeutete auch das Ende des gemeinsamen Fußballclubs Trepča. Die albanischen Spieler, welche die Kosovo-Politik Belgrads ablehnten, mussten den Club verlassen. Sie hatten sich geweigert, dem serbischen Staat ihre Loyalität zu bekunden. Das ist die albanische Version. Die Serben hingegen behaupten, die Albaner hätten die Mannschaft freiwillig verlassen. Sie seien indoktriniert worden und hätten sich von den albanischen Separatisten beeinflussen lassen.

Seither gibt es in Mitrovica zwei Clubs mit demselben Namen. Beide haben dieselben schwarz-grünen Clubfarben, dasselbe Vereinslogo und dieselben Trikots. Der serbische Club nennt sich FK Trepča, der albanische KF Trepça; KF bedeutet ebenso wie FK Fußballclub. Der FK Trepča trainiert in Zvečan, einem kleinen, von Serben bewohnten Ort unweit von Nord-Mitrovica. Seine Heimspiele muss der Verein, der in der dritten Liga Serbiens spielt, in Serbien austragen. Der KF Trepça hingegen gehört der zweithöchsten Liga Kosovos an. Er spielt im großen alten Stadion, das sich im Süden der Stadt befindet und das die serbischen Spieler seit Ende des Krieges von 1998/1999 nicht mehr betreten haben. Es wurde nach Beendigung der serbischen Verwaltung in »Stadiumi Olimpik Adem Jashari« umbenannt und trägt seither den Namen des legendären Führers der UÇK, der im März 1998 zusammen mit Dutzenden Mitgliedern seiner Großfamilie von serbischen Sicherheitskräften getötet wurde. Er gilt als Held des kosovo-albanischen Widerstands. Für die Serben, welche die Umbenennung als Affront empfinden, ist Adem Jashari ein Terrorist. Selbstverständlich beanspruchen beide Clubs, der FK Trepča und der KF Trepça, die Rechtsnachfolge des einst gemeinsamen Vereins für sich.

Als ob das nicht schon kompliziert genug wäre, gibt es in der Stadt noch einen dritten Club, er nennt sich KF Trepça 89. Wie die Schreibweise und das Kürzel KF verraten, handelt es sich ebenfalls um einen kosovo-albanischen Verein. Die Zahl 89 erinnert an den Bergarbeiterstreik von 1989. Die Mannschaft, die in einem weiteren Stadion spielt, ist zum Leidwesen des KF Trepça spielerisch besser. Der Club gehört der höchsten Liga Kosovos an.

Im September 2019 treffe ich Avni Haxhiu zum Gespräch in Süd-

Mitrovica. Er spricht ausgezeichnet Serbisch. Er bezeichnet sich als Financier von KF Trepça. Präsident sei sein Bruder Nexhmedin, fügt er hinzu. Dieser halte sich derzeit in Westafrika auf, um neue Spieler anzuwerben. Der Club wolle so schnell wie möglich in die höchste Liga Kosovos aufsteigen. 1989 seien die albanischen Spieler aus der damaligen multiethnischen Mannschaft geworfen worden. Die Serben hätten dann den Club FK Trepča gegründet. Das »wahre Trepča« sei jedoch sein Verein, der KF Trepça. Kontakte zwischen dem KF Trepça und dem FK Trepča gebe es keine.

Nachdem der FK Trepča im Jahr 1989 entlang der ethnischen Trennlinien auseinandergebrochen war, spielte der KF Trepça auf abgelegenen Wiesen oder in Waldlichtungen, sozusagen im Untergrund. Das sei notwendig gewesen, sagt Haxhiu, um nicht von der serbischen Polizei erwischt zu werden. Man habe improvisiert. Die Kosovo-Albaner hatten zu Beginn der neunziger Jahre nicht nur ein eigenes Bildungs- und Gesundheitswesen aufgebaut. Auch die Fußballmannschaften spielten außerhalb der von der serbischen Obrigkeit kontrollierten Liga. Aus serbischer Sicht waren die Spiele der kosovo-albanischen Mannschaften illegal. Erst im Jahre 2000, ein Jahr nach Kriegsende und damit auch nach dem Ende der serbischen Herrschaft konnte in Kosovo der reguläre Spielbetrieb wieder aufgenommen werden. Als die Spieler in ihr Stadion zurückgekehrt seien, sagt Haxhiu, hätten sie ein Chaos vorgefunden. Das Stadion sei in einem katastrophalen Zustand gewesen. Die Pokale und Trophäen seien nicht mehr da gewesen. Auch Fotos von Spielern und Trainern, Urkunden und offizielle Dokumente seien unauffindbar gewesen. Vieles sei zerstört gewesen. Sie hätten wieder von null beginnen müssen. Wo die Pokale jetzt seien, ob Serben sie gestohlen hätten, wie manche meinen, könne er nicht sagen.

Haxhiu bezeichnet den serbischen FK Trepča auf der anderen Seite des Flusses als illegal. Die Mannschaft spiele in Serbien, also im Ausland, nicht in Kosovo unter dem Dach des kosovarischen Fußballverbands. Das ist auch der Grund, weshalb der Verein seine Heimspiele in Serbien austragen muss. Hinzu kommt, dass der serbische Club unter einem Namen antritt, den Haxhiu für den albanischen Verein beansprucht. Im Übrigen betrachtet auch er die Abwanderung vor allem junger und gut ausgebildeter Kosovo-Albaner als Hauptproblem. Er fordert deshalb mehr Investitionen in den Sport und vor allem in den Fußball. Er ist überzeugt, dass damit der Abwanderung etwas entgegengesetzt werden könnte.

Das kleine Vereinslokal des FK Trepča befindet sich am Boulevard König Petar I., einer stark befahrenen Straße in Nord-Mitrovica, unweit des mächtigen Lazar-Denkmals. Das kleine Häuschen ist mit grüner Farbe frisch gestrichen. Die fünf Männer, die in einem der beiden Räume an einem Tisch sitzen und laut und gestenreich miteinander diskutieren, wollen keine Fragen beantworten. Dafür seien sie nicht zuständig. Doch die vielen glänzenden Pokale, die ein Gestell an einer der Wände im zweiten Raum füllen und die mit vier Ausnahmen alle nach dem Kosovokrieg gewonnen wurden, darf beziehungsweise muss der Besucher bewundern. Ich werde aufgefordert, die aus jugoslawischer Zeit stammenden, glitzernden Trophäen, auf welche die Männer besonders stolz sind, zu fotografieren. Damit diese auf dem Foto auch gut zur Geltung kommen, schieben die Männer die danebenstehenden Pokale beiseite. Die wichtigste Trophäe ist die von 1976/77, die der FK Trepča für den ersten Platz in der zweithöchsten jugoslawischen Liga erhielt, der zum Aufstieg berechtigte. Es ist erstaunlich, wie viele Pokale der Verein schon gewonnen hat, obschon er nur in der dritten Liga Serbiens spielt. An einer anderen Wand hängen Fotos von Spielern und Trainern aus längst vergangenen Zeiten. Ob frühere Spieler des FK Trepča noch Kontakt miteinander hätten? Die Funktionäre schauen sich an und schütteln den Kopf. Sollte dies doch der Fall sein, dann außerhalb Kosovos, etwa in Belgrad, meint einer von ihnen.

Und nun beginnen die Männer doch noch zu reden. Sie schwärmen ausführlich von den guten alten Zeiten, als es die Mannschaft mit den besten jugoslawischen Vereinen aufnehmen konnte. Traurig sind sie darüber, dass das große Stadion wenige Hundert Meter entfernt auf der südlichen Seite des Ibar, ihr Stadion, wie sie sagen, für sie so unerreichbar sei, als ob es auf einem anderen Planeten läge. Sie sehen darin eine große Ungerechtigkeit. Und so schauen sie immer wieder wehmütig über den Fluss. Aber sie weigern sich strikt, auf die andere Seite zu gehen in das Stadion, etwa zu einem Spiel des kosovo-albanischen KF Trepça. Vielen jungen Fußballfans in Nord-Mitrovica ist der einst erfolgreiche, multiethnische Verein FK Trepča kein Begriff mehr, ebenso wenig wie der KF Trepça. Die Kosovo-Fußballliga interessiert sie nicht, sie sind Fans von Roter Stern Belgrad oder von Partizan Belgrad.

Die fünf Männer wollen mit dem gleichnamigen KF Trepça in Süd-Mitrovica nichts zu tun haben. Für sie ist der Club auf der anderen Seite illegal. Ebenso entschieden erklären sie, der FK Trepča werde nie in der Kosovo-Liga spielen, in einem Staat, der für sie nicht existiere. Sie fügen noch einen praktischen Grund hinzu. Es sei für die Mannschaft zu gefährlich, zu den Auswärtsspielen in den albanischen Siedlungsgebieten anzutreten. Auch den Fans sei eine Reise dorthin nicht zumutbar. Die Bemerkung, Funktionäre des KF Trepça in Süd-Mitrovica hätten sich darüber beklagt, dass alle Pokale aus dem Stadion verschwunden seien, ja dass Serben diese womöglich gestohlen hätten, löst ein derart lautes und lang anhaltendes Gelächter aus, dass das kleine Vereinslokal in seinen Grundfesten zu erzittern scheint. »Wie könnten wir unseren eigenen Club bestehlen. Wir haben nichts gestohlen. Wir sind das einzige, wahre Trepča. Die dort drüben auf der anderen Seite haben unseren Club gestohlen.« Und als ob das ein unwiderlegbarer Beweis für die Richtigkeit ihrer Version sei, zeigen die fünf Männer mit ernsten Gesichtern auf den Pokal von 1976/77: »Schau genau hin. Siehst du, die Inschrift ist mit kyrillischen Buchstaben geschrieben, nicht mit lateinischen. Es ist also unser Pokal«.

Ausblick

In Kroatien, Serbien, Bosnien-Herzegowina und in Kosovo haben Begriffe wie »staatliche Souveränität«, »Nation« oder »nationale Identität«, von denen in diesem Buch viel die Rede ist, einen höheren Stellenwert als in den Staaten Westeuropas mit ihren gefestigten Demokratien, die auf eine viel längere Zeit der nationalen Eigenständigkeit zurückblicken können. Die oben genannten Länder haben erst spät ihre Unabhängigkeit erlangt. Es sind junge Staaten, die durch das Auseinanderbrechen Jugoslawiens entstanden sind. Ihr nationalen Regungen wurden zuvor im sozialistischen Vielvölkerstaat immer wieder unterdrückt. Kroatien und Slowenien erklärten sich im Juni 1991 für unabhängig, Bosnien-Herzegowina im März 1992. Serbien wurde 2006, nach der Unabhängigkeitserklärung Montenegros, zu einem eigenen Staat. Zuvor hatten die beiden Teilrepubliken ab 1992 einen gemeinsamen Staat gebildet, der sich Bundesrepublik Jugoslawien und nach 2003 Serbien-Montenegro nannte. Kosovo proklamierte seine Eigenstaatlichkeit im Februar 2008.

Auf dem Balkan waren die ersten Nationalstaaten nach jahrhundertelanger Herrschaft der Osmanen in der zweiten Hälfte des 19. Jahrhunderts und in den ersten Jahrzehnten des 20. Jahrhunderts auf ethnisch-nationaler Grundlage entstanden. Erst mit den damaligen Staatsbildungen wurden nationale Identitäten geschaffen. Sie verdrängten die zuvor dominierenden konfessionell und regional geprägten Zuordnungen und Loyalitäten. Auch die Nachfolgestaaten Jugoslawiens definierten sich in den neunziger Jahren vor allem ethnisch-national, im Sinne einer durch die gemeinsame Geschichte, Sprache und Kultur verbundenen Gemeinschaft. Erneut wurden eindeutige nationale Bekenntnisse und Identitäten verlangt. Wie schon in der Endphase des Osmanischen Reiches führten auch in den neunziger Jahren des 20. Jahrhunderts die Pläne nationalistischer Politiker, homogene Nationalstaaten zu bilden und Nation und Staat zur Deckung zu bringen, zu Gewalt, Vertreibungen, Massakern und Krieg. Das Denken in ethnischen Kategorien, ein Erbe der Geschichte, ist vielerorts auf dem Balkan tief verwurzelt und spielt im politischen Diskurs noch immer eine bedeutende Rolle.

Ähnliches gilt für die beiden ostmitteleuropäischen Länder Polen und Ungarn. Auch sie wurden im Laufe der Geschichte lange von fremden Mächten beherrscht. Ihre Grenzen wurden immer wieder neu gezogen, entsprechend den politischen und wirtschaftlichen Interessen ausländischer Mächte. So war der polnische Staat von 1795 bis 1918 von der Landkarte verschwunden, unter sich aufgeteilt von den drei Großmächten Russland, Österreich-Ungarn und Preußen. Der Vertrag von Trianon von 1920, durch den Ungarn einen großen Teil seines Territoriums und seiner Bevölkerung an die Nachbarstaaten verlor, ist ein weiteres Beispiel. Er wird in Ungarn bis heute als ungerecht und demütigend empfunden. Die von den Siegermächten des Ersten Weltkriegs beschlossene Zerstückelung hat ein kollektives Trauma hinterlassen, das noch hundert Jahre später nachwirkt. Nach dem Zweiten Weltkrieg waren Ungarn und Polen in den von der Sowjetunion beherrschten Ostblock eingebunden und erlangten ihre volle staatliche Souveränität erst wieder mit dem Ende der kommunistischen Herrschaft 1989. Die Geschichte, die in Ostmitteleuropa und auf dem Balkan anders verlief als im westlichen Teil des Kontinents, hat sich in das kollektive

Gedächtnis der Nationen eingegraben und bestimmt das Verständnis von Souveränität und nationaler Identität. Der Staat und seine Grenzen sind in diesem Teil Europas keine Selbstverständlichkeit. Dafür haben westliche Politiker oft wenig Verständnis, und so fehlt es immer wieder an politischem Fingerspitzengefühl. Doch darf man nicht hinnehmen, dass mit Verweis auf historische Ereignisse, und mögen sie noch so traumatisch sein, Verletzungen demokratischer Grundregeln und eine autoritäre Politik gerechtfertigt werden.

Angesichts der immensen Bedeutung der Geschichte auf dem Balkan ist es nicht erstaunlich, dass sich politische Konflikte mit Nachbarstaaten oft an historischen Kontroversen entzünden. Jüngstes Beispiel ist Bulgarien, das seine Stellung als EU-Mitglied zu erpresserischen Manövern missbraucht. Sofia droht, den Beginn der Beitrittsgespräche zwischen der EU und Nordmazedonien mit einem Veto zu blockieren, falls Skopje im Streit um die Deutung der Geschichte nicht nachgibt. Sofia bestreitet zwar nicht das Recht seines Nachbarlandes, über seine nationale Identität selbst zu befinden. Doch müsse Skopje die bulgarischen Wurzeln der mazedonischen Nation anerkennen. Die Mazedonier seien eine von Josip Broz Tito im Zweiten Weltkrieg aus politischen Gründen »erfundene Nation«. Da Bulgarien auch die mazedonische Sprache nicht anerkennt und diese als bulgarischen Dialekt betrachtet, fordert die Regierung, dass in allen EU-Dokumenten die Sprache des Nachbarlandes als »Amtssprache der Republik Nordmazedonien« bezeichnet werden müsse. Sofia verlangt von Skopje die Anerkennung der »historischen Realität«, also eine Änderung der nationalen Geschichtsschreibung. Bulgarien will dem Nachbarn vorschreiben, wie er die eigene Geschichte zu interpretieren hat. Eine solche Anmaßung stößt auch bei Historikerinnen und Historikern in Bulgarien auf Kritik, und zwar bei denen, die nicht bereit sind, sich in den Dienst der Politik zu stellen.

Das ethnisch-nationale Ordnungsprinzip hat vor allem in Bosnien-Herzegowina große Auswirkungen. Die in der Verfassung verankerte ethnische Dreiteilung in Bosniaken, bosnische Serben und bosnische Kroaten schwächt die Institutionen und erschwert die politischen Entscheidungsfindungen. Damit die lähmende Macht des Ethnischen durchbrochen werden kann, müssten die gesamtbosnisch orientierten Kräfte an Einfluss gewinnen, die den Staat als Gemeinschaft gleichberechtigter Bürger betrachten, die einer gemeinsamen Verfassung verpflichtet sind und deren Rechte weniger auf ihrer ethnisch-nationalen Zugehörigkeit beruhen als vielmehr auf ihrer Rolle als Staatsbürger. Gemeint sind die Parteien, denen funktionierende politische Institutionen und ein moderner Staat wichtiger sind als forcierte ethnische Zuordnungen, die sich für eine ausgeglichene Balance zwischen staatsbürgerlichen und ethnisch-nationalen Prinzipien einsetzen und innerhalb des föderalen Systems ethnische Loyalitäten durch einen bosnischen Verfassungspatriotismus ergänzen wollen.

Eine Hinwendung zu einer Bürgergesellschaft mit einem Grundkonsens in zentralen Fragen, der die ethnischen Fesseln zu sprengen vermag, ist eine Voraussetzung dafür, dass Bosnien politisch und wirtschaftlich vorankommt. Doch gibt es dabei viele Hindernisse. Dazu gehören die tief verwurzelten Ängste ethnischer Minderheiten, von der Bevölkerungsmehrheit im politischen Prozess majorisiert und diskriminiert zu werden. Viele Serben, sie bilden in Bosnien die zweitgrößte Bevölkerungsgruppe, gehen so weit, dass sie vom bosnischen Staat nichts wissen wollen. Das gilt vor allem für diejenigen, die in der Republika Srpska leben. Der starke Mann des serbischen Landesteils, Milorad Dodik, der derzeit dem dreiköpfigen höchsten bosnischen Staatsorgan angehört, spricht ständig von einer Abspaltung, vor allem dann, wenn er eine Drohkulisse aufbauen will. Da Bosnien in der bestehenden Form, so lautet sein Mantra, nicht existieren könne, sei es besser, über eine friedliche Trennung zu sprechen. Er lehnt auch die Bezeichnung »bosnische Serben« ab. Er sieht darin eine Beleidigung. Die Serben in der Republika Srpska seien keine bosnischen Serben, sondern Serben, die gegen ihren Willen im Staat Bosnien-Herzegowina leben müssten. Ihre wirkliche Heimat sei Serbien. Wie andere nationalistische Politiker nimmt auch Dodik für sich das Recht in Anspruch, den bosnischen Serben die eigenen Vorstellungen von Identität aufzuzwingen, als ob diese nicht selbst darüber befinden könnten, wie sie sich definieren und wem sie sich zugehörig fühlen wollen. Eine weitere Frage stellt sich: Wie kann ein Land vorankommen, wenn ein Mitglied des höchsten Staatsorgans den Staat, den es repräsentieren sollte, ablehnt?

Die Kroaten bilden das kleinste der drei konstitutiven Völker. Manche Kroaten fühlen sich in der Föderation von den Bosniaken politisch an die Wand gedrückt und fordern nach dem Muster der Republika Srpska eine eigene Entität. Wie hoch die Zahl derer ist, die sich ethnisch-national zwar als Kroaten bezeichnen, sich aber im politischen Sinn als Bosnier verstehen, ist schwer abzuschätzen. Mit dem bosnischen Staat, wenn auch nicht in der jetzigen Form, identifizieren sich vor allem die Bosniaken. Sie stellen die absolute Bevölkerungsmehrheit, allerdings nur knapp. Sie fordern eine Stärkung der gesamtstaatlichen Institutionen. Doch viele bosnische Serben, aber auch bosnische Kroaten wittern hinter solchen Bemühungen unitaristische Tendenzen, das Streben der Bosniaken nach politischer Vorherrschaft. Vor diesem Hintergrund haben staatsbürgerliche Konzepte und, damit verbunden, Forderungen nach einer gesamtbosnischen Identität, wie immer diese auch definiert sein mag, einen schweren Stand. Auch wenn viele bosnische Serben und auch Kroaten den Staat, in dem sie leben, nicht als ihre Heimat betrachten, wird Bosnien – allen Unkenrufen zum Trotz – nicht so schnell auseinanderfallen.

Sehr überraschend waren die Resultate der Lokalwahlen von November 2020, bei denen vor allem die ethnonationalen Parteien der Bosniaken und der bosnischen Serben empfindliche Niederlagen hinnehmen mussten, etwa in Sarajevo oder auch in Banja Luka, der größten Stadt der Republika Srpska. Ob das eine Trendwende, weg von den ethnonationalen Parteien, die das Land nicht vorangebracht haben, hin zu staatsbürgerlich und gesamtbosnisch orientierten politischen Kräften eingeleitet hat, wird sich zeigen. Allerdings gilt es festzuhalten, dass manche Oppositionspolitiker, auch solche, die einer jüngeren Generation angehören, sich zwar in ihren politischen Vorstellungen zumindest teilweise von der herrschenden Elite unterscheiden, nicht aber in ihren Äußerungen zu nationalen Fragen oder der Bewertung der Kriege der neunziger Jahre. Das gilt insbesondere für den serbischen Landesteil. Ein Beispiel ist der neu gewählte Bürgermeister von Banja Luka, der 1993 geborene Draško Stanivuković. Er spricht von der Respektierung rechtsstaatlicher Prinzipien, von der Bekämpfung der Korruption und des Klientelismus. Doch manche seiner Äußerungen sind ebenso nationalistisch wie die von Milorad Dodik. Auch Stanivuković leugnet den Genozid von Srebrenica und lehnt die Urteile des Uno-Kriegsverbrechertribunals ab. Er hält alle in Den Haag angeklagten und verurteilten Serben für unschuldig, auch Ratko Mladić oder Radovan Karadžić.

Die Stagnation Bosniens hat auch viel damit zu tun, dass die einst von der EU verkündete Beitrittsperspektive in weite Ferne entrückt ist. Die Europäische Union hat an Glaubwürdigkeit und politischer Überzeugungskraft verloren, auch anderswo im westlichen Balkan. In dem Maße aber, wie das Engagement des Westens erlahmt, nimmt der Einfluss der Türkei, Russlands und Chinas zu. Die EU darf Bosnien, Serbien und Kosovo nicht einfach sich selbst überlassen, denn ohne eine glaubwürdige europäische Perspektive könnten ethnische, die Staatsgrenzen sprengende nationale Projekte erneut an Attraktivität gewinnen. Schon werden in der Region wieder Stimmen laut, die über Änderungen der Grenzen nach ethnischen Gesichtspunkten nachdenken und damit die Nachkriegsordnung infrage stellen. Zu hoffen ist, dass die EU und die USA nicht nur an den bestehenden Grenzen in Bosnien-Herzegowina festhalten, sondern auch bei der Lösung des Kosovo-Problems sich nicht auf einen Gebietsaustausch zwischen Kosovo und Serbien einlassen. Denn sonst würden Jahrzehnte nach den bewaffneten Konflikten der neunziger Jahre doch noch die Kriegstreiber recht behalten, die damals unermüdlich verkündet hatten, die Völker Jugoslawiens könnten nicht mehr zusammenleben, sondern müssten getrennt werden. Der Westen, der auf dem Balkan multikulturelles Zusammenleben predigt, würde im Falle neuer Grenzziehungen und damit eines neuen Triumphs des Ethnischen nicht nur die eigenen Werte verraten, sondern auch die Stabilität in der Region gefährden.

Überall auf dem westlichen Balkan sind nichtstaatliche Organisationen aktiv, die sich für die Stärkung der Bürgergesellschaft, die Einhaltung rechtsstaatlicher und demokratischer Grundwerte sowie den Schutz der Minderheiten einsetzen. Sie wollen das Schicksal der in den Kriegen vermissten Personen aufklären, die Rolle der damaligen staatlichen Strukturen beleuchten, Kriegsmythen entlarven und Opfer-Täter-Schemen aufbrechen. Sie bemühen sich um eine ernsthafte Aufarbeitung der Kriege und setzen sich dafür ein, dass Kriegsverbrecher auf dem gesamten Gebiet des ehemaligen Jugoslawien strafrechtlich zur Verantwortung gezogen werden. Allen Opfern soll Gerechtigkeit widerfahren. Andere engagieren sich in multinationalen Projekten zur Verbesserung des Geschichtsunterrichts. Es geht um die Frage, wie heikle Themen in den Schulen behandelt werden sollen. Für eine differenziertere Betrachtung setzen sich in Kroatien, in Serbien, in Bosnien-Herzegowina und in Kosovo auch zahlreiche Historikerinnen und Historiker ein, die sich einer unabhängigen Forschung verpflichtet fühlen und die den weit verbreiteten Missbrauch der Geschichte zu politischen Zwecken öffentlich anprangern. Es finden also in allen Ländern des westlichen Balkans, an den Universitäten, in Fachzeitschriften und in einem Teil der Medien lebhafte und kontroverse Debatten statt.

Diese Projekte und Initiativen von Nichtregierungsorganisationen, die darauf abzielen, die Macht des Ethnischen aufzubrechen, können einiges bewirken, auch wenn ihr Einfluss meist nicht über die gebildeten städtischen Eliten und den Kreis Gleichgesinnter hinausreicht. Sie sind umso wichtiger, als mit dem Erstarken nationalistischer und autoritärer Kräfte im letzten Jahrzehnt sowie dem zunehmenden westlichen Desinteresse an der Region die Auseinandersetzung mit den Kriegen der neunziger Jahre in den Hintergrund gedrängt wurde oder sogar zum Stillstand gekommen ist. Die regierenden Politiker und ihre Parteien haben kein Interesse daran. Und so fehlen wichtige Impulse. Von einer Anerkennung begangenen Unrechts auf staatlicher und gesellschaftlicher Ebene kann keine Rede sein. Die regierenden Eliten propagieren weiterhin einseitige Geschichtsbilder, welche die Nation daran hindern, sich kritisch mit den neunziger Jahren auseinanderzusetzen.

Eine Aufarbeitung wäre aber dringend geboten. In der heutigen Generation ist das Desinteresse an der jüngsten Geschichte weit verbreitet. Viele empfinden die ethnischen Trennlinien als normal, als selbstverständlich. Sie kennen nichts anderes. Gerade deshalb wäre eine Auseinandersetzung mit unterschiedlichen Geschichtsbildern und Sichtweisen vor allem in den Schulen wichtig. Nur wenn die Jugendlichen erfahren, wie die andere Seite dasselbe historische Ereignis bewertet, wie unterschiedlich ein und dieselbe Quelle interpretiert wird, welches die Gründe dafür sind, welche Rolle dabei die Politik spielt und welche Interessen dahinterstecken, kann sich ein kritisches historisches Denken entwickeln. In einer Zeit des wiedererstarkten Nationalismus scheint man von einem multiperspektivischen Vorgehen weiter entfernt zu sein als noch vor zehn Jahren. Der Widerstand ist hartnäckig, vor allem bei denen, welche die Aufgabe des Geschichtsunterrichts darin sehen, die staatliche Sichtweise zu vermitteln.

Jenseits der Sphäre der ethnonationalen Politiker und der ihnen ergebenen Hofberichterstatter gibt es aber noch eine andere Welt. In ihr bewegt sich die Bevölkerung. Sie ist vielschichtig, widersprüchlich, schillernd. Wer sich nur in der Sphäre der nationalkonservativen Eliten aufhält, bekommt ein verzerrtes Bild. Im Alltag geht das Leben meist seinen gewohnten Gang. Es ist nicht einfach alles verschwunden, was die Menschen einst verband, im Gegenteil. Trotz den Kriegen und nationalistischer Propaganda ist ein Gefühl der Nähe und der Zusammengehörigkeit geblieben. Das ist nicht verwunderlich, schließlich lebten Kroaten, Bosniaken, Serben, Montenegriner, Slowenen und Mazedonier mehr als siebzig Jahre lang im selben Staat. Was sie bei allen Unterschieden verbindet, sind dieselbe oder eine ähnliche Sprache, ein gemeinsamer Kulturraum und im Falle der älteren Generation die gemeinsamen Lebenserfahrungen in Titos Vielvölkerstaat.

Die jugoslawischen Nachfolgestaaten sind heute wirtschaftlich eng miteinander verflochten. Es herrscht auch ein reger kultureller Austausch. Sängerinnen und Sänger, Musikgruppen, Film- und Theaterregisseure oder Schriftsteller treten in allen Nachfolgestaaten auf und füllen die Säle. Wissenschaftler treffen sich und arbeiten an gemeinsamen Projekten. Initiativen zur Modernisierung des Geschichtsunterrichts, die ethnische und staatliche Grenzen sprengen, werden ins Leben gerufen. In der bosnischen Fußballnationalmannschaft spielen Bosniaken, bosnische Serben und bosnische Kroaten. Für gewisse Sportarten, etwa Basketball, existiert eine gemeinsame Liga, die Adria-Liga, in der Mannschaften aus allen jugoslawischen Nachfolgestaaten mit Ausnahme Kosovos spielen. In Notsituationen, wie etwa in der Corona-Pandemie, helfen sich die Menschen über ethnische und staatliche Grenzen hinweg. Die Liste könnte beliebig verlängert werden. Auch bei sozialen Protesten verwischen sich ethnische Trennlinien immer mehr. Das zeigt sich vor allem auf lokaler Ebene. Eine andere, eine soziale Trennlinie rückt stattdessen in den Vordergrund, nämlich eine zwischen der Bevölkerung und den Machthabern. Was die Menschen unabhängig von ihrer ethnisch-nationalen Zugehörigkeit vor allem eint, sind die Wut über korrupte Machenschaften von Politikern, über polizeiliche Willkür und der Wunsch nach Arbeit und einem besseren Leben.

Auch in den ethnisch gemischten Städten und Orten, die Thema dieses Buches sind, hat sich das Leben weitgehend normalisiert. Geblieben sind unsichtbare Trennlinien in manchen Köpfen, vor allem in denen von Politikern. Trotz der facettenreichen und oft widersprüchlichen Realität lässt sich sagen, dass in der Bevölkerung das einstige Miteinander oft einem von Gleichgültigkeit und Desinteresse gegenüber der anderen Ethnie geprägten, in der Regel aber konfliktfreien Nebeneinander gewichen ist. Voraussetzung für eine Aussöhnung wären, wie gesagt, die Bereitschaft zu einer umfassenden juristischen, politischen und gesellschaftlichen Aufarbeitung der im Namen der eigenen Nation begangenen Kriegsverbrechen, die Aufklärung des Schicksals aller vermissten Personen sowie die Anerkennung aller Opfer; die Einsicht also, dass nicht nur dem eigenen Volk, sondern auch anderen Unrecht geschehen ist. Davon ist man noch weit entfernt.

Das würde ein Abrücken vom bequemen Opfer-Täter-Schema bedeuten, von den staatlich propagierten Geschichtsbildern. Zumindest müssten die regierenden Parteien die Auseinandersetzung mit anderen Sichtweisen zulassen und fördern. Erst dann wäre es möglich, gemeinsam aller Opfer zu gedenken, zumindest auf lokaler Ebene, etwa in Vukovar. Ein solcher Gesinnungswandel ist nicht absehbar. Doch auch in der Vielfalt der persönlichen Erinnerungen und Erfahrungen der Menschen, die über die ethnische Zugehörigkeit hinaus und abseits der kollektiven Erinnerungskultur die Komplexität der Zerfallskriege widerspiegeln, wird die Herrschaft verordneter staatlicher Geschichtsbilder und damit die Macht des Ethnischen jeweils durchbrochen, ebenso wie durch das pragmatische Handeln vieler Bewohnerinnen und Bewohner in ihrem Alltag.

Dank

Zu großem Dank verpflichtet bin ich allen, die mein Manuskript ganz oder teilweise gelesen und mit ihren Bemerkungen und Anregungen dazu beigetragen haben, Fehler und Ungenauigkeiten zu beseitigen: Florian Bieber, Leiter des Zentrums für Südosteuropastudien an der Karl-Franzens-Universität Graz; Oliver Jens Schmitt, Professor am Institut für Osteuropäische Geschichte der Universität Wien sowie Viviane Egli, Ruedi Seitz und Enver Robelli. Besonders bedanken möchte ich mich auch bei Eldina Jašarević. Sie hat nicht nur das Manuskript sorgfältig gelesen, sondern mich auch bei meinen Reisen in Bosnien und in Vukovar unterstützt und Treffen mit Gesprächspartnern organisiert, etwa mit den Direktorinnen und Direktoren der »zwei Schulen unter einem Dach« in Zentralbosnien. Ohne ihre Hilfe hätte ich keinen Zugang zu den ethnisch getrennten Schulen gehabt. Danken möchte ich aber auch Enver Robelli, der mir bei der Suche nach Gesprächspartnern in Kosovo sehr geholfen hat. Zu Dank verpflichtet bin ich zudem Christiane Schmidt vom Rotpunktverlag für ihr sorgfältiges Lektorat. Danken möchte ich auch Patrizia Grab für die schöne Buchgestaltung.

Mein Dank gilt vor allem auch den vielen namentlich im Buch zitierten und den nicht mit Namen genannten Gesprächspartnerinnen und Gesprächspartnern in Bosnien-Herzegowina, in Kroatien, in Serbien und in Kosovo, die mich auf meinen vielen Recherchereisen zu diesem Buch freundlich aufgenommen und geduldig meine Fragen beantwortet haben. Von ihnen habe ich viel gelernt. Ohne sie gäbe es dieses Buch nicht. Die Schilderungen von Ereignissen aus der Zeit der jugoslawischen Zerfallskriege der neunziger Jahre basieren auf meinen eigenen Reportagen und Berichten, die ich damals als Balkankorrespondent in der *Neuen Zürcher Zeitung* veröffentlicht habe.

Literatur

In der folgenden Literaturliste sind die Bücher aufgeführt, aus denen ich zitiert oder die ich im Text erwähnt habe, außerdem Veröffentlichungen, denen ich Ideen, Anregungen und Hinweise verdanke, und schließlich Werke, die sich als weiterführende oder vertiefende Lektüre eignen.

Andrić, Ivo, *Wesire und Konsuln*, Paul Zsolnay, Wien 2016

Banjeglav, Tamara, *Negotiated Memory. (Re)Membering victims and (De)Constructing narratives of the »Homeland War« in Post-War Croatia*, Doktorarbeit, Graz 2015

Bieber, Florian, *Nationalismus in Serbien vom Tode Titos bis zum Ende der Ära Milošević*, Lit Verlag, Wien 2005

Ders., *The Rise of Authoritarianism in the Western Balkans*, Palgrave Macmillan, London, New York, Shanghai 2020

Brunnbauer, Ulf, und Klaus Buchenau, *Geschichte Südosteuropas*, Reclam, Ditzingen 2018

Bugarski, Ranko, *Govorite li zajednički?* (»Sprechen Sie die gemeinsame Sprache?«), Biblioteka XX vek, Belgrad 2018

Calic, Marie-Janine, *Südosteuropa. Weltgeschichte einer Region*, C.H.Beck, München 2016

Dies., *Geschichte Jugoslawiens*, C.H.Beck, München 2018

Dies., *Tito. Der ewige Partisan. Eine Biografie*, C.H.Beck, München 2020

Clewing, Konrad, und Oliver Jens Schmitt (Hg.), *Geschichte Südosteuropas. Vom frühen Mittelalter bis zur Gegenwart*, Friedrich Pustet, Regensburg 2011

Collmer, Peter, Ekaterina Emeliantseva Koller und Jeronim Perović (Hg.), *Zerfall und Neuordnung. Die »Wende« in Osteuropa von 1989/91*, Böhlau, Wien, Köln, Weimar 2019

Cvek, Sven, Jasna Račić, und Snježana Ivčić, *Borovo u štrajku. Rad u tranziciji 1987–1991* (»Streik in Borovo. Arbeit und Transformation 1987–1991«), BRID, Zagreb 2019

Flessenkemper, Tobias, und Nicolas Moll (Hg.), *Das politische System Bosnien und Herzegowinas. Herausforderungen zwischen Dayton-Friedensabkommen und EU-Annäherung*, Springer VS, Wiesbaden 2018

Goldstein, Ivo, *Croatia. A History*, Hurst & Company, London 2004

Jović, Dejan, *Rat i mit. Politika identiteta u suvremenoj Hrvatskoj* (»Krieg und Mythos. Identitätspolitik im heutigen Kroatien«), Fraktura, Zagreb 2017

Kordić, Snježana, *Jezik i nacionalizam* (»Sprache und Nationalismus«), Durieux, Zagreb 2010

Krastev, Ivan, und Stephen Holmes, *Das Licht, das erlosch. Eine Abrechnung*, Ullstein, Berlin 2019

Lexikon zur Geschichte Südosteuropas, hg. von Holm Sundhaussen und Conrad Clewing, Böhlau, Wien, Köln, Weimar 2016

Okuka, Miloš, *Eine Sprache – viele Erben. Sprachpolitik als Nationalisierungsinstrument in Ex-Jugoslawien*, Wieser, Klagenfurt 1998

Schmitt, Oliver Jens, *Der Balkan im 20. Jahrhundert. Eine postimperiale Geschichte*, Kohlhammer, Stuttgart 2019

Steindorff, Ludwig, *Geschichte Kroatiens. Vom Mittelalter bis zur Gegenwart*, Friedrich Pustet, Regensburg 2020

Suljagić, Emir, *Srebrenica – Notizen aus der Hölle*, Paul Zsolnay, Wien, 2009, Originalausgabe: *Razglednica iz groba* (»Ansichtskarte aus dem Grab«), Durieux, Zagreb 2005

Tanner, Marcus, *Croatia. A History from the Middle Ages to the Present Day*, Yale University Press, New Haven, London 2019

Teaching War. *How Croatian schoolbooks changed and why it matters. Textbook series*, Teil 1, ESI Report, Berlin, Zagreb, Wien 2015

Wars, Divisions, Integration (1990–2008). Teaching Contemporary Southeast European History. Source Books for History Teachers, Bd. 2. CDRSEE (Center for Democracy and Reconciliation in Southeast Europe), Thessaloniki 2016

Zeitleiste

1918 Am 1. Dezember wird in Belgrad das Königreich der Serben, Kroaten und Slowenen ausgerufen. 1929 wird es in Königreich Jugoslawien umbenannt.

1941 Am 6. April lässt Hitler Jugoslawien angreifen. Zehn Tage später kapitulieren die jugoslawischen Streitkräfte bedingungslos. Jugoslawien wird zerschlagen. Am 10. April wird in Zagreb der »Unabhängige Staat Kroatien« proklamiert, ein faschistischer Vasallenstaat unter Führung von Ante Pavelić. Dem Terrorregime der Ustaša fallen Hunderttausende zum Opfer.

1945 Die Partisanen unter der Führung von Josip Broz Tito übernehmen die Macht. Am 29. November tritt die Verfassunggebende Nationalversammlung zu ihrer ersten Sitzung zusammen. Sie schafft die Monarchie ab und ruft die Föderative Volksrepublik Jugoslawien aus. Am 7. April 1963 wird sie in Sozialistische Föderative Republik Jugoslawien (SFRJ) umbenannt. Bis zu seinem Tod 1980 beherrscht Tito das Land.

1967 Im März erscheint die »Erklärung über die Bezeichnung und die Stellung der kroatischen Schriftsprache«, unterzeichnet von zahlreichen kroatischen Intellektuellen und einflussreichen Kulturorganisationen. Sie verlangt die Anerkennung des Kroatischen als eigenständiger Sprache neben dem Serbischen, Slowenischen und Mazedonischen. Im Jahr 1954 hatten sich Linguisten und Schriftsteller auf eine gemeinsame Standardsprache geeinigt, die sich Serbokroatisch oder Kroatoserbisch nennt. Sie existiert in zwei Varianten, der östlichen (serbischen) und der westlichen (kroatischen). Beide Sprachen sind gleichberechtigt, ebenso wie die beiden Schriften, die lateinische und die kyrillische.

1971 Im Dezember lässt Tito den »Kroatischen Frühling« niederschlagen. Intellektuelle, Studenten und Exponenten des Bundes der Kommunisten Kroatiens hatten eine politische und wirtschaftliche Dezentralisierung Jugoslawiens, eine Aufwertung der kroatischen Nation, mehr Souveränität, manche sogar eine staatliche Neuordnung gefordert. Die kroatische Parteiführung wird entmachtet.

1980 Am 4. Mai stirbt Josip Broz Tito in Ljubljana.

1989 Ende März wird die Autonomie des mehrheitlich von Albanern bewohnten Kosovo aufgehoben. In der jugoslawischen Verfassung von 1974 waren den beiden autonomen Gebieten Kosovo und der Vojvodina weitgehende legislative und exekutive Rechte zugestanden worden. Die Aufhebung der Autonomie Kosovos bedeutet die Einführung einer serbischen Direktverwaltung.

1990 Am 22. April und am 6. Mai finden in Kroatien Parlamentswahlen statt, aus denen die nationalistische Kroatische Demokratische Gemeinschaft (HDZ) als Siegerin hervorgeht. Der Chef der HDZ Franjo Tuđman wird Ende Mai vom Parlament zum neuen Präsidenten gewählt. Bei den ersten Mehrparteienwahlen in Serbien seit dem Zweiten Weltkrieg am 9. und am 23. Dezember erhält die aus dem Bund der Kommunisten hervorgegangene Sozialistische Partei Serbiens von Slobodan Milošević am meisten Stimmen. Der Parteichef gewinnt mit großem Vorsprung auch die gleichzeitig abgehaltene Präsidentenwahl. In Bosnien-Herzegowina finden die ersten freien Mehrparteienwahlen am 18. November und am 2. Dezember statt. Am meisten Simmen erhalten die nationalistischen Kräfte, die bosniakische Partei der Demokratischen Aktion (SDA), die Serbische Demokratische Partei (SDS) und die Kroatische Demokratische Gemeinschaft Bosnien und Herzegowina (HDZ BiH).

1991 Slowenien und Kroatien proklamieren am 25. Juni ihre Unabhängigkeit. Jugoslawien bricht immer weiter auseinander. Am 18. November nehmen die Jugoslawische Volksarmee und serbische Milizen die ostkroatische Stadt Vukovar ein. Sie wird fast vollständig zerstört. In den Tagen danach werden über zweihundert Kroaten, die aus dem Spital von Vukovar verschleppt worden waren, auf dem Gelände des früheren Landwirtschaftsbetriebs Ovčara ermordet.

Am 19. Dezember rufen die aufständischen kroatischen Serben die »Republik Serbische Krajina« mit der Hauptstadt Knin aus.

1992 Am 2. Januar wird unter Uno-Vermittlung ein Waffenstillstand zwischen Kroatien und den aufständischen Serben vereinbart. Zu dessen Überwachung werden Uno-Schutztruppen in den von den Serben beherrschten Gebieten stationiert. Am 15. Januar erkennt die EG, die heutige EU, Slowenien und Kroatien als unabhängige Staaten an. Deutschland hatte diesen Schritt bereits am 23. Dezember 1991 vollzogen.

Am 6. April wird Bosnien-Herzegowina von der EG als unabhängiger Staat anerkannt. Der Krieg eskaliert.

1993 Am 28. August rufen bosnische Kroaten die »Kroatische Republik Herceg-Bosna« mit der Hauptstadt Mostar aus. Sie umfasst die Gebiete in Bosnien und Herzegowina, die von Truppen der bosnischen Kroaten kontrolliert werden.

1994 Am 18. März wird unter massivem Druck der USA in Washington der Vertrag zur Bildung der Föderation Bosnien und Herzegowina unterzeichnet. Damit endet der Krieg im Krieg zwischen der bosnischen Armee und den kroatisch-bosnischen Truppen um die Kontrolle ethnisch gemischter Gebiete in Zentralbosnien sowie in Teilen der Herzegowina, der im Frühjahr 1993 eskaliert war. Die Vereinbarung bedeutet das Ende der »Kroatischen Republik Herceg-Bosna« Die von beiden Seiten umkämpfte Stadt Mostar, die Hauptstadt der Herzegowina, wird unter EU-Verwaltung gestellt.

1995 In den Tagen nach der Einnahme der Uno-Schutzzone Srebrenica am 11. Juli töten bosnisch-serbische Truppen unter dem Kommando von Ratko Mladić rund 8000 Bosniaken. Das Verbrechen wird vom Uno-Kriegsverbrechertribunal in Den Haag als Genozid gewertet. Am 21. November geht der Bosnienkrieg mit der Paraphierung des Friedensabkommens von Dayton zu Ende. Am 14. Dezember wird das Dokument in Paris unterzeichnet. Bosnien-Herzegowina bleibt ein souveräner Staat, wird aber in zwei sogenannte Entitäten aufgeteilt, die mehrheitlich von Bosniaken und bosnischen Kroaten bewohnte Föderation Bosnien-Herzegowina sowie die Republika Srpska. Das Land wird unter internationale Aufsicht gestellt. Zuständig für die Umsetzung des nichtmilitärischen Teils des Abkommens ist der Hohe Repräsentant der Staatengemeinschaft zusammen mit seinem Büro (OHR).

Am 4. August startet die kroatische Armee die militärische Operation »Oluja« (Sturm) mit dem Ziel der Rückeroberung der von den aufständischen kroatischen Serben beherrschten Gebiete des Landes. Am 5. August fällt Knin, das Zentrum der »Republik Serbische Krajina«. Die kroatische Militäraktion löst einen Exodus fast der gesamten serbischen Bevölkerung der Krajina aus. Die von den aufständischen Serben beherrschten Gebiete in Ostslawonien, darunter Vukovar, kommen für eine Übergangszeit unter Uno-Verwaltung. Das entsprechende Abkommen wird am 12. November 1995 im ostslawonischen Ort Erdut unterzeichnet.

1998 Das Uno-Mandat in Ostslawonien endet am 15. Januar. Kroatien hat damit die volle Souveränität über sein Staatsgebiet wiedererlangt.

Der bewaffnete Konflikt zwischen der jugoslawischen Armee und serbischen Sicherheitskräften sowie der kosovo-albanischen Befreiungsarmee (UÇK) eskaliert.

1999 Der Kosovokrieg endet im Juni. Vorausgegangen waren Nato-Luftangriffe auf militärische Ziele und Infrastruktureinrichtungen in der Bundesrepublik Jugoslawien, wie damals der aus Serbien und Montenegro bestehende Staat hieß. Die Angriffe, die ohne Uno-Mandat erfolgten, hatten im März 1999 begonnen und endeten nach 78 Tagen mit dem Einmarsch der von der Nato geführten Kosovo-Schutztruppe Kfor und dem Abzug der serbischen Truppen. Die serbische Führung unter Slobodan Milošević hatte am 3. Juni einem Friedensplan zugestimmt, der am 10. Juni in Kraft trat. Kosovo wurde unter Uno-Verwaltung (UNMIK) gestellt.

2000 Im März erhält die ethnisch gemischte Region von Brčko, über deren Schicksal man sich in Dayton nicht hatte einigen können, einen speziellen Status. Sie wird zu einem Distrikt mit weitgehender Selbstverwaltung erklärt und unter die Aufsicht eines internationalen Supervisors gestellt.

2006 Am 3. Juni erklärt Montenegro seine Unabhängigkeit. Seit dem Zerfall Jugoslawiens hatte es zusammen mit Serbien einen Staat gebildet, ab 1992 die Bundesrepublik Jugoslawien und nach 2003 Serbien-Montenegro.

2008 Am 17. Februar erklärt Kosovo seine Unabhängigkeit, die von den USA und den meisten EU-Ländern völkerrechtlich anerkannt wird, nicht aber von Serbien, nicht von Spanien, der Slowakei, Rumänien, Griechenland und Zypern, auch nicht unter anderem von Russland und China.

2013 Kroatien tritt der EU bei.

2017 Am 30. März stellen Sprachwissenschaftler aus Bosnien, Kroatien, Serbien und Montenegro in Sarajevo die »Erklärung über die gemeinsame Sprache« vor. Sie wird als polyzentrische Standardsprache mit vier gleichberechtigten Varianten definiert (Bosnisch, Serbisch, Kroatisch, Montenegrinisch). Jede Nation hat das Recht, die Sprache so zu nennen, wie sie will.

2020 Im November wird Milorad Dodik, der Vertreter der Republika Srpska, Vorsitzender des dreiköpfigen Staatspräsidiums und damit Staatsoberhaupt von Bosnien-Herzegowina. Seit Oktober 2018 ist er Mitglied des höchsten Staatsorgans, dem ein in der Republika Srpska gewählter Serbe sowie ein Bosniake und ein Kroate angehören, die in der Föderation gewählt werden. Das Amt des Staatsoberhaupts wechselt nach dem Rotationsprinzip jedes Jahr.

2021 Am 22. März wird Albin Kurti neuer Ministerpräsident Kosovos. Seine Partei Vetëvendosje (»Selbstbestimmung«) hatte bei den Wahlen am 14. Februar die Mehrheit der Sitze im Parlament gewonnen.